# 残障人士

## 休闲参与与社会融入关系研究

岳培宇／著

CANZHANG RENSHI

XIUXIAN CANYU YU SHEHUI RONGRU GUANXI YANJIU

四川大学出版社

责任编辑:蒋姗姗
责任校对:许　奕
封面设计:墨创文化
责任印制:王　炜

图书在版编目(CIP)数据

残障人士休闲参与与社会融入关系研究 / 岳培宇著.
—成都：四川大学出版社，2017.8
　ISBN 978-7-5690-1128-9

　Ⅰ.①残…　Ⅱ.①岳…　Ⅲ.①残疾人-休闲娱乐-关
系-社会生活-研究　Ⅳ.①C913.69

中国版本图书馆 CIP 数据核字（2017）第 218842 号

书名　　残障人士休闲参与与社会融入关系研究

著　　者　岳培宇
出　　版　四川大学出版社
地　　址　成都市一环路南一段 24 号（610065）
发　　行　四川大学出版社
书　　号　ISBN 978-7-5690-1128-9
印　　刷　四川盛图彩色印刷有限公司
成品尺寸　146 mm×210 mm
印　　张　7.75
字　　数　220 千字
版　　次　2017 年 12 月第 1 版
印　　次　2018 年 8 月第 2 次印刷
定　　价　36.00 元

◆读者邮购本书,请与本社发行科联系。
　电话:(028)85408408/(028)85401670/
　(028)85408023　邮政编码:610065
◆本社图书如有印装质量问题,请
　寄回出版社调换。
◆网址:http://www.scupress.net

# 前　　言

　　多样性是人类社会发展的基本特征之一，多样个性的和谐共处和发展意味着个体的生存和生活状态与社会环境需要实现良好对接。多样性和谐共存的重要障碍之一即为社会排斥。社会融入是与社会排斥相对应的社会学概念，从概念源起来看，是指政府在教育、健康、社会保障、就业、信息与沟通、安全等方面采取一系列的措施防止社会排斥；从融入主体来看，则反映了被排斥在社会主流之外的群体（如移民、失业者、老人、残障人士等）通过经济、行为、心理等层面融入社会。随着生产力发展，人们对个体生活质量愈加关注，通过参与休闲活动，休闲主体能够调整身心，与他人互动以增进社会化、实现个体发展、促进人际关系和融入社会。全球化带来的大众教育、大众传统和大众旅游改变了人们的休闲行为和公民权之间的关系，休闲对于个体和群体生活的深刻意义和社会价值逐步凸显，休闲学者的视野也拓展到特定群体的休闲参与、休闲制约、休闲如何促进个体的社会融入等话题。西方发达国家始于20世纪四五十年代的针对残障群体的休闲服务，经过半个多世纪的发展，经历了从"隔离"到"融入"的理念转变与服务实践，在环境设施、服务内容、法律规范等方面都充分重视和保障残障人士的休闲权利。"全纳休闲"概念的提出及服务体系逐步完善，反映出西方社会在为特殊群体提供休闲服务过程中逐步从特殊对待走向公平对待与促进融入的理念。

　　就现状而言，残障人士这一特殊群体容易遭受歧视和偏见，难以享受到普通人所享有的基本社会服务，无论从世界范围还是从我国看，残障人士的社会融入都还处在较低水平，而这一问题受到更多更具体的关注，是政府与社会致力于实现社会公平，实现人的平等和全面发展的必然路径。从残障人士休闲现状来看,我国政府对残障人士的关注大多聚焦于基本生活保障、康复、就业、教育等方面,而残障人士正常参与社区生活和休闲活动,与非残障人士共同享有休闲资源,通过休闲途径融入社会在主流话语空间影响甚微。

就理论来看,现有研究中休闲活动的参与只是衡量社会融入的庞大指标体系中的细分指标之一,多数融入研究指向政策、制度与环境建设,而较少研究通过休闲参与来改善个体的社会生活参与和融入状态;休闲参与相关理论及实证研究则较多指向休闲效益、休闲满意度、生活质量、主观幸福感等结果变量,但休闲参与除了能带来身心效益、社交效益、生活质量与幸福感提升等价值外,对于个体的社会融入价值如何,休闲参与的不同维度是否对社会融入存在影响及差异,不同活动类型的休闲参与是否对社会融入存在不同的影响等问题,尽管西方休闲学界已进行了融入视角下的全纳休闲研究,但综合社会融入理论和休闲参与理论,并以残障人士为研究对象来考察参与与融入关系的研究比较少见。

基于上述现实及理论背景,本研究从社会融入视角下的休闲参与理论与现状出发,基于残障人士这一特定研究对象,通过问卷调查和定量研究的方式了解了以中国城镇生活背景为主的残障人士休闲参与状况及其制约因素,揭示了休闲参与对社会融入的总体影响关系及不同活动类型和不同维度的休闲参与对社会融入的影响差异,验证了休闲参与与社会融入关系的理论模型,并进一步分析了休闲参与的社会融入价值及其影响特征,在此基础上为国内如何构建"全纳式"休闲服务体系提出了建议。

具体而言,本研究共包括六个部分:

第一部分主要阐述了研究背景、研究目的与意义、研究内容、研究方法和技术路线及研究创新点,对本研究进行了总体概述。

第二部分主要对社会融入、休闲参与、休闲效益、休闲涉入和休闲制约相关理论进行了回顾和评述,进而找出本研究的切入点和理论视角。

　　第三部分主要反映残障人士休闲活动参与现状,基于对休闲活动的分类,结合《残障人士休闲活动与休闲制约状况调查问卷》的调研结果,反映了残障人士参与不同类型休闲活动的基本状况及其制约因素的影响特征。

　　第四部分建立了本研究的理论框架与研究假设,界定了休闲参与、社会融入和心理距离的内涵,并进行了变量关系的逻辑推演,基于理论分析提出本研究的休闲参与与社会融入关系的概念模型和假设。

　　第五部分基于概念模型进行了研究设计和假设检验,首先阐述了休闲参与量表与社会融入量表设计与前测,信度与效度检验和数据分析方法,并通过《残障人士休闲生活与社会融入状况调查问卷》的调研结果,收集了残障人士在居家消遣、文化社交和户外运动与游憩三类活动中的休闲参与和社会融入状况,基于调研数据,运用结构方程模型方法对理论模型进行了检验。研究结果表明:首先,残障人士休闲参与程度能够通过心理距离的中介效应促进其社会融入程度,而心理距离对经济融入的影响程度高于对行为适应的影响。其次,不同维度的休闲参与对残障人士社会融入影响程度不同,行为参与的影响程度低于情感涉入。最后,残障人士在不同类型的活动参与中,其社会融入受到的影响存在差异,在行为参与方面,居家消遣类活动参与对社会融入的影响程度最高,文化社交类影响程度其次,户外运动与游憩类影响程度最低;在情感涉入方面,影响程度恰好相反。

　　第六部分对研究内容进行了总结,根据研究假设与数据分析结果总结并解释了研究结论,基于此对建立"全纳式"休闲服务体系提出了思考和建议,最后分析了本研究存在的局限,并对未来的研究方向提出了展望。

　　本研究的创新点主要体现在以下四个方面:

　　第一,本研究尝试基于全纳休闲思想,探讨残障人士休闲参与与社会融入的关系,并比较不同维度的休闲参与对社会融入的影响差异,研究成果能够弥补残障人士休闲与社会融入相关研究的不足,为后续研究提供较为新颖的分析思路。本研究以休闲学视角对残障人士休闲参与的内涵和衡量维度进行研究,以社会学视角对残障人士的社会融入的内涵和维度进行研究,并构建了两者的关系模型,通过理论与实证分析揭示了个体休闲行为的社会融入价值和休闲参与作为社会融入达成路径的重要意义。

第二,本研究没有沿用以往休闲参与研究中仅以不同类型活动的参与频次和时间来衡量休闲主体的参与程度,而是结合残障人士的特征,尝试将休闲参与理论和休闲涉入理论相结合,从行为参与和情感涉入两方面考察休闲参与程度。在多数非残障人士的正常休闲活动中,残障人士由于种种制约无法在行动上真实参与,但并不妨碍其从态度和情感上予以关注。因此本研究将吸引性、中心性和自我表现等涉入的维度归纳为情感涉入,揭示行为参与和情感参与对社会融入影响的差异性,有助于深度了解残障人士休闲参与的特征,为社会融入语境下构建"全纳休闲"服务体系提供参照。

第三,本研究在国内外其他群体的社会融入研究基础上提出,社会融入的两个维度即经济融入和行为适应,并探讨了休闲参与通过缩短心理距离促进残障人士的社会融入,进一步揭示了休闲参与对社会融入的影响机理。国内外社会融入的实证研究以移民、流动人口、城市新移民等为主要对象,相应的融入研究基本认同经济、行为、文化、心理等维度的线性递进关系,并将心理融入作为融入的最高目标,本研究尝试通过休闲参与的前置影响,揭示融入主体可能通过心理距离的改善进而促进其在行为和经济层面的融入,丰富社会融入理论,并为残障人士社会融入实践提供理论指导。

第四,本研究尝试从活动性质和空间角度对休闲活动类型进行划分,并分析活动类型在休闲参与与社会融入关系中的调节效应,为"全纳休闲"服务体系建设提供参考。本研究根据残障人士的特征和固有局限,采用主观分类法,将休闲活动类型分为居家消遣类、文化社交类和户外运动与游憩类,性质上反映了偏静态的家庭式消遣、动静结合的社交活动和动态性较强的运动与游憩活动,空间上则反映了以家庭为核心的封闭空间、公共场所等半封闭空间和户外场所的开放式空间。

在休闲参与与社会融入关系模型中分类揭示残障人士在不同性质和活动空间的休闲参与对社会融入的影响，为"全纳休闲"服务环境建设与项目设计提供参考。

　　限于资源和能力水平，本研究还存在诸多局限。首先，在研究内容上：一是仅研究了休闲制约因素的单向影响，而未深入研究对残障人士而言休闲制约的协商模型；二是对休闲参与的衡量采用主观分析法划分活动类型，可能忽略了某些残障群体的典型休闲活动；三是在社会融入的衡量上对主观层面维度的分析和测量还不够深入；四是未能研究主体变量内部各个维度之间的关系，因而不能全面地反映其影响机制。其次，在研究方法上，本研究采用结构方程模型方法进行定量研究，在量表设计上某些变量维度所涵盖的测量变量不够完善和精准，可能会造成受访者出现选择性困惑，影响数据结果。后期研究中可尝试运用深度访谈方法获取更多有质量的信息。最后，在实证研究样本选择上，无法采用常规渠道零散、均匀地筛选样本，这就造成人口学的特征分布不够均匀和规范；并且除部分程度较轻的肢体残障人士之外，几乎所有调研对象都需要志愿者辅助完成问卷，一定程度上也会导致理解偏差并影响最终研究结果的质量。

# 目　　录

# 1　绪论

## 1.1　研究背景

### 1.1.1　多样性、社会排斥与社会融入

多样性是人类社会发展的基本特征之一。就宏观而言,我们生活在一个多文化、多种族和多民族的社会,这种多样性在未来并不会因全球化而减少,反而会更加细致和复杂。学者对多样性的划分包含多种视角下的不同维度,较为常见的视角中,一类是以性别、年龄、人种/民族、精神/身体条件等自然属性为依据,另一类则是以宗教、语言、教育、职业、沟通方式、组织角色、地域和工作经验等社会属性为依据(Allison 和 Schneider,2000)①。全球化一方面将人类的政治、经济、社会和文化广泛联结,另一方面却凸显出了多样性和个体与群体的本土意识、觉悟、敏感、感情和情绪以及对人类"原初纽带"的强烈依恋——种族、性别、语言、本土、阶级、年龄和信仰的差别无法被忽视,如种族歧视威胁着多民族社会的稳定、男女平等是一种普遍要求、语言冲突可能会使发达和发展中国家本已稳定的社区陷入分裂状态、发展中国家城市与乡村之间的差异在不断加大、城市内的贫困街区给社会发展带来巨大挑战、代沟显得更为频繁、宗教冲突甚至来自同一信仰内的不同传统等②。要实现多元文化与

---

① Allison, M. T. , &Schneider, I. E. . *Diversity and the recreation profession: Organizational perspectives*[M]. Venture Publishing Inc. ,2000.

② [美]杜维明著,刘德斌译. 文明对话的语境全球化与多样性[J]. 史学集刊,2002(1):1-13.

多样个性的和谐共处和发展,意味着个体的生存和生活状态与社会环境需要实现良好的对接。

多样性共处的障碍之一在于社会排斥。20 世纪 70 年代中期,经历了战后"黄金 30 年"发展的西方资本主义国家普遍开始经济结构和产业结构调整,经济自由化和灵活化成为新的经济政策取向,福利国家体制开始遭到挑战,长期失业和新贫穷现象大量出现,社会排斥的概念出现了——法国学者 Lenoir 于 1974 年最早明确提出,用以描述被排斥在社会保险体系之外的群体,包括精神和身体残疾者、自杀者、老年患者、受虐儿童、药物滥用者、越轨者、单亲父母、多问题家庭、边缘人、反社会的人和其他社会不适应者[1]。到了 20 世纪 80 年代,社会排斥作为重要的政策概念在欧洲被广泛应用,随着西方学者对社会排斥研究的深入和反社会排斥计划及行动的实践,社会融入的概念应运而生。1980—1990年间,法国政府实施了针对众多的没有机会进入到新经济劳动力市场的年轻人与失业群体的社会融入计划。此后,这一概念逐渐运用于对少数移民族群、老年人、青年以及残疾人等群体的社会融入研究[2]。从概念源起的途径层面来看,社会融入指的是政府在教育、健康、社会保障、就业、信息与沟通、安全等方面采取一系列的措施防止社会排斥[3];而从融入主体的角度来看,社会融入则反映了被排斥在社会主流之外的群体(如外来移民、失业者、残障人士等)通过经济整合、文化接纳、行为适应和身份认同等维度融入社会[4]。

① 徐建.社会排斥视角的城市更新与弱势群体——以上海为例[D].博士学位论文.复旦大学,2008:29.

② 梁波,王海英.国外移民社会融入研究综述[J].甘肃行政学院学报,2010,No.2.18 - 27.

③ Narcisa Isăilă. Social inclusion in the context of informational society[J]. *Procedia-Social and Behavioral Sciences*,2012,No.46.1006 - 1009.

④ 杨菊华.从隔离、选择融入到融合:流动人口社会融入问题的理论思考[J].人口研究,2009,Vol.33,No.1.17 - 29.

### 1.1.2　全纳休闲:休闲活动对特殊群体的社会融入价值

20 世纪六七十年代,西方学界休闲理论研究处在起步阶段时,Wilensky(1960)、Parker(1960)、Kerr(1973)、Bell(1974)等代表性学者的文章都把休闲作为人类生活体验的一部分,把其从生活的其他部分中分离出来,几乎没有人认识到休闲与生活方式整体是具有同一性的。而 20 世纪 90 年代以来,全球化带来的大众教育、大众传统和大众旅游已经改变了人们的休闲行为和公民权之间的关系①。2000 年 7 月世界休闲组织(World Leisure Org.)理事会通过的《休闲宪章》指出:"休闲对生活质量的意义与健康和教育同等重要。……个体可以利用休闲机会来实现自我,发展人际关系,增进社会团结,发展社团和文化特征,促进国际了解和合作,提高生命质量。"在这样的背景下,休闲对于个体和群体生活的深刻意义和社会价值逐步进入研究视野。休闲的意义具有多样性,它既可以是追求精神层面的休闲体验,也可以是人与人之间的交流与互动,以此满足兼具社交性质和行为性质的活动的复杂要求;它既可以是个体追求一段自足自乐的闲暇时光,也可以是群体间有意识地实现角色互补。通过参与休闲活动,个体能够调整身心状态,恢复精力,体验愉快的感觉,习得休闲技能,获得对自身能力的肯定,并在参与过程中与他人互动增进社会化。

随着以社区为核心空间的休闲服务机构的增加和休闲服务项目的丰富,休闲学者的视野也拓展到了特定群体的休闲参与、休闲制约、休闲如何促进个体的社会融入等话题。早在 20 世纪 40 至 50 年代,美国就出现了在医疗机构内为严重的身体和智力残障人士提供的休闲服务,彼时的休闲和游憩被视为治疗和康复的工具。美国游憩协会医院游憩部门(The Hospital Recreation Section of the American Recreation Society)和国家游憩治疗专家协会(The National Association of

---

① ［英］罗杰克(Chris Rojek),著,张凌云,译.休闲理论原理与实践[M].北京:中国旅游出版社,2010.1 - 3;

Recreational Therapists)应运而生。60 年代,这两大组织共同提出了治疗型游憩(therapeutic recreation)的概念,这一概念在此后相当长的时期内被广泛用于界定在医院和社区为智力和身体残障人士提供的任何休闲游憩服务,既可以是治疗型的,亦可以是单纯的休闲体验①。1981 年,Carter M. J. 和 J. D. Kelley 在其视障儿童游憩服务项目案例研究中,拓展了"治疗型游憩"的概念。他们提出,包含了社区服务的治疗型游憩会为残障成年人和儿童带来两种消极影响:一是这些居住在正常环境(而非医疗机构)的残障人士并不需要也不渴望被"治疗",而更期待正常的体验;二是治疗型游憩专家承担着为残障人士服务的额外责任的形象,会影响到社区游憩服务者忽视服务对象中的残障人士②。1987 年,Dan W. Kennedy、David R. Austin 和 Ralph W. Smith 在学术著作《特殊游憩:残障人士的机会》中首次使用了"特殊游憩"(Special Recreation)的概念,特指在住宿机构或其他场合特别为残障人士提供的游憩服务,与"治疗型游憩"进行了区分。1996 年,Smith、Austin 和 Kennedy 在上述著作的第三版中,首次提出了"全纳游憩/休闲"(inclusive recreation / leisure③)的概念,该著作也更名为《全纳与特殊游憩:残障人士的机会》。他们特别指出相较于特殊游憩,"全纳"的意义远多于残障人士和非残障人士在游憩活动中仅仅进行身体在空间上的

---

① Ralph W. Smith, David R. Austin, Dan W. Kennedy, Youngkhill Lee & Peggy Hutchison. *Inclusive and Special Recreation: Opportunities for Persons with Disabilities* ( $5^{th}$ Ed ) [ M ]. Sagamore Publishing LLC, 2011:5 – 15.

② Carter, M. J. , & J. D. Kelley. Recreation programming for visually impaired children. In J. D. Kelley, Ed. *Recreation Programming for Visually Impaired Children and Youth* [ M ]. New York: American Foundation for the Blind, 1981. 63 – 79.

③ 关于 inclusive leisure 的译法,国内关注该方面的文献几乎为空白,少数包含了该概念的译著,有"融入式休闲"的译法。2008 年刊于《体育论坛》的《美国全纳娱乐活动的发展及其启示》(作者:唐征宇)则用了"全纳"的译法,并说明该概念起源于 20 世纪 50 年代的西方民权运动,倡导"零拒绝"哲学以及延伸到 20 世纪 90 年代出现的"全纳教育"(inclusive education)。笔者在本文及后续研究中采用"全纳"的译法是基于上述背景以及全纳教育的概念,"全纳教育"在中文文献中使用较为广泛,将 inclusive 译为"全纳"也体现了原概念将特殊群体纳入主流,体现社会公平性的本意。

融合,而更强调的是残障与非残障人士在游憩与休闲活动参与中的公平性。1999 年,国家游憩与公园协会(NRPA)在官方政策中正式提出:"全纳休闲体验能鼓励并为各种能力水平的人提供更多的机会,使其有尊严地一起参与生命活动且相互影响。它还营造了一种情境,可以促进和培养拥有不同经验和技能水平之人的身体、社会和心理融入……提高个人全面积极地参与休闲活动与体验的可能性。"①从概念提出过程来看,全纳休闲的出现一方面基于残障人士的游憩与休闲权利受到重视和关注,并得到法律保障;另一方面则反映出西方社会在为特殊群体提供游憩与休闲服务的过程中逐步从特殊对待走向公平对待与促进融合的理念。

基于概念的演变,西方学者对"全纳"的内涵也进行了阐释。Bullock 和 Mahon(1997)认为:"全纳可定义为一种过程,这一过程使得某个个体能通过自主选择、在日常生活中获得支持、交往朋友和实现个人价值等途径来成为他周围环境中的一部分。"②Dattilo(2002)提出:"全纳意味着每个人从出生伊始就应当被赋予平等的机会成为其社区的一部分。……全纳休闲服务意味着为有着不同经验与技能的每个个体提供机会。"③Anderson 和 Kress(2003)则浅显地将"全纳"阐释为"在休闲活动中享有与他人同样的选择和机会"④。Carter 和 LeConey(2004)在《全纳途径下的社区治疗型游憩》著作中提出:"'全纳'是一种回应全纳需求的服务体系,该体系能够在任何时间和地点提供场所

① [美]麦克林(Daniel D. Mclean),赫德(Amy R. Hurd),罗杰斯(Nancy Brattain Rogers)著,梁春媚译. 现代社会游憩与休闲[M].北京:中国旅游出版社,2010:102 - 105.

② Bullock,C. C,& Mahon,M. J.. *Introduction to recreation services for people with disabilities:A person-centered approach*[M]. Champaign, IL:Sagamore. 1997.

③ Dattilo,J.. *Inclusive leisure services responding to the rights of people with disabilities (2nd ed.)*[M]. State College,PA:Venture Publishing,Inc. 2002.

④ Anderson,L.,& Kress,C.. *Inclusion:Strategies for including people with disabilities in parks and recreation opportunities*[M]. State College,PA:Venture Publishing. 2003.

和支持,所有的项目和服务都应当是完全无障碍的"①。就全纳休闲的内涵而言,研究者所表述的核心在于"全纳"意味着休闲与游憩活动参与机会的公平性。这种公平包含了资源分配的平等性、活动选择的主动性、人际关系中的相互接纳、社会和社区对特殊与非特殊群体一视同仁的包容性。

西方休闲学界关于残障人士全纳休闲的研究充分表明,一方面,休闲主体自身在参与中将获得社会、情感、身体和认知等方面的效益。针对残障人士而言,则尤其发现休闲体验在促进个体自主决策、发展友谊、为习得学习技能提供机会等方面的效益,全纳休闲环境不仅能够帮助其促进身体机能(如心血管耐力),还能构筑重要的社会生活技能。另一方面,全纳休闲环境能够消除社会公众对残障人士身心障碍局限休闲生活的刻板印象。在一个社会化的、非竞争性的环境中,残障人士与非残障人士的互动和沟通,使得参与者在行为举止上反映出接纳性,相互建立友谊且平等相待,双方均更有机会提升解决问题的技能,双方对各自异同的相互接纳和欣赏也得以促进。

综合上述背景可见,休闲学研究的视野已拓展到关注多样性,以及特殊群体休闲生活的个体和社会价值,而作为需要参与者主动选择与融入、需要参与环境自由与放松、需要参与过程富有创造性和愉快体验的休闲活动,正是实现个体发展、促进人际关系和社会和谐的良好途径。因此本研究选择了残障人士作为研究对象,试图以全纳休闲的思想为依据,探索这一特殊群体的休闲活动与社会融入的基本状况和相关规律。

---

① Carter, M. J. & LeConey, S. P. *Therapeutic recreation in the community: an inclusive approach* [M]. Champaign, IL: Sagamore. 2004.

### 1.1.3　残障人士社会融入与休闲生活现状

（1）残障人士社会融入现状

残障人士①是人类社会一直以来典型的特殊群体,存在于世界各个地区及不同社会的各个阶层。残障人士的生存和生活状态,是反映一个国家经济与文化发展水平和社会文明程度的重要标尺。在现实中,残障人士这一特殊群体容易遭受歧视和偏见,面临许多障碍,往往难以享受到普通人所享有的教育、就业、社会保障及其他基本社会服务。尽管残障人士越来越受到国际社会和各国政府的重视,但其社会融入状况仍然不容乐观。

就国际范围来看,全球有超过10亿人(占总人口约15%)患有不同程度的残疾,其中80%生活在发展中国家②。国际社会对残障人士的普遍关注始于20世纪40年代,联合国开始积极通过福利措施提高残障人士的福利和权利,到70年代提出"充分参与和机会平等"理念和"人人共享"目标;联合国大会在31年间陆续通过《残疾人权利宣言》(1975年)、《关于残疾人的世界行动纲领》(1982年)、《残疾人机会均等标准规则》(1993年)和《残疾人权利公约》(2006年),从制度层面倡导普遍人权和惠及所有人发展的理念。而联合国教科文组织、世界卫生组织、联合国儿童基金会、国际康复会、国际劳工组织等组织和机构则通过一系列的行动积极改善了残障人士在康复、教育、经济、就业方面的融入状况。然而,世界卫生组织和世界银行于2011年联合发布的《世界残疾报告》表明,与非残障人士相比,全球残障人士仍然总体健康情况差、受教育程度低、经济状况不良、贫困率高。这些情况部分是由

---

①　世界卫生组织制定的《国际残疾分类》将残疾(泛指意义上的)分为残损、残疾和残障三个层次,分别表示生物器官系统层面、个体层面和社会层面的残疾,本书着眼于残障人士休闲参与和社会融入状况,重点在于体现残障人士的社会生存状态,因此选用"残障人士"作为规范表述。但全书凡涉及文献直接引用或既定法律、制度、规章、公约等,如原文为"残疾人",则原文引用。

②　数据来源:国际残疾人日联合国活动报道,2013年12月3日.

于残障人士面临难于获得卫生、教育、就业、交通、信息等方面的服务障碍,在情况较差的社区这些障碍愈加严重。包括不健全的政策和标准、社会偏见和消极态度、服务提供的缺乏和质量问题、资金和无障碍设施缺乏、协商和参与缺乏、资料和证据缺乏等因素在内的社会环境为残障人士正常参与生活和融入社会带来了诸多障碍①。

就我国范围来看,全国有超过 8500 万(占总人口 6.31%)残障人士,其中重度残障人士为 2518 万人②。从城乡分布看,生活在农村的残障人口约占 75%③。我国的残障人士事业早期发端于民国时期在教育和医疗领域开展的社会工作,中华人民共和国成立后重始于 20 世纪 80 年代,以宪法为核心,民法通则、民事诉讼法、律师法、劳动法、教育法、婚姻法和继承法等 40 多部重要法律中都对残疾人权利做出具体规定,1990 年出台《中华人民共和国残疾人保障法》(2008 年修订),2007 年签署《残疾人权利公约》,从法律层面保障残障人士权益;自 1988 年起,国务院相继批准实施了发展残障人士事业的六个五年发展规划,并于 2008 年颁布《关于促进残疾人事业发展的意见》,2010 年再次发布《关于加快推进残疾人社会保障体系和服务体系建设的指导意见》,在残障人士康复、教育、就业、扶贫、社会保障、维权、文化体育、无障碍环境建设、残疾预防等方面逐步推进更为细化的保障体系④。但从现状来看,我国残障人士"总体生活状况与社会平均水平仍存在较大差距,在基本生活、医疗、康复、教育、就业、社会参与等方面存在许多困难;农村残疾人的社会保障与服务亟待改善,残疾儿童在接受教育、抢救性康复等方

① 世界卫生组织,世界银行.世界残疾报告[R].2011:5-9.
② 全国残障人士总数(8,502 万)和重度残障人士总数(2518 万)依据为中国残疾人联合会统计报告《2010 年末全国残疾人总数及各类、不同残疾等级人数》;全国人口总数(134,735 万)依据为国家统计局 2011 年末全国总人口报表。
③ 残障人士城乡分布比例数据来源于《2006 年第二次全国残疾人抽样调查主要数据公报》。
④ 马良.中国残疾人社会工作历史、现状与发展趋势分析[J].残疾人研究,2013,No.1:41-45.

面仍面临一些问题;歧视残疾人、侵害残疾人权益的现象仍时有发生"①。

无论从世界范围还是从我国来看,残障人士的社会融入都还处在较低水平。这一问题受到更多更具体的关注,也是政府与社会致力于实现社会公平,实现人的平等和全面发展的必然路径。

(2)残障人士休闲生活现状

就国际范围而言,以北美为代表的发达国家在残障人士休闲参与方面经历了从"隔离"到"融入"的理念转变与服务实践。从全纳休闲的概念与实践发展可见,20世纪中期美国就开始为严重的身体和智力残障人士提供休闲服务;到了六七十年代,美国少数民族、种族群体、女性群体、同性恋群体、老年群体和残障群体开始广泛要求和争取平等的社会经济权利,其中重要的内容就是社区游憩、体育运动及休闲相关的文化娱乐机会,休闲学界从60年代末即开始在社区游憩研究中涉及了将休闲作为实现社会福利的途径的观点。1990年通过的《美国残疾人法案》(ADA)是美国将残障人士纳入休闲服务体系的重要里程碑。ADA规定所有公共机构、政府部门和商业机构(包括各类休闲服务机构)都必须为残障人士提供完善而平等的服务,从法律上为残障人士提供了广义的人权保障和平等参与社会生活方方面面的机会,其中也包括休闲服务。1997年,美国国家游憩与公园协会(NRPA)的分支机构——国家治疗型游憩协会在其年度蓝皮书中提出:"多样性是我们的社会与文化的奠基石。将残障人士纳入社会结构将会推进社区及其个体成员的生活质量。"经过近半个世纪的发展,无障碍休闲在北美地区已形成较为完整的体系,从环境设施、服务内容、法律规范等方面都充分重视和保障残障人士的休闲权利,并在为其提供休闲服务的过程中逐步体现出从特殊对待走向公平对待与促进融合的理念。

就我国现状来看,我国在2007年即签署了联合国《残疾人权利公约》,国务院也在2012年7月出台了《无障碍环境建设条例》作为保护

---

① 国务院残疾人工作委员会.中国残疾人事业"十二五"发展纲要[R],2011.

残障人士参与社会公共生活权利的基本依据,但仍然存在很多问题。比如,国内无障碍公共设施不健全,有硬件、无服务,有设施、无维护等现状成为残障人士在物理环境上融入社会的环境障碍;受根深蒂固的文化和偏见影响,公众对于残障人士仍持有排斥或漠不关心的态度;专门为残障人士设计休闲服务的机构和项目基本空白。此外,政府对残障人士的关注大多聚焦于基本生活保障、康复、就业、教育等方面,而对残障人士正常参与社区生活和休闲活动、与非残障人士共同享有休闲资源等方面的关注甚微。

中国共产党十八届三中全会公报中明确提出,国内政治经济改革将"以促进社会公平正义、增进人民福祉为出发点和落脚点"。一方面,残障人士这一特殊群体融入社会是文明发展所趋;另一方面,休闲活动对残障人士具备特殊意义。然而残障人士的休闲参与仍受制于内在和外在的各种因素影响。本研究将以全纳休闲的思想为线索,基于休闲参与和社会融入相关理论,了解残障人士休闲参与的制约因素,构建并验证残障人士休闲参与与社会融入关系的理论模型,既在学术上拓展休闲研究的范围,也在应用上为政府、企业和社会建设休闲服务体系提供参考。

# 1.2　研究目的与意义

## 1.2.1　研究目的

基于上述研究背景,本研究将以全纳休闲的思想为线索,梳理休闲参与与社会融入的相关研究,借鉴社会融入、休闲参与、休闲效益、休闲涉入和休闲制约相关理论,并基于残障人士这一特定研究对象,了解以中国城镇生活背景为主的残障人士休闲参与状况和社会融入状况,深入分析不同维度的休闲制约因素对残障人士休闲参与的影响,界定残障人士休闲参与与社会融入的特征、内涵与考察维度,构建休闲参与与社会融入关系的理论模型,并以定量研究的方式予以验证,揭示休闲参与的社会融入价值,为国内如何构建"全纳式"休闲服务体系提出建议。

## 1.2.2 研究意义

（1）理论意义

社会学视角下的社会融入理论是对人类特定群体社会行为的系统分析,其任务是帮助人们更好地理解自己和他人并提高人际行为的质量。休闲学视角下的休闲参与、休闲效益与休闲制约研究则是探索休闲与人的生命意义和价值,以及休闲与社会进步、人类文明的相互关系。社会学与休闲学研究的终极意义可谓殊途同归,而将两者相结合进行研究,无疑能在研究内容和方法上互为补充,拓展研究宽度和深度。因此本研究主要的理论意义在于:

1）结合社会融入与休闲行为研究,拓展休闲学研究视角和范畴。休闲现象是复杂的,而非简单的;是多维的,而非单一的。休闲这一复杂性特点正逐步为研究者所接受,休闲研究者更倾向于从多学科而非单一学科的视角来研究休闲现象和建构休闲理论。本研究在休闲行为研究基础上引入社会融入理论,一方面对休闲效益研究中关于休闲活动的社会价值研究进行梳理,另一方面则对社会融入研究中关于休闲文化活动和社会参与等融入途径进行梳理,充分阐释研究休闲参与的社会融入价值的必要性。

2）在以残障人士为研究对象的特定背景下,对休闲活动类型、休闲制约因素、休闲参与和社会融入现有研究维度进行梳理和分析。休闲活动类型研究中一般以活动性质进行主观划分或通过因素分析进行划分,本研究将现有研究中的类型按照性质与活动空间的开放性归纳为居家消遣类、文化社交类、户外运动与游憩类三种基本类型,并以此为据选择相应的典型活动来考察休闲参与状况。休闲制约研究中普遍应用的内在制约、人际制约和结构制约三个层面将为本研究所借鉴,但各个维度的衡量因子将以残障人士为特定参照,尤其突出人际制约中的参考群体态度和结构制约中的休闲资源因素。对休闲参与的衡量则结合了休闲参与理论和休闲涉入理论,将其衡量维度划分为行为参与和情感涉入,并以社会融入为指向考察休闲参与的影响。社会融入亦包括了经济、社会和文化等多个层面,鉴于我国残障人士的实际状况,在社会融入衡量中以客观层面的经济融入与行为适应和主观层面的心理距离来考量。

3)通过实证研究揭示休闲参与和社会融入的影响机制。现有研究中,对休闲参与和休闲效益、休闲动机、休闲满意度等休闲行为范畴之内的变量的关系,以及生活质量、职业满意度、幸福感等心理意义上的感知变量的关系研究较多。本研究将社会融入这一社会学意义更为显著的概念作为休闲参与的关联变量进行量化研究,分析了休闲参与对社会融入的影响,探索心理距离对于休闲参与与社会融入关系的中介效应,以及休闲参与的行为参与和情感涉入两个维度对社会融入影响的差异性,以期在理论意义上为推动社会公平的有效途径探寻提供参考。

(2)实践意义

生活在今天的人们,已经越来越明确意识到休闲的价值和意义,休闲为人们实现自身的转变和社会的相应转变提供了最佳机会,在一个动态性特征非常明显的社会环境中,要求个体和整体都需要具备融入这种转变过程的能力。本研究分析残障人士这一特殊主体通过休闲参与是否利于社会融入,这一视角将提供下列实践意义:

1)反映残障人士休闲参与状况,促进其休闲认知与提升休闲生活质量的意识。休闲活动的本质在于,究竟是怎样的因素吸引、推动或制约人们参与休闲,与个体情况和社会环境息息相关。休闲活动有助于参与者形成自我意识、实现自我价值、培养自立精神和自尊心及个体心智;同时有助于参与者反思和完善价值观、训练技能、提高审美能力和促进人际关系。所有有益的价值都可能成为推动人们参与休闲活动的动机。因此本研究首要的应用意义在于,通过对休闲参与的调研,促进休闲主体认知自我、感知自由、深入了解休闲在个体生活中的重要程度,进而从主观角度和精神层面树立提升休闲生活质量的意识。

2)反映残障人士休闲制约状况,促进个体和社会层面共同探索休闲途径和改善休闲环境。在人们日常休闲参与中,与个体相关的身心状况、偏好、休闲感知、时间、经济状况等因素,与人际关系相关的外界态度、同伴状况、辅助技能、接纳程度等因素,以及与环境相关的交通、设施、服务水平等因素,都可能影响到主体的休闲决策与参与体验。本研究将通过对残障人士休闲制约因素的调研,反映其受到不同层面、不同维度的制约因素的影响程度,进而从残障人士自身、家庭及其他参考群体和社会环境等不同层面思考减少制约、促进参与的途径。

3)反映残障人士的社会融入状况,推动特殊群体通过休闲途径融入社会。休闲给人们提供了条件,可以满足休闲主体与他人进行交往的需要。社会融入可以在家庭之间的初级群体中发生,也可以在为了开展休闲活动而专门组织起来的群体中进行。残障人士作为社会中相对被排斥的特殊群体,他们的休闲活动将具备更加特殊的意义。一方面,对残障人士本身而言,休闲权是他们应有的需求和权利;另一方面,对社会整体而言,特殊群体的融入也是社会进步的标志。因此本研究还将通过对其社会融入状况的调研,反映残障人士在不同维度中的融入状况,以及休闲参与在不同融入维度中的价值,为特殊群体发出声音,促进其通过休闲途径融入社会。

4)促进休闲服务供递系统完善,推动休闲社会构建。世界各地的政府、企业与非营利组织都致力于在社会层面以及物质层面上推动社区转变,而其中发展的重点就在于休闲空间的拓展、休闲资源和休闲设施的完善。在世界休闲组织的战略规划中,社区如何通过休闲来提高其宜居度的蓝图已现。要发挥休闲在提高社区宜居度方面的作用,就要扩大人们进行休闲活动选择的范围,要让社区所有人都能有更多的机会表达自己的兴趣、需要和愿望。因此本研究致力于休闲参与与社会融入关系研究的社会意义就在于,以全纳休闲观来为休闲服务体系提供发展策略,使休闲社会的构建符合文明发展趋势。

# 1.3 研究内容与结构安排

## 1.3.1 研究内容

本研究以残障人士作为研究对象,运用结构方程模型方法,研究残障人士休闲参与和社会融入程度的关系。具体而言,主要研究内容包括:

第一,对社会融入、休闲参与、休闲效益、休闲涉入和休闲制约相关文献进行回顾和梳理。本研究将对社会融入的概念、维度、达成路径,休闲参与的活动分类、参与程度衡量,休闲效益概念、分类和维度,休闲涉入的概念和维度,休闲制约概念、维度、因素和制约机制等研究进行整理,结合残障人士这一特殊群体的特征,提出本研究的切入点并归纳相应的理论基础。

第二,归纳残障人士休闲参与的活动类型和特征。本研究将首先进一步梳理针对残障人士、老年人等行动障碍较多的群体的休闲活动分类,并以空间视角和参与方式的视角归纳出残障人士休闲参与的基本类型和子项目,为构建休闲参与和社会融入关系的理论模型奠定逻辑基础。

第三,分析残障人士休闲活动参与的制约因素及其特征。本研究将进一步梳理针对残障人士、老年人等行动障碍较多的群体的休闲制约的基本维度和制约因素,基于休闲参与活动分类,反映不同层面的休闲制约对残障人士的影响特征。

第四,建立残障人士休闲参与与社会融入关系的理论框架。基于对休闲参与、社会融入和心理距离的内涵界定,本研究将分析休闲参与总体上通过心理距离对社会融入的影响路径,行为参与和情感涉入分别对残障人士社会融入影响的差异性,以及不同活动类型对参与和融入关系的调节作用,并提出休闲参与与社会融入的关系模型和研究假设。

第五,通过问卷调查和结构方程模型验证理论模型。本研究将根据上述研究假设,借鉴相关成熟量表,设计适合于本研究的问卷并开展调查。本研究将进行两次问卷调查。第一次为残障人士休闲活动与制约因素调查,问卷将考察不同类型和程度的残障人士在居家消遣类、文化社交类和户外运动与游憩类三类及各项活动中的总体参与状况,并考察残障人士受到的内在制约、人际制约和结构制约三个维度的制约因素的影响状况。第二次为残障人士休闲参与与社会融入状况调查,基于第一次问卷的调研结果,考察三项典型活动的休闲参与状况,同时通过社会融入量表考察残障人士的融入状况。调查数据结果将运用结构方程模型及相关统计方法展开分析和检验。

第六,根据研究结论对全纳休闲服务体系建设提出建议。基于上述研究,对于全纳休闲理念下的休闲服务体系的建设思路和措施,以及在全社会如何倡导全纳休闲观以构建价值环境,本研究将提出相关策略和建议。

## 1.3.2　结构安排

基于本研究的目的和主要内容,全书结构将安排如下:

第1章是绪论。本章主要阐述研究背景、研究目的与意义、研究内容、研究方法和技术路线以及研究创新点,旨在为本研究做出总体概述。

第2章是社会融入与休闲参与相关理论研究回顾。本章主要对社会融入理论、休闲参与理论、休闲效益理论、休闲涉入理论和休闲制约理论相关文献进行回顾和评述,重点归纳社会融入的维度与路径、休闲参与的活动类型及特征、休闲效益的社会价值、休闲涉入维度、休闲制约模型,以及上述领域针对残障人士这一特殊群体的相关研究,找出本研究的切入视角,进一步明确研究问题,为本研究的创新工作提供理论支持。

第3章是残障人士休闲活动参与现状与制约因素分析。本章将对休闲活动进行分类,并结合"残障人士休闲活动与休闲制约状况调查问卷"的调研结果反映残障人士休闲活动基本状况,进而对休闲制约因素进行分析,并结合上述调查结果反映残障人士休闲制约特征。

第4章是理论模型与研究假设。本章将基于前面调研和分析对休闲参与、社会融入和心理距离的内涵分别进行界定,并进行变量关系的逻辑推演,基于理论分析提出本研究对于休闲参与与社会融入关系的概念模型和假设。

第5章是研究设计与假设检验。本章将基于休闲参与与社会融入的关系假设进行研究设计,包括休闲参与量表与社会融入量表的设计与前测,信度与效度检验,数据分析方法阐述。通过"残障人士休闲生活与社会融入状况调查问卷"收集数据,并运用结构方程模型方法对理论模型进行检验。

第6章是研究结论与建议。本章主要对研究内容进行总结:一是根据研究假设与问卷调查数据分析结果总结研究结论,并运用相关理论对结论进行阐释;二是对建立全纳式休闲服务体系提出思考和建议;最后分析本研究存在的局限,并对未来的研究方向提出展望。

# 1.4　研究方法与技术路线

### 1.4.1　研究方法

本研究根据研究目的和检验研究假设的需要,综合运用定性分析和定量分析相结合的研究方法。

第一,文献分析法。系统整理国内外关于休闲参与与社会融入相关的文献资料,总结其研究成果并作为本研究的理论推演基础,以此为依据找准本研究的切入视角及拟解决的主要问题。同时,在逻辑推理与理论分析相结合的基础上提出研究假设,建立残障人士休闲参与与社会融入关系的理论模型。

第二,问卷调查法。结合休闲参与与社会融入相关理论,对国内外已有量表进行梳理和借鉴,根据残障人士特征,归纳和设计适合本研究的量表。通过预测试检验量表的信度和效度进行调整,再进行大样本调研。

第三,统计分析方法。通过搜集有关数据进行统计分析来对研究假设进行全面的验证。本研究主要使用 SPSS20.0、SmartPLS2.0 统计分析软件对数据进行处理与分析。在具体数据分析中采用的统计方法主要有:

一是描述性统计。描述统计是将研究中所得的数据加以整理、归类、简化或绘制成图表,以此描述和归纳数据的特征及变量之间的关系的一种最基本的统计方法。本研究中描述统计主要涉及数据的集中趋势、离散程度和相关强度,采用的指标有均值、标准差、相关系数等。

二是因子分析。探索性因子分析是一项用来找出多个观测变量数据本质结构,并能有效降低变量维数的方法。本研究中主要用来分析测量量表的数据结构,包括 Bartlett 球度检验、KMO 检验以及交叉因子载荷、组合信度、收敛效度和区别效度等衡量指标。

三是结构方程模型。结构方程模型是应用线性方程系统表示观测变量与潜变量之间,以及潜变量之间关系的一种多元建模统计分析方法。本研究将采用偏最小二乘结构方程模型(PLS-SEM)方法,对调研数据进行外部模型估计、主模型路径分析、模型拟合优度分析和 Bootstrapping 检验,根据分析检验结果对原假设模型进行修正,并形成对研究假设的最终判断。

## 1.4.2 技术路线

本研究所采用的技术路线如图 1-1 所示:

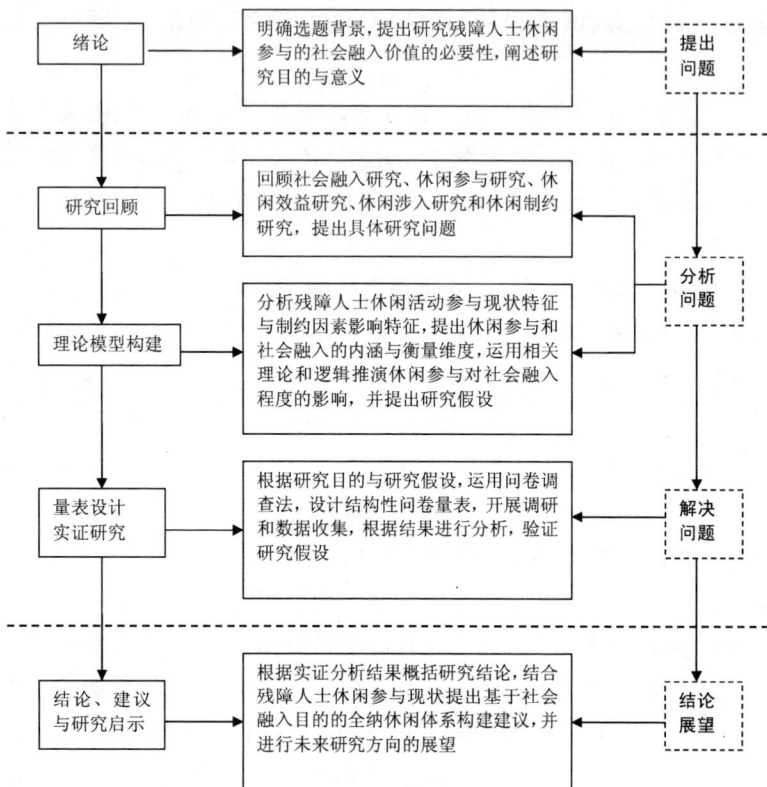

**图 1-1　本研究的技术路线**

# 1.5　研究创新点

　　第一,本研究尝试探讨残障人士休闲参与与社会融入的关系,并比较不同维度的休闲参与对社会融入的影响差异,研究成果能够弥补残障人士休闲与社会融入相关研究的不足,并为后续研究提供较为新颖的分析思路。本研究基于全纳休闲思想,选择残障人士作为研究对象,以休闲学视角对残障人士的休闲活动类型划分、休闲制约因素和休闲参与的内涵和衡量维度进行研究,以社会学视角对残障人士的社会融入的内涵和维度进行研究,基于促进个体生活与人际行为质量、提升社会和谐水平的目标,揭示个体休闲行为的社会融入价值和休闲参与作为社会融入达成路径的重要意义。

第二,本研究没有沿用以往休闲参与研究中仅以不同类型活动的参与频次和时间来衡量休闲主体的参与程度,而是结合残障人士的特征,尝试将休闲参与理论和休闲涉入理论相结合,从行为参与和情感涉入两方面考察休闲参与程度。在多数非残障人士的正常休闲活动中,残障人士由于种种制约无法在行动上真实参与,但并不妨碍其从态度和情感上予以关注。因此本研究将吸引性、中心性和自我表现等涉入的维度归纳为情感涉入,揭示行为参与和情感参与对社会融入影响的差异性,有助于深度了解残障人士休闲参与的特征,以及为社会融入语境下构建全纳休闲服务体系提供参照。

第三,本研究在国内外其他群体的社会融入研究基础上提出社会融入的两个维度即经济融入和行为适应,并探讨了休闲参与通过缩短心理距离促进残障人士的社会融入,进一步揭示了休闲参与对社会融入的影响机理。国内外社会融入的实证研究以移民、流动人口、城市新移民等为主要对象,相应的融入研究基本认同经济、行为、文化、心理等维度的线性递进关系,并将心理融入作为融入的最高目标,本研究尝试通过休闲参与的前置影响效益,揭示融入主体可能通过心理距离的改善进而促进其在行为和经济层面的融入,丰富社会融入理论,并为残障人士社会融入实践提供理论指导。

第四,本研究尝试从活动性质和空间角度对休闲活动类型进行划分,并分析活动类型在休闲参与与社会融入关系中的调节效应,为全纳休闲服务体系的建设提供参考。本研究根据残障人士的特征和固有局限,采用主观分类法,将休闲活动类型分为居家消遣类、文化社交类和户外运动与游憩类,性质上反映了偏静态的家庭式消遣、动静结合的社交活动和动态性较强的运动与游憩活动,空间上则反映了以家庭为核心的封闭空间、公共场所等半封闭空间和户外场所的开放式空间。在休闲参与与社会融入关系模型中分类揭示残障人士在不同性质和活动空间的休闲参与对社会融入的影响,为全纳休闲服务环境建设与项目设计提供参考。

# 2 社会融入与休闲参与相关
# 理论研究回顾

为了全面而深入地了解休闲参与与社会融入的研究现状及已有成果,为本研究寻找切入点并为研究框架的构建提供理论支持,本章对社会融入理论、休闲参与理论、休闲效益理论、休闲涉入理论和休闲制约理论进行了整理与评述,并依此提出了本研究的理论视角。

## 2.1 社会融入理论

### 2.1.1 社会融入的起源和内涵

社会融入(Social Inclusion)的概念与"社会排斥"(Social Exclusion)相对应。社会排斥的概念最早由法国学者勒努瓦(Lenoir)于 1974 年提出,用以描述被排斥在社会保险体系之外的群体[①]。到了 20 世纪 80 年代,西方学者对社会排斥的研究逐步深入,随着反社会排斥计划及行动的实践,社会融入的概念开始出现并逐渐运用于对少数移民族、老年人、残障人士等群体的融入研究[②]。1995 年联合国哥本哈根社会发展首脑会议对"社会融入"做了一个综合性的定义,认为"社会融入"是社会发展的三大领域之一,其目的是创造"一个人人共享的社会",在这样

---

① Hayes,A.,Gray,M. & Edwards,b.. Social inclusion:Origins,concepts and key themes [D]. *Australian Institute of Family Studies*,2008:5.

② 梁波,王海英.国外移民社会融入研究综述[J].甘肃行政学院学报,2010(2):18 – 27.

的社会里,每个人都有权利与责任,都可以发挥积极作用①。然而在学术界,由于研究视角的多样性和研究维度的复杂性,大部分研究尚未对"社会融入"赋予统一的定义。目前学术界有基于社会参与视角的"社会排斥论"、基于社会公平视角的"社会融合论"以及基于市民化视角的"移民融入论"三种比较有代表性的观点。基于社会参与视角而言,与社会排斥相对,社会融入是指通过社会的帮助,使那些资源缺乏、有需求、有困难、不能够顺利进行社会参与的群体恢复其自由的公民权、公正分配的正义和人权,以消除社会对他们的歧视。基于社会公平视角而言,"社会融合"概念则强调的是一种状态和目标,其宗旨是为百姓谋取福利和人人享有平等的权利,最终达到一种互相融合和平等的结合状态。而移民融入论更偏重研究移民进入到新的国度或新的社会之后的融入状态与融入过程②。

从残障人士视角来看,社会排斥论和社会融合论的内涵更适用于解释残障人士的社会融入。1995 年欧盟基金会将"社会排斥"定义为"个人或群体被全部地或部分地排除在充分的社会参与之外"。Burchard(1999)认为,社会排斥是指个体生活和居住于某个社会,却并未参与到社会公民的正常活动中,那么该个体就是被社会排斥者,社会成员在消费、生产、政治、社会互动中参与不足或不参与都可能被认为是社会排斥的存在③。该视角认为社会排斥包括了制度、经济、政治、文化、关系、空间等多个层面的排斥,并且是个体全部或部分被排除在决定其社会融入程度的经济、社会或文化体系之外的多层面的、动态的过程④。社会排斥视角下,ESFP(European Structural Funds Program)

① 徐丽敏.农民工随迁子女教育融入研究——一个发展主义的研究框架[D].南开大学博士论文,2009:33-39.
② 陈成文,孙嘉悦.社会融入:一个概念的社会学意义[J].湖南师范大学社会科学学报,2012(6):66-71.
③ Burchard-LeGrande-Piachaud. Social Exclusion in Britain 1991—1995[J]. *Social Policy and Administration*,1999,33(3):227-244.
④ 陈成文,孙嘉悦.社会融入:一个概念的社会学意义[J].湖南师范大学社会科学学报,2012(6):66-71.

(2007)研究认为社会融入指通过缩小差距,降低最弱势社区与社会之间的不平等,并确保支持能够传递到最需要的群体,融入意味着在工作、教育和更广泛的社会层面积极促进参与机会①。Merton 和 Bateman (2007)提出社会融入是个体能够参与并且能在社会生活中的经济、社会、心理和政治领域做出贡献,因此需要个人有能力并参与到工作中或成为某个社会角色②。Jed Boardman 等(2010)认为社会排斥和社会融入是一对具有道德和政治内涵的概念,尤其关乎到人民的公民权、正义和人权问题,社会融入能通过社会的帮助使资源缺乏、有需求、有困难、不能够顺利进行社会参与的群体恢复其自由的公民权、公正分配的正义和人权,以消除社会对他们的歧视③。上述观点认为社会排斥是导致社会融入问题的关键原因,而社会参与是帮助其恢复社会融入的重要内容。社会排斥视角下的定义不能完整地反映融入的内容,排斥是来自外界的影响,而融入既包括外在的融入,也包括自身对社会的认同感、尊严观和满足感等④。我国学者刘建娥(2010)基于社会排斥和参与的角度将社会融入界定为特定社会中的个人与群体,通过结构调整与主体自我适应,能够享有就业、民主选举、政策决策、社会服务、城市文化生活等基本的经济、政治权利与广泛的社会权利,在平等参与的过程中逐步融入主流社会⑤。

社会融合论起源于 Durkheim 的社会团结(Social Cohesion)理论及 Parsons、Habermas、Giddens 等西方著名社会学家的社会整合(Social

① ESFP( European Structural Funds Program ). Further Information:Social Inclusion[ R ]. *European Structural Funds Program*,2007 – 2013

② Merton, R. & Bateman, J.. *Social Inclusion-Its importance to mental health*[ M ]. Mental Health Coordinating Council Inc,2007.

③ Boardman, J., Currie, A., Killaspy, H. & Mezey, G. *Social Inclusion and Mental Health*[ M ]. Royal College of Psychiatrists,2010.

④ 陈成文,孙嘉悦.社会融入:一个概念的社会学意义[J].湖南师范大学社会科学学报,2012(6):66 – 71.

⑤ 刘建娥.从欧盟社会融入政策视角看我国农民工的城市融入问题[J].城市发展研究,2010,17(11):106 – 112.

Integration)理论。社会团结与社会整合的含义基本相同,指把个体结合在一起的社会纽带,是一种建立在共同情感、道德、信仰或价值观基础上的个体与个体、个体与群体、群体与群体之间的,以结合或吸引为特征的联系状态。Park(1925)最早将族群融合与同化视为个体和群体相互渗透和融合的过程,即个体与群体通过共享历史和经验,相互获得对方的记忆、情感、态度,最终融合于共同的文化生活中[1]。Sen(2000)认为,融入式社会(inclusive society)指社会成员积极而充满意义地参与,享受平等,共享社会经验并获得基本的社会福利[2]。Jackson(2002)认为,对所有公民来说,一个真正的融合社会应该在物质环境和发展结果上有更高的平等地位[3]。2003年欧盟将社会融合定义为"确保具有风险和社会排斥的群体能够获得必要的机会和资源,通过这些资源和机会,他们能够全面参与经济、社会、文化生活和享受正常的生活,以及在他们居住的社会认为应该享受的正常社会福利。社会融合要确保他们有更多的参与生活和获得基本权利的决策机会"[4]。Crawford(2003)认为,社会融合有两层含义:一是在社区中能在社会、政治、经济、文化生活层面上平等地受到重视和关怀,二是在家庭、朋友和社区中拥有互相信任、欣赏和尊敬的人际关系[5]。我国学者任远和邬民乐(2006)提出社会融合是个体和个体之间、不同群体之间,或不同文化之间互相配合、互相适应的过程,并以构筑良性和谐的社会为目标[6];杨聪敏(2010)则提出社会融合是指移民的原文化与流入地文化融合到一起,

① Park, R. E. Community Organization and the Romantic Temper [J]. *Journal of Social Forces*, 1925, 3(4): 673 – 677.

② Sen, A.. *Development as Freedom* [M]. New York: Anchor Books, 2000.

③ Jackson, A. & Scott, K.. Does Work Include Children? The Effects of the Labour Market on Family Income, Time and Stress [R]. *Toronto: Laidlaw Foundation*, 2002.

④ 黄匡时,嘎日达. 西方社会融合概念探析及其启发[J]. 理论视野, 2008(1): 47 – 49.

⑤ Crawford, C.. *Towards a Common Approach to Thinking about and Measuring Social Inclusion* [M]. Roeher Institute, 2003.

⑥ 任远,邬民乐. 城市流动人口的社会融合:文献述评[J]. 人口研究, 2006, 30(3): 87 – 94.

互相渗透,形成一种在某种程度上具有新意的社会文化体系①。综上所述,社会融合视角下的融入概念强调的是实现民主谋取福利和人人享有平等的权利,最终达到一种互相融合和平等的结合状态。

部分学者对融合、整合、融入的概念做出了一定区分。Parsons(1999)认为融入比融合更进一步,融入不是让个体去适应已经存在的补缺性或支持性的制度安排,而是还要确保制度能够满足所有人的合法参与需求和希望从国家制度安排中受益的需求②。Drodge 和 Shiroma(2004)认为社会团结的定义依赖于经济的整合和道德的统一,团结的社会指在一个可以接受的价值和制度框架内为所有社会成员提供机会,融入则是对社会团结的一种核心贡献③。此外,不同福利传统的国家对概念用语的使用有所不同。Silver(1994)认为各国在概念用语上的不同表明了各自在国家、社会和个人之间关系上的基本价值观的差异。如美国倾向于将社会融入与权利相联系,关注个体概念,体现其个人主义自由建构的价值取向;而法国则偏好社会整合概念,这充分表明法国保留并深化国家集体社会目标的形象④。

### 2.1.2　社会融入的研究维度和达成路径

(1)社会融入的研究维度

从研究维度来看,由于社会融入理论视角的选择,定义的模糊性、研究的多层次性和理论体系一贯性的缺乏,社会融合的测度呈现出多维度、多参数的状态,总体上可概括为两类:一是主观和客观维度,如结构融合与情感融合,关系成分与意识成分,态度与行为;二是根据关注

---

① 杨聪敏.农民工权利平等与社会融合[M].杭州:浙江工商大学出版社,2010.

② Parsons,C..Social inclusion and school improvement[J]. *Support for Learning*,1999,14(4):179–183.

③ Drodge,S.&Shiroma,E..Social Inclusion in two Worlds:the Conceptualization of the Social Role of lifelong learning in the Education Policy of Brazil and the UK Since the mid 1990s[J]. *Compare*,2004,34(2):177–196.

④ Silver,H..Social Exclusion and Social Solidarity:Three Paradigms[J]. *International Labour Review*,1994,133(5–6):531–578.

对象的不同,有微观和宏观层次的维度①。

从主观和客观维度看,社会网络视角下的网络分析方法在社会融入实证研究中表现出较强的分析能力,如对社会关系类型、数目、频率和中心性或一定网络结构模式的测量,都视为通过个体或群体行为模式对社会融入的客观测量(Scott,1976;White和Harary,2001;Moody和White,2003);与客观维度相对应的则是对社会行动者的情感、认同感和信任感等主观感受的测量(Bollen和Hoyle,1990)。从微观和宏观维度看,社会融入的度量应用个体微观参数和整体宏观参数来测量。个体微观参数基于对相应社会群体成员的态度与行为测量,如留在群体中的意愿、身份认同和归属感、忠诚度等;整体宏观参数主要考察某个社会群体内成员某些行为与态度的总体分布情况,比如态度和行为的一致程度,对社会群体认可的平均水平等②。

从具体实证研究来看,不同视角或不同群体对象的研究采用的测量维度各有不同。以外族移民和弱势群体为主的国外社会融入研究中,Gordon(1964)提出应从文化接触、结构性同化、通婚、族群认同、偏见、歧视、价值和权力冲突等七个方面来测量族群的社会融合程度③;Scott(1976)认为社会融合应分为情感融合和行为融合④;Massey和Mullan(1985)⑤认为应从经济地位、职业阶层和居住空间等角度综合考察移民与主流社会的融入程度;Mueller(2006)则提出了福利系数、居住稳定性、婚姻稳定性、异族通婚现状、社会犯罪系数、收入分布和种族多

---

① 悦中山,杜海峰,李树茁,费尔德曼. 当代西方社会融合研究的概念、理论及应用[J]. 公共管理学报,2009,6(2):114-121.

② 悦中山,杜海峰,李树茁,费尔德曼. 当代西方社会融合研究的概念、理论及应用[J]. 公共管理学报,2009,6(2):114-121.

③ Gordon, M. M.. *Assimilation in American Life: The Role of Race, Religion, and National Origins*[M]. New York: Oxford University Press, 1964.

④ Scott, R. A.. Deviance, Sanctions, and Social Integration in Small-Scale Societies[J]. *Social Forces*, 1976, 54(3):604-620.

⑤ Massey, D. S., Mullan, B. P.. Residential Segregation and Color Stratification among Hispanics in Philadelphia—Reply to Goldstein and White[J]. *American Journal of Sociology*, 1985, 91(2):396-399.

样性等具体测量指标①。

聚焦于流动人口城市社会融入的国内研究也提出了更适宜本土研究的测量维度。田凯(1995)较早地提出了流动人口适应(融入)城市生活、实现再社会化的基本条件,包括在城市有相对稳定的职业、形成与当地人接近的生活方式、接受并形成与当地人相同的价值观,因此流动人口的社会融入体现在经济、社会、心理或文化三个层面②;朱力(2002)则进一步提出经济适应是立足城市的基础,社会适应是融入城市生活的广度,心理或文化适应反映了参与城市生活的深度,是最高层次的适应和融入③;风笑天(2004)在三峡农村移民研究中提出了家庭经济、日常生活、与当地居民的关系、生产劳动、社区认同等五个维度④;杨黎源(2007)在城市外来人口研究中提出了邻里关系、风俗习惯、婚姻关系、工友关系、困难互助、社区管理、定居选择及安全感等八个分析维度⑤;张文宏和雷开春(2008)在以白领为代表的城市新移民研究中提出了文化融合、心理融合、身份融合和经济融合四个分析维度和十四个主客观指标⑥;杨菊华(2009)综合国际移民融入研究和国内流动人口融入研究及流动人口面临的问题,提出了社会融入是包含经济整合、文化容纳、行为适应、身份认同四个方面的多维度概念,并且这四个维度不仅存在递进关系,还存在交互作用和相互依存的关系,如图2-1所

① Mueller,C.. Integrating Turkish Communities:A German Dilemma[J]. *Population Research and Policy Review*,2006,25(5):419-441.

② 田凯.关于农民工的城市适应性的调查分析与思考[J].社会科学研究,1995(5):90-95.

③ 朱力.论农民工阶层的城市适应[J].江海学刊,2002(6):82-88.

④ 风笑天."落地生根"?——三峡农村移民的社会适应[J].社会学研究,2004(5):19-27.

⑤ 杨黎源.外来人群社会融合进程中的八大问题探讨——基于对宁波市1053位居民社会调查的分析[J].宁波大学学报(人文科学版),2007,20(6):65-70.

⑥ 张文宏,雷开春.城市新移民社会融合的结构、现状与影响因素分析[J].社会学研究,2008(5):117-141.

示①；杨菊华（2010）基于上述维度进一步提出了包含 16 个指标在内的三级指标体系，为社会融入的定量研究提供了良好的理论依据和操作参照②。

　　总体来看，国外和国内的融入研究维度都体现出多维度特征，强调客观状态、行为方式和心理认同或接纳等层面，并指出了不同维度之间的线性递进关系，少数学者分析了各因素之间的互动关系。相对而言，国际社会融入研究由于大多涉及跨文化族群，较为重视文化层面的融入；国内研究大多关注城市和乡村流动人口，更突出人际关系和社会参与的作用。本研究所关注的残障人士群体虽然不属于流动人口范畴，但在社会资源和权利的享有方面面临的问题较为相似，因此国内关于城市社会融入的维度对残障人士社会融入而言具备较强的借鉴意义。

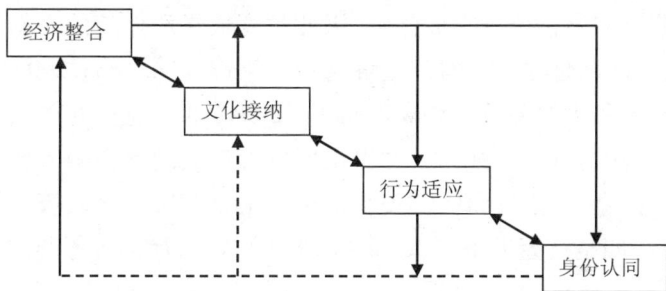

**图 2-1　杨菊华社会融入理论模式③**

　　注：实线箭头表示相对较强的关系，虚线箭头表示相对较弱的关系。模型右上方的关系总体强于左下方的关系。

　　（2）社会融入的达成路径

　　徐丽敏（2009）在农民工子女教育融入研究中，将社会融入实现路径归纳为工作、教育、社区介入和伙伴关系、社会工作及多元文化整合

① 杨菊华. 从隔离、选择融入到融合：流动人口社会融入问题的理论思考[J]. 人口研究，2009，Vol. 33，No. 1：17-29.

② 杨菊华. 流动人口在流入地社会融入的指标体系——基于社会融入理论的进一步研究[J]. 人口与经济，2010（2）：64-70.

③ 杨菊华. 从隔离、选择融入到融合：流动人口社会融入问题的理论思考[J]. 人口研究，2009，Vol. 33，No. 1：17-29.

五种①。

一是工作。社会融入必须通过个体与社会互动才能实现,工作则是人与社会互动最重要的方式之一。Barnes(1999)曾指出:"一个有工作的人意味着他是社会的一员,并有可能被赋予一定的社会地位。"②Askonas 和 Stewart(2000)亦提出工作福利和就业培训政策是解决社会排斥、提高社会参与和促进融入的最好办法③。如英国新福利框架下,就业权利成为英国政府联系福利和工作的核心,工作则是促进社会融入的主要措施,而反社会排斥的最好方法就是工作的观点,也成为欧洲共同体社会政策的核心。二是教育。Patton 等(2006)的研究提到,青少年至少三分之一的时间都在学校度过,学校是儿童社会化并获得发展的最重要场所,也是对社会问题预防性介入的场所,移民族群可以通过学校获得文化和社会的整合④。因此教育成果所伴随的人们态度的改变,是个体社会融入和国家经济增长的关键(Alexiadou,2002)⑤。三是社区介入和伙伴关系。Mcwiliams 等(2004)的研究提到英国新工党把社区作为社会政策的中心,并提出要发展有效的社会融入就要发展有效的社区介入,合作和伙伴关系也被认为是解决社会政策问题的重要方法⑥。四是社会工作。McMillan(2008)认为,社会弱势群体通常不

① 徐丽敏.农民工随迁子女教育融入研究——一个发展主义的框架[D].博士学位论文.南开大学,2009:38-39.
② Barnes,C. Disability and paid employment[J]. *Work,Employment and Society*,1999,13(1):147-149.
③ Askonas,P. & Stewart,A(Eds). *Social Inclusion:Possibilities and Tensions*[M]. New York:Palgrave,2000.
④ Patton,G. C.,Bond,L.,Carlin,J. B. et al.. Promoting social inclusion in schools:a group-randomized trial of effects on students health risk behavior and well-being[J]. *American Journal of Public Health*,2006,96(9):1582-1587.
⑤ Alexiadou,N.. Social inclusion and social exclusion in England:tensions in education policy[J]. *Journal of Educational Policy*,2002,17(1):71-86.
⑥ Mcwiliams,C.,Johnstone,C. & Mooney,G.. Urban policy in the New Scotland:the role of social[J]. *Space and Polity*,2004,8(3):309-319.

能与社会服务的提供者取得联系,而这又可能会使其更弱势[①];Smale 等
(2000)则指出,专业社会工作的优势就在于能够为弱势群体提供社会
服务信息并帮助其解决社会排斥问题[②]。五是多元文化整合。Zufiaurre
(2006)认为,不同背景的多元文化整合是社会融入的重要方法,因此需
要良好的教师支持和指导措施去促进多元文化融合[③]。

### 2.1.3 社会融入相关实证研究

国内外社会融入实证研究的议题主要包括社会融入现状及其影响
因素两大方面。从国外研究来看,社会融入研究的一大焦点即为国际
移民的社会融合,各个社会文化背景的移民融入受到广泛关注。Klein
(1991)从生活、工作、教育和经济收入等方面研究了迁移到巴西的葡萄
牙人的社会经济融合情况;Mueller(2006)的研究发现德国的土耳其移
民处于社会边缘地位,在文化和宗教等方面被隔离,大部分土耳其移民
由于歧视、有限的教育资源的获取和较低的社会经济收入等原因,已经
形成与主流社会并存的"平行社会";Chan 等(2006)从纵向与横向、主
观和客观两个维度对香港地区的社会融合情况进行了探索性研究[④]。
移民融入研究中,人力资本归因、社会资本归因和制度归因是三类融入
影响因素的理论倾向。例如,Omidvar 和 Richmond(2003)在对加拿大
移民融入研究中指出,20 世纪 80 年代以来,加拿大移民群体经历着劳
动力市场进入困难、失业率逐年上升、家庭贫困化程度加重等融入难
题,而主要原因就在于市场全球化发展的过程中移民的人力资本;
Barbara(2003)对德国的苏联犹太人移民的研究发现,部分犹太人并未
放弃已有的苏联文化传统,且重建了俄语系的社会关系网络,从而与当

① McMillan,I.. Social Inclusion[J]. *Learning Disability Practice*,2008,11(5):11.

② Smale,G.,Tuson G. & Statham,D.. *Social Work and Social Problems*:*working towards social inclusion and social change*[M]. Palgrave Macmillan,2000.

③ Zufiaurre,B. Social inclusion and multicultural perspectives in Spain:three case studies in northern Spain[J]. *Race Ethnicity and Education*,2006,9(4):409 – 424.

④ 悦中山、杜海峰、李树苗、费尔德曼. 当代西方社会融合研究的概念、理论及应用[J]. 公共管理学报,2009,6(2):114 – 121.

地的犹太社会隔离开来；Papillon（2002）对加拿大移民研究则发现，尽管移民的平均教育水平高于本地人，但是，诸如不承认外国学历、种族歧视、工作环境中的偏见、缺乏住房与语言培训等制度性因素，使新移民被社会排斥，成为弱势群体①。

此外，老年人、残障人士等群体的融入状况也不乏研究。英国社会排斥机构（Social Exclusion Unit）（2006）的研究认为老年人的性别、婚姻、年龄、教育和种族等人口学特征会影响老年人不同程度的社会融入，并且女性只在社会关系维度上的融入程度较高；Page 和 Cole（1992）则发现年龄越大的独居老人生活士气越低落，影响其融入状况；Ogg（2005）指出丧偶或离婚的老年人不安全感更强；Bowling 和 Stafford（2006，2007）则发现教育程度和社会经济地位较低的老年人社会功能分数更低，而健康状况和老人是否能自主决定居住方式会显著影响老人主动融入社会；Abbott 和 McConkey（2006）对居住在社区支持机构的68位残障人士的调研分析发现，影响其社会融入的四类障碍包括缺乏知识和技能、机构员工及服务经理的角色、居所的位置和康乐设施及管理人员的态度。

从国内研究来看，流动人口、农民工、城市移民等群体是主要的关注对象。杨黎源（2007）对宁波市1053位居民的调研，从邻里关系、工友关系、困难互助等八个方面对外来人群与本地居民的相互关系状况进行了全面分析，一定程度上反映出移民的融入状态②；李树茁等（2008）从行为融合和情感融合的角度对深圳农民工调查数据进行实证研究，为农民工社会融入经验研究带来不同的启发③；张文宏和雷开春（2008）对上海白领新移民调研数据的因子分析发现，新移民总体社会

①　梁波，王海英.国外移民社会融入研究综述［J］.甘肃行政学院学报，2010（2）：18 - 27.

②　杨黎源.外来人群社会融合进程中的八大问题探讨——基于对宁波市1053位居民社会调查的分析［J］.宁波大学学报（人文科学版），2007，20（6）：65 - 70.

③　李树茁，任义科，靳小怡，费尔德曼.中国农民工的社会融合及其影响因素研究——基于社会支持网络的分析［J］，人口与经济，2008（2）：1 ~ 8.

融入程度偏低,城市文化排斥、城市生活成本增长是融入的主要障碍[1];刘建娥(2010)基于对中国五大城市的实证调研分析,归纳出我国乡—城移民的社会融入度偏低,主要影响因素包括居住、社区、经济、社会资本、人力资本、就业及健康七个关键因子,据此作者提出了"乡—城移民社会融入政策体系模式",以政策行动来应对结构性排斥,同时启动社区工作限制非结构性排斥,通过构建社会经济及文化条件加快移民融入城市的进程[2];林瑞华(2012)基于同化理论对居住在大陆的台湾人的社会融入状况研究发现,影响台湾人与大陆居民交往的关键因素在"阶级",其影响主要通过消费能力和生活方式两种机制发挥,消费能力决定人与人客观的"相遇机会",生活方式则决定个人主观的"接触观感",因此当两岸经济发展日趋接近时,双方的交往才有助于社会融入[3];冯晓英(2013)比较了香港新移民和北京农民工,梳理了香港新移民社会融入经验,指出制度缺失和文化隔膜是北京农民工社会融合的两大问题,并建议通过社会组织模式和服务方式创新来解决[4]。此外,徐志(2004)、任远(2010)、潘潇(2012)、王胜今(2013)、吴伟(2013)等学者对我国的城市移民、流动人口融入均进行了实证分析基础之上的融入模式、融入影响因素、融入模型等理论层面的探讨。

张文宏和雷开春(2008)对国内移民融入的影响因素进行了归纳。一是嵌入移民网络的关系资源对移民社会融入具有促进作用,但以初级群体为基础的社会网络带来的社交限制会阻碍农民工对城市的认同与归属,因此新型社会资本对于农民工社会地位提高和城市融入作用更大(王春光,1999;赵延东和王奋宇,2002;朱力,2002;吕青,2005);二是伴随户籍制度的社会排斥是阻碍农民工社会融入的主要因素,户籍

① 张文宏,雷开春.城市新移民社会融合的结构、现状与影响因素分析[J].社会学研究,2008(5):117-141.

② 刘建娥.乡—城移民(农民工)社会融入的实证研究——基于五大城市的调查[J].人口研究,2010,34(4):62-75.

③ 林瑞华.阶级不同不相为谋:大陆台湾人社会融入状况之研究[J].东吴政治学报,2012,30(2):128-167.

④ 冯晓英.香港新移民社会融入的经验与借鉴[J].人口与经济,2013(2):29-34.

制度既形成了"社会屏蔽",将部分群体排斥在分享社会资源之外,同时外来移民还会受到城市居民的文化排斥,在心理上有意识地保持与城市居民的距离,从而逐渐远离主流社会(李强,1995、2002;丁宪浩,2006;张国胜,2007);三是,部分研究者也注意到了尤其以教育水平为表征的人力资本对移民社会融入的影响(王芮、梁晓,2003)①。

国内对于老年人、残障人士(包括儿童)等群体的融入研究关注较少,且多为定性的、呼吁式的研究。如肖卫宏(2007)较早提出从社会福利的角度来促进残障人士的社会融入问题②;刘春生(2011)通过听障学生的社交障碍成因分析提出了通过语言训练、心理教育和社交教育来促进其社会融入③;许巧仙(2012)从社会包容的视角对残障人士的社会融入困境和出路进行了分析和讨论,提出应以尊重多样性和差异性为原则在观念、政策和行动层面提升社会包容水平④。此外尚无定量方法下的实证研究成果。

## 2.2　休闲参与理论

### 2.2.1　休闲参与的定义与测量

(1)休闲参与的定义

相对于休闲内涵的多维度和抽象性,休闲参与(leisure participation)所指的是休闲主体的具体行为,亦即主体由特定目标指引,根据个人需求层次,选择特定时间和地点,以特定方式从事休闲活

---

① 张文宏,雷开春. 城市新移民社会融合的结构、现状与影响因素分析[J]. 社会学研究,2008(5):117-141.

② 肖卫宏. 困境与出路:对我国残疾人社会福利的思考[J]. 辽宁行政学院学报,2007,9(2):12-14.

③ 刘春生. 试论聋生社会交往障碍的成因及对策[J]. 新课程学习(上),2011(11):183.

④ 许巧仙. 社会包容视角下残疾人社会融入的困境与出路[J]. 学海,2012(6):62-65.

动并寻求满足(林晏州,1984)①。在对休闲参与的界定上总体而言有两类视角:

一是时间与活动的视角。Brightbill(1960)指出:"不管我们怎样去界定休闲的概念,时间是休闲的核心,休闲是满足生存和维持生活之外,可以自由裁量运用的时间。"②Dumazedier(1967)亦指出,休闲是在工作、家庭及社会种种事务之外,个人依其所好而从事的活动。Ragheb和Griffith(1982)较早将休闲参与定义为个体参与某种休闲活动的频率或象征个体参与的休闲活动类型③。Kelly(1990)认为将休闲视为自由时间有利于量化和描述不同社会群体与个体的休闲参与状况④。高俊雄(1996)以剩余时间的观点将休闲参与定义为个体运用可自由支配时间(一天24小时扣除工作时间、生存必须时间和休息时间)从事休闲活动的频率和类型⑤。吴文铭(2001)亦将休闲参与归纳为频率与种类两个因素,以参与的频繁程度和参与种类的多样性来代表休闲主体参与活动涉入的程度⑥。

二是体验视角。Hayes(1977)即提出,休闲参与的决定是依照个体自我的休闲知觉和对休闲欣赏的价值及自我决策的判断,个体对休闲的价值观和需求决定了休闲参与的目标⑦。Neulinger(1981)亦提出,休

---

①　林晏州.区域性户外游憩资源规划方法之研究——兼论台湾地区游憩资源开发策略[J].都市与计划,1984(11):1-18.

②　Brightbill,C. K. . *The Challenge of leisure*[M]. Englewood Cliffs,NJ:Prentice Hall,1960.

③　Ragheb,M. G. ,Beard,J. G. . Measuring Leisure Attitude[J]. *Journal of Leisure Research*, 1982,14(2):155-167.

④　Kelly,J. R. . Leisure[M]. Englewood Cliffs,N. J:Prentice Hall,1990.

⑤　高俊雄.休闲概念面面观[J].台湾体育学院论丛,1996,6(1):69-78.

⑥　吴文铭.人格特质、自我娱乐能力、休闲参与及休闲满意度线性关系结构之建构与验证[D].硕士学位论文.台湾体育学院体育研究所,2001.

⑦　Hayes,G. A. . Leisure education and recreation counseling[C]. In D. M. Compton,& J. E. Goldstein( Eds. ). Pespectives of Leisure Counseling. Arlington,VA:National Recreation andParks Association,1977.

闲是一种主观状态,其特性是知觉自由和自我决策①。陈思伦(1993)认为休闲参与是一种游憩活动的实际执行,并由个体评估、选择和决定的过程,休闲参与行为分为参与阶段、参与投入和体验感受以及经验形成三个阶段②。谢文真(2001)认为休闲参与是个体对休闲活动的内在兴趣、价值或需求所引发的休闲行为和休闲经验③。邓建中(2002)则认为休闲参与和人类其他行为模式相似,其最终目的是从参与过程中获得个体不同需求的满足④。

从上述研究中可见,学者对休闲参与的定义侧重在两方面:时间与活动视角下的观点强调休闲活动参与的频率和种类,体验视角下的观点则强调参与的体验和对需求的满足。相对而言,时间与活动视角的定义在休闲参与实证研究中更具可操作性。

(2)休闲参与的测量

要了解休闲主体参与活动的具体情况,需要基于休闲参与的定义对参与行为进行测量。我国台湾学者高俊雄(1999)⑤、曾家球(2002)⑥先后将休闲参与测量归纳为时间运用法和参与频次法。

时间运用法(Time Utilization / Time Budget)是记录个体每天24小时每个时段从事的活动并进行归纳分析的方法。高俊雄(1999)提出以1小时或其他时长为单位的时间运用调查表,调研对象将一天中每个时段从事的活动名称记录入表,研究者即可了解受访者每个时段所参与的活动项目及时间量。另一种记录方法则是将活动项目事先加以归纳

---

① Neulinger,J. Leisure Lack and the Quality of Life: The Broadening Scope of the Leisure Professional[J]. *Leisure Studies*,1981,1(1),53 – 63.

② 陈思伦. 休闲游憩参与阻碍区隔之研究[J]. 户外游憩研究,1993,6(3):25 – 32.

③ 谢文真. 公务人员休闲态度的研究——以台北市为例[D]. 硕士学位论文. 台湾师范大学三民主义研究所,2001.

④ 邓建中. 综合高中教师休闲需求及参与之研究[D]. 硕士学位论文. 私立朝阳科技大学休闲事业管理系,2002.

⑤ 高俊雄. 运动员休闲参与、休闲利益与自觉训练效果之比较研究[J]. 户外游憩研究,1999,12(3):43 – 61.

⑥ 曾家球. 新竹县尖石乡小学原住民学生休闲参与、休闲态度与休闲需求之探讨研究[D]. 硕士学位论文. 台湾新竹师范学院辅导教育研究所,2002.

作为横轴,时间单位作为纵轴,调研对象按照个人所从事的活动对照时段在表中相应格段做出标记。比较而言,直接将活动填入表格有利于完整记录受访者的所有活动,但可能会因个人表述不一致而在研究者后期处理数据时需要大量的分析归纳工作;而事先列出活动和时间的方法,则便于受访者填写,但每个人的日常活动非常多样化,研究者并不能保证列举的完整性,过粗或过细的分类都不利于研究。

参与频次法(Participation Frequency)包括绝对频率法和语义差异法。绝对频率法是将个体在特定时段(1 天、1 周、1 月等)内参与某项休闲活动的频率以数字表达,如 2 次/周;语义差异法则是将个体参与休闲活动的频率以语义差异进行评估,如经常参与、偶尔参与、很少参与、从不参与等。相对于时间运用法,参与频次法对调研对象有更为清晰的提示作用,但同样存在活动列举不完整、不一定适应于每类群体(尤其在广泛调研中)等问题,并且受访者可能会因社会期待的影响而高估参与频率。

## 2.2.2  休闲参与理论模式①

在休闲参与研究中,不同学者按照不同的理论架构来解释参与模式,较有代表性的模式包括 Nash(1953)的道德层次参与模式、Kelly(1999)基于社会学视角的生命历程模式和核心与平衡模式,以及高俊雄(2002)的特质—环境—参与—满意度模式。

(1)Nash 的道德层次参与模式

Nash(1953)按照道德性质将休闲参与行为和价值分为六个层次并予以评分,如表 2-1 所示,以此判定人们的休闲参与品质,并指出休闲

① 本部分综述归纳自下列文献:

1)陈冠慧.青少年生活形态、休闲态度与休闲参与之相关研究[D].硕士学位论文.台湾云林科技大学休闲运动研究所,2003.

2)林秀卿.大台北地区公立中等学校兼任行政教师休闲参与及其影响因素之研究[D].硕士学位论文.台湾师范大学公民教育与活动领导学系,2010.

3)许成源.水域活动休闲参与行为——以基隆地区民众为例[M].台北:秀威资讯科技股份有限公司,2009.

参与由多种类型活动组成,综合的参与形态更能体现休闲品质。

表 2 - 1 Nash 的休闲参与模式

| 休闲参与类别 | 内涵 | 示例 | 评分 |
|---|---|---|---|
| 创造性参与 | 参与过程中活动内容的本身就是创造性的,从个人经验或创作灵感中创造 | 艺术、哲学、科学发明或创造 | 4 |
| 积极性参与 | 主体对休闲认知观念正确,了解自身的需求和嗜好,以主动态度参与,参与过程保持积极学习的心态,并获得良好体验和满足感 | 旅游、运动 | 3 |
| 感性/情绪参与 | 主体参与某些休闲活动唤起内心感触或以往经验,继而产生情绪上的共鸣并表现出个人的感觉,却不一定是实质参与 | 音乐欣赏、演出观赏 | 2 |
| 纯娱乐参与 | 从众、被动式参与,不从自身兴趣或需求出发,以消耗时间为目的,参与价值低 | 看电视 | 1 |
| 自我沉溺性参与 | 对休闲缺乏认知并出现选择上的偏差,会危害到自身 | 抽烟、赌博 | 0 |
| 反社会规则参与 | 危害社会的参与行为 | 破坏公物、飙车 | 负分 |

根据上述休闲参与层级,如果个体只认知到休闲很重要,就还达不到爱好者的休闲品质;仅仅是爱好者,则还达不到积极、主动乃至创造性参与者的休闲品质。因此根据 Nash 的模式,个体参与休闲时应当了解自身的兴趣和偏好,适当规划休闲活动,提升休闲品质,以积极态度参与方能享受乐趣。

(2)Kelly 的基于社会学视角的生命历程模式和核心与平衡模式

Kelly 早在 1983 年就将休闲参与归纳为刻板模式(stereotype model)、均衡模式(balance model)和核心模式(core model),至 1999 年

提出重新整合的生命历程模式(life course approach)和核心与平衡模式(core plus balance model)。

生命历程模式指人会按照生命社会化进程的演变而改变其休闲参与的形态。人的社会化进程一般分为准备期(preparation)、发展期(establishment)和成熟期(culmination)。各个阶段中,个体会因为社会化角色的不同需要及其面临的资源与限制而改变休闲参与形态,如表2-2所示。

表2-2 Kelly 的休闲参与模式

| 社会化进程 | 生活重心 | 社会化环境 | 休闲参与示例 |
| --- | --- | --- | --- |
| 准备期 | 学习与成长 | 学校、家庭 | 参与学校休闲活动并建立朋友圈 |
| 发展期 | 经济生产、社会地位谋取 | 建立新家庭、工作场所/组织 | 参与家庭或社区周边亲子休闲活动 |
| 成熟期 | 经验传承 | 退休生活 | 参与以健康为诉求的休闲活动 |

核心与平衡模式指个体在不同生命阶段的休闲参与都包括核心参与模式和平衡参与模式。核心参与模式指参与可达性强、成本较低的休闲活动,如看电视、闲聊,这将占据生命历程中的大部分时间,且该类活动会对个体的社交和生活品质产生极大影响;平衡参与模式则是指个体为追求更多生活变化而表现的具体行动,基于多元的休闲动机而呈现出多形态组合的休闲参与,借以平衡和丰富不同生命阶段的生活。

(3)高俊雄的特质—环境—参与—满意度模式

高俊雄(2002)提出,休闲主体的个人特质、成长背景、居住地及工作环境都会影响其休闲认知、参与动机、选择偏好或期望,进而影响休闲参与的方式。在参与过程中,不同个体的主观体验会有差异,这会对其身心产生积极、消极或中性的影响,进而让个体在休闲满意、生活满意及工作绩效等方面产生不同的感受和表现,这样的体验和认知会再度改变个体的休闲认知、参与动机、偏好或期望,并循环影响到下一次的休闲参与,如图2-2所示。

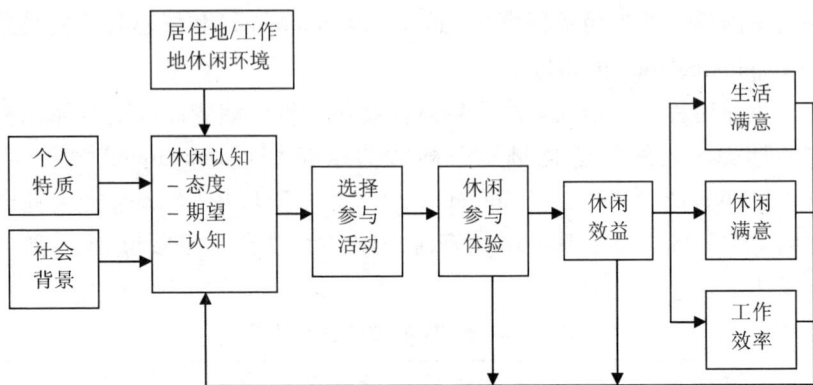

图 2 - 2　高俊雄(2002)的特质—环境—参与—满意度模式

综上所述,三类休闲参与模式尽管视角有差异,层次划分和参与机制不同,但都强调了多元变化的组合或影响,道德视角下、社会视角下或个体普通参与过程视角下的休闲参与,都突出了需从个体背景和特征出发,在不同的生命阶段或不同环境影响下,满足自我成长的需求,选择进行高品质的休闲参与,提升个体生活品质。

### 2.2.3　休闲参与的类型①

将休闲活动进行分类,按照代表性的类型来分析休闲参与状况,是休闲参与实证研究的常见方式。一方面,时代的变迁和经济、文化、社会生活背景的改变会带来休闲活动形态整体性的改变(如互联网、移动

① 本部分综述归纳自下列文献:
1)陈冠慧.青少年生活形态、休闲态度与休闲参与之相关研究[D].硕士学位论文.台湾云林科技大学休闲运动研究所,2003.
2)张华纹.剑湖山世界员工休闲参与、工作投入与工作满足之相关研究[D].硕士学位论文.台湾云林科技大学休闲运动研究所,2006.
3)金海水.东北地区农村居民休闲行为研究[D].博士学位论文.东北财经大学,2009.
4)林秀卿.大台北地区公立中等学校兼任行政教师休闲参与及其影响因素之研究[D].硕士学位论文.台湾师范大学公民教育与活动领导学系,2010.
5)田育绮.高雄县中学体育教师休闲认知、休闲参与及休闲满意度相关之研究[D].硕士学位论文.树德科技大学经营管理研究所,2010.

互联等信息技术对休闲生活的巨大影响）；另一方面，就个体而言，也存在个性、年龄、性别、兴趣、能力等主观条件和居所、社区环境等客观条件上的差异。因此，研究者会根据研究对象的特征和研究需求对各类活动进行取舍，采取不同的分类方式。不同分类方法的休闲参与类型会有较大差异。我国台湾学者陈彰仪（1989）所归纳的主观分类法（Subjective Categorization）、因素分析法（Factor Analysis）和多元尺度评价法（Multi-dimension Scaling，MDS）在后期研究中得到普遍认可。

（1）主观分类法及参与类型

主观分类法指研究者根据主观判断，按照研究目的、样本特性等因素，将具有共同特质的活动进行归类和命名，如按照休闲活动的性质、目的、意义、投入度、参与自由度、时间等因素进行划分。国内外休闲参与相关实证研究较多采用该类方式，部分代表性成果如表2－3所示。

表2－3　依据主观分类法的休闲参与类型研究

| 研究者 | 时间 | 休闲参与类型 |
| --- | --- | --- |
| Kaplan | 1960 | 社交性活动，游戏和体育活动，艺术性活动，静态性活动 |
| Ragheb 和 Beard | 1982 | 大众媒体类，户外活动类，文化活动类，运动类，社交活动类，嗜好活动类 |
| 陈在颐 | 1984 | 低组织游戏，社交活动，音乐活动，艺术及手工，戏剧活动，舞蹈，自然及户外活动，文艺活动，收集及收藏，社会服务 |
| Kelly | 1987 | 无目的的休闲活动，补偿性、恢复性的休闲活动，人际式、情感式的休闲活动，角色义务式的休闲活动 |
| 陈彰仪 | 1989 | 知识性、体育性、艺术性、作业性、服务性、娱乐性、休息性、与小孩有关的 |
| Tinsiey | 1995 | 机动性、探索性、团队型、服务性、享乐性、知识性、创造性、手工艺性、竞争性、休憩性、其他 |
| Godbey | 1999 | 完全不受限制的休闲，恢复式休闲，关系性休闲，角色决定性休闲 |
| Cordes 和 Ibrahim | 2000 | 媒体性活动，文化性活动，冒险性活动，嗜好性活动 |

| 研究者 | 时间 | 休闲参与类型 |
|---|---|---|
| 梁玉芳 | 2004 | 运动健身型,嗜好休憩型,家庭社交型,户外游憩型,进修交谊型,视听娱乐性,消遣闲逸型 |
| 吴家碧 | 2006 | 阅听活动,社交性活动,娱乐活动,刺激性活动,自然活动,竞争性活动,非竞争性活动,观赏性活动,宗教、心灵活动,技艺、嗜好活动,家庭活动,其他 |
| 马勇占等 | 2006 | 运动,户外游乐,媒体娱乐,家庭活动,社交,知识,休憩 |
| 周庆和 | 2007 | 大众媒体活动,文化活动,运动活动,社交活动,户外活动,个人嗜好活动 |
| 郭慧珍 | 2009 | 知识性,娱乐性,体育性,社交性,艺文性 |
| 金海水 | 2009 | 娱乐活动类,知识文化类,运动类活动,社交活动类,户外游憩类,技艺活动类 |
| 李群力 | 2009 | 竞技体能类,文艺类,闲逸类,康乐社交类 |
| 吴广丽 | 2009 | 一般消遣型,娱乐充实型,学习发展型,体育健身型,社交活动型 |
| 许春晓等 | 2010 | 媒体类,文化类,社交类,运动类,技艺类 |

资料来源:研究整理。

**(2)因素分析法及参与类型**

因素分析法指研究者按照统计方法依据受访者休闲活动参与模式、程度或频率、参与次数等,从中遴选有显著代表性的因素,再以该类因素所包括的休闲活动项目进行归类和命名。该类方法相对客观,研究者使用也较为普遍,有代表性的研究如表 2 - 4 所示。

表 2 - 4  依据因素分析法的休闲参与类型研究

| 研究者 | 时间 | 休闲参与类型 |
|---|---|---|
| Mckenchnie | 1974 | 机械性,手艺活动,知性活动,缓慢性活动,邻居活动,特殊设备运动,快速活动 |

续表 2-4

| 研究者 | 时间 | 休闲参与类型 |
|---|---|---|
| Duncan | 1978 | 户外活动,室内活动,参与被动式室内活动,家庭活动,参与看电视、与小孩玩等活动 |
| 文崇一 | 1981 | 知识性,社交性,运动性,玩乐性,消遣性 |
| Allen 和 Buchanan | 1982 | 户外活动性,运动性,居家性,社交性,机械性,大自然性,智力性,大众文化性 |
| 丁庭宇 | 1986 | 随俗型(如电玩),户外社交型(如露营),温婉型(如手工艺),宣泄型(如球类),混合好动型(如逛街),高尚型(如参观书画展) |
| 黄嘉宗 | 1986 | 技能美术型,运动型,消遣型,陶冶型,游乐型 |
| Garton | 1991 | 一般运动(如球类),社会娱乐(如音乐会),社交活动(如访友),职业性活动(如烹饪),水上活动(如划船),户外活动(如钓鱼) |
| 许琼文 | 1992 | 户外类,修身养性类,玩乐类,消遣类,知识类,运动类,益智类,静态类 |
| 张少熙 | 1994 | 刺激性,交谊性,闲逸性,娱乐性,户外活动,观赏性,音乐性,消遣性,艺能性,休憩性 |
| 韩慧华 | 1997 | 知识与运动型,手工型,户外游憩型,家庭闲逸型,社交闲逸型,文艺型 |
| 李文题 | 2001 | 家庭型,社交型,消遣型,逛街型,休憩型,运动型,进修型 |
| 黄元田 | 2003 | 技艺与美术类型,特殊娱乐类型,消遣类型,健身活动类型,阅读与写作类型,运动类型,社会服务类型,音乐类型,博弈类型 |
| 黄意文 | 2003 | 游览性,生活性,文艺性,社交性,知识性,技艺性,家庭性,装饰性,体能性 |
| 魏统朋和刘志民 | 2013 | 消遣类,娱乐类,社交类,运动类,提高类 |
| 张安民 | 2013 | 学习型,健身型,消遣型,嗜好型 |

资料来源:研究整理。

（3）多元尺度评价法及参与类型

多元尺度评价法指研究者将休闲活动两两配对，形成多组相对休闲活动，由受访者按照主观感受来评定每组两种活动的相似度，再进一步归纳因素类型。该类方法结果较为简单，一般为两、三种类型，各类型休闲活动特性和类型间关系清楚。该类方法相对来说操作较为复杂，应用并不普遍，相应的代表性研究如表2-5所示。

表2-5　依据多元尺度评价法的休闲参与类型研究

| 研究者 | 时间 | 休闲参与类型 |
| --- | --- | --- |
| De Grazia | 1962 | 主动/被动,个人性/社会性,户内/户外,家庭内/家庭外,坐着做/站着做 |
| Brent | 1975 | 主动/被动,个人/团体,心智/非心智,户内/户外 |
| Hirschman | 1985 | 娱乐消遣/美学知识,工具性/表达性 |

资料来源：研究整理。

综合上述分类方法及相关类型示例可见，主观分类法是与研究者的目的、主旨和需求契合的，操作简便，在实证研究中最为常见，但由于分类和命名均为研究者的主观认定，活动项目会显得琳琅满目，给受访者造成填答困扰；因素分类法的客观性有利于调研数据处理，但同一因素内的休闲活动性质可能不同，会造成命名的难度，继而难以整合和直观判断休闲参与类型的特性，造成各类型及其关系的模糊化；多元尺度评价法由于成果类型和关系清楚，信度较高，但两两配对的方式会造成问卷繁复、填答困难，如不限活动项目数量，则配对结果会导致数量庞大，因此在实际研究中可供分析的项目有限，不能保证完整性。

## 2.2.4　休闲参与相关实证研究

休闲参与是休闲实证研究的核心议题，无论是作为休闲行为前因的休闲制约、休闲动机、休闲态度等研究，作为过程的休闲涉入研究，还是作为结果的休闲效益、休闲满意度、生活品质、幸福感等研究，都须将休闲参与状况作为基本变量参照。从休闲主体来看，休闲参与实证研究关注较多的主体包括青少年、老年人、女性、城市/城镇居民、农村居民、特定职业群体(如教师、公务员等)、残障人士、特定休闲活动参与者(如登山者、健行者、骑乘者、水上运动)等①。

(1)不同年龄群体的休闲参与

按照年龄划分休闲主体的研究中,居于生命周期两端的青少年和老年人受到的关注最为普遍。

按照生命周期理论,青少年期是从儿童期迈向成年期的中间阶段,也是人的身体、价值观、行为方式发生重大变化的阶段。在大多数文化背景下,青少年都面临着学习的重任和成长、蜕变的考验,因此这一时期也是最容易出现行为偏差的时期。休闲活动对青少年而言,既是社交媒介,也是学习和成长的途径。他们的余暇时间安排和休闲参与的效益无疑会影响到长远的人生,在这一时期给予其正确的引导和适当的休闲教育亦具备重要的社会意义。因此青少年休闲行为备受休闲研究者的关注,涉及较多的议题是休闲参与及其相应的休闲态度、休闲无聊感、生活形态、偏差行为等。国外学者 Allen 和 Buchanan(1982)对大学生休闲活动进行分类研究,Hall(1984)研究了大学生休闲行为的寂寞感与非寂寞感,Iso-Ahola 和 Crowley(1991)针对药物滥用和非药物滥用对青少年进行了休闲参与和休闲无聊感研究。较新的研究如 Lindström(2012)研究了青少年休闲活动、休闲参与和公民素质的关系;我国台湾与大陆学者如较早的黄郁宜(1984)、黄嘉宗(1986)、陆光(1987)、黄中科(1990)、王美芬(1993)、王淑女(1995)等分别关注了在校中学生、高职生、都会青少年、单亲学生等群体的休闲活动、偏差行为等;进入 2000 年后,近期研究如陈南琦(2000)、陈冠慧(2003)、简鸿槟(2003)、吴家碧(2006)、陈肇芳(2007)、迟毅男(2007)、陈律盛(2011)、江素祝(2011)等关注了大学生、高中生、偏远地区青少年等群体的休闲参与与休闲知觉、休闲满意度、休闲无聊感、休闲阻碍等关系。

处在生命周期后段的老年群体的休闲生活状况,在全球老龄化的

---

① 此处并未按特定标准来划分群体,所阐述的群体性质也会有交叉,如智障儿童、都市职业女性、农村老年人等,在实证研究中皆有覆盖。

趋势下同样受到研究者的关注。对老年人的休闲研究主要涉及其休闲参与特征以及与休闲动机、休闲制约、休闲效益等关系。首先，从休闲参与的效益来看，老年人有规律地参与休闲活动，有助于自我肯定、纾解情绪、增强体能、延缓衰老、预防慢性疾病、减少医疗支出等，继而提高生活品质、生活满意度和幸福感等（McGuire 和 O'Leary，1992；Ragheb 和 Tate，1993；Riddick 和 Stewart，1994；Ruuskanen 和 Ruoppila，1995；Schroots，1995；莫再美等，1995；Griffin，1998；蔡长清，1998；徐菁等，2006；魏烨，2008；翟玉喜，2009）。其次，从休闲参与特征来看，老年人休闲参与方式和内容单一、活动半径小、缺乏合适的设施和场地，更偏好闲散、自由的休闲活动形式等（孙樱，2000；刘宪明，2001；林勇强、史逸，2002；张秀珍，2007）；国外和国内老年人在休闲参与中对环境和资源的利用率有差异（程遂营，2009）；老年人在利用设施、携带设备、活动时间和休闲参与质量等方面还存在性别差异（任超，2005；覃杏菊，2006；王欢，2007）。最后，从休闲参与的动机和制约因素来看，保持身心健康、调动身体机能、与人互动增强人际关系、避免孤独感等是老年人认为较为重要的动机，而休闲场所与设施的方便性和安全性、健康状况、参与活动、人际关系是否能感到舒适等是主要的制约因素（王玮，2006；时少华，2011）。

（2）女性的休闲参与

基于 19 世纪 60 年代的妇女解放运动，西方休闲学界以女性为中心的休闲研究自 80 年代开始集中出现。美国学者 Henderson、Bialeschki、Shaw 和 Freysinger 于 1996 年出版（国内于 2000 年出版）的《女性休闲——女性主义的视角》一书，用社会学、社会心理学和文化学方法全面揭示了女性与休闲的关系，重点讨论了女性休闲的公平、赋权与社会变迁等问题。该书堪称女性休闲研究的里程碑式著作。国外关于女性休闲参与的研究主要集中于休闲时间的分配、休闲质量与活动参与的性别差异、休闲效益和休闲制约等方面。从休闲时间来看，社会角色差异使得女性休闲时间分配与男性存在明显差异（Gronau，1977；Shaw，1985；Hochschild，1989；Ueta，2003）；从休闲质量来看，女性较少享有纯粹的休闲时光,在同一时间可能从事多项活动,休闲质量与男性有差距,但具体内容的差异可忽略(Kelly,1983;Shaw,1984;Bittman 和 Wajcman,1999);从休闲效益来看,休闲参与对于女性的价值主要体现在提升自我意识、保持身心健康、促进与家庭成员的沟通和感情、增进社会关系等(Haggard 和 Williams,1991;Ulrich 等,1991;Henderson 和 King,1998);从休闲制约来看,女性的休闲参与主要受到年龄、婚姻、小孩数量、健康、居住等人口学特征以及职业和工作因素的影响(Allison 和 Duncan,1987;Henderson 等,1995;Crespo 等,2000;Ainsworth 等,2003;Titze 等,2005)。

(3)其他群体的休闲参与

除青少年、老年和女性之外,城镇与农村居民、特定职业群体和特定休闲活动参与者的休闲参与也受到较为广泛的关注。城镇与农村居民方面主要关注的是休闲时间分配、休闲行为特征、休闲方式影响因素(休闲制约)、休闲需求、休闲意愿/期望、休闲动机等议题(White,1975;Iso-Ahola 等,1994;Floyd 和 Shinew,1999;杨国良,2002;岳培宇,2006;董长云,2006;楼嘉军等,2008;金海水,2009;肖海宾,2010;廖庆荣,2012;梁修等,2012;赵俊红和方敏,2013);对特定职业群体,如教师、警察、消防人员、导游、农民工、健身指导员、飞行员等群体的研究,重在探讨休闲参与与工作压力、生活满意度等关系问题(Kathleen 和 Hilmi,1996;梁文嘉,1996;陈艳丽,2002;翁萃芳,2002;朱椒仪,2002;黄意文,2003;刘泳伦,2003;梁玉芳,2004;刘怡秀2004;左端华2004;李相如和吴建美,2009);另外,还有对特定休闲活动参与者,如登山健行者、网球手、冲浪者、橄榄球手、温泉休闲者等的研究(谢清秀,2003;林宜蔓,2004;余青忠等,2004;徐新胜,2006;吴永发;2006;张治文,2007;邱荣泰,2011;梁振翎,2012;吴波,2012;余勇和田金霞,2013;王苏,2013)。相应的实证研究成果和观点将在后文中结合本研究主题进一步阐述。

## 2.2.5 国内残障人士休闲现状研究

从国内现状来看,多数残障人士还处在对基本生活、教育、职业等权利的诉求中,总体上的休闲参与程度还相当有限。别江侠(2012)以武汉为例,对城市残障人士的研究发现,居住于城市的残障人士休闲生活呈现出休闲娱乐投入时间较少、项目传统且单一、活动场所一般为自己或朋友家中、所在社区休闲设施缺乏、对自身的休闲生活质量评价低等特点①。这些结论在一定程度上客观反映出国内残障人士休闲生活的普遍境况。居住在农村或偏远地区的残障人士可能面临更多的困境。

朱菁菁和徐炎章(2005)在国内最早提出社会很少关注的弱势群体的休闲生活,其休闲活动现状表现为数量少(种类少、设施少、时间少)、层次低和供求不平衡的总体特点,他们提出应当从外在环境(政府、传媒、企业、大众)和自身因素(文明、独立、解决心理障碍)两方面提供途径改善弱势群体的休闲生活②。张哲乐(2006)在对成都市内旅游景点无障碍环境现状研究中,指出无障碍物质环境建设和管理有待加强以及无障碍信息环境建设基本空白,并运用社会学的冲突理论分析,提出问题根源在于费用与收入冲突、残障人士利益诉求与社会地位冲突、无障碍环境建设和管理成本与经济利益导向冲突③。可妍(2006)在休闲服务供给中外比较研究中提出休闲对个人、个人所在社区和整个社会具有积极意义,而休闲主体包括残障人士、失业者等弱势群体,应当在休闲服务中给予其特别关注,以期消除偏见和歧视,体现人文关怀④。唐征宇(2008)以美国全纳娱乐为例,介绍了美国强调残障人士享有娱乐与休闲活动权利,重视残障人士娱乐、休闲活动的教育与继续教育,提倡残障人士与健全人娱乐活动的双向融合,为残障人士娱乐活动提

① 别江侠.社会排斥视角下城市残疾人休闲娱乐贫乏原因探究——仅以武汉市为例[J].劳动保障世界,2012(8):50-53.

② 朱菁菁,徐炎章.论休闲活动在弱势群体中的开展[J].自然辩证法研究,2005,21(12):91-94.

③ 张哲乐.对城市旅游景点无障碍环境问题的社会学思考——以成都市为例[J].特区经济,2006(11):238-240.

④ 可妍.休闲服务供给的中外比较研究[D].硕士学位论文.北京第二外国语学院,2006.

供便利和有效的设备帮助,应当为我国所借鉴①。

具体到残障人士的休闲参与及相关研究来看,李群力(2009)以湖南省6个城市10所特教学校为例,研究了湖南省特教学校学生休闲活动的参与特征及其影响因素②。李群力(2009)还以长沙、武汉、南昌为例,调研了我国城市残障人士的休闲满意度状况,结果表明城市残障人士休闲满意度总体上属中等水平,放松维度满意度最高而生理维度满意度最低,年龄、教育程度、婚姻状况是影响休闲满意度的重要因素③。陈文力(2012)以听力有障碍的年轻群体为研究对象,基于网络时代的娱乐与学习背景,探讨了听障群体的沟通方式与沟通障碍、娱乐休闲对他们的作用以及网络的影响。该研究提出网络除了能满足其娱乐休闲需求外,还能使其获得更多的就业机会④。

基于不同的理论视角来看,肖昕茹(2010)以社会学和人文地理学为主要理论基础,以上海市为例,结合社会排斥理论分析了城市残障人士的社会空间,探析其在大规模城市更新和社会经济发展中的现状特征及社会排斥作用的表象和机制⑤。别江侠(2012)的城市残障人士休闲娱乐生活研究同样基于社会排斥视角,分析了制度排斥、经济排斥、观念排斥、物质无障碍设施排斥和残障人士"自我排斥"对其休闲生活的影响⑥。此外,付善民(2009)基于变异性原理、社会分组原理和社会情景原理三大社会学基本原理,分析了休闲制约及协商、性别与休闲、残障人士及弱势群体与休闲等问题,并将其作为体育休闲学研究的主

---

① 唐征宇.美国全纳娱乐活动的发展及其启示[J].中国残疾人,2008(1):26-27.

② 李群力.湖南省特教学校学生休闲活动参与特征研究[J].中国特殊教育,2009(2):91-96.

③ 李群力.城市残疾人休闲活动满意度调查研究——以长沙、武汉、南昌三地为例[J].中国特殊教育,2009(5):69-75.

④ 陈文力.网络时代听力有障碍年轻群体娱乐休闲研究[J].旅游学刊,2012,27(7):91-97.

⑤ 肖昕茹.上海市残疾人社会空间研究[D].博士学位论文.华东师范大学,2010.

⑥ 别江侠.社会排斥视角下城市残疾人休闲娱乐贫乏原因探究——仅以武汉市为例[J].劳动保障世界,2012(8):50-53.

体领域[1]。

在休闲教育方面,李果(2010)采用个案研究方法对视力障碍儿童的生态化休闲教育模式开展了深入研究,探讨了该模式对视障儿童休闲素养(休闲认知、人际互动、休闲技能、自我决定、自我认知、休闲伦理)的影响,为视障儿童社区、家庭休闲教育提供了借鉴[2]。汪丽娟(2012)以听觉障碍高中生为研究对象,通过文献法、问卷法和访谈法分析了听障高中生休闲生活现状及存在的问题并进行了归因分析,为提高听觉障碍高中生休闲生活品质提出了建议[3]。刘文璐(2012)探讨了休闲教学方案对在家教育脑瘫学生休闲能力的成效,并提出了对在家教育脑瘫儿童实施休闲教育时应遵循的原则和注意的问题,为相关专业人员和家长提供了借鉴经验[4]。

# 2.3　休闲效益理论

## 2.3.1　休闲效益的定义

当社会由工业文明向后工业文明过渡时,休闲活动对于个体和社会的价值及意义显得更加重要。大量研究表明,参与休闲活动是缓解个体压力、促进个体发展、促进家庭与社会和谐、改善经济与环境的有效途径。将休闲的价值和功能概念化、系统化的休闲效益研究是休闲研究中的重要议题。

效益(benefits)即"获得"(gain),描述的是个人、团体、社会、经济、

---

① 付善民.体育休闲学研究主体领域分析——西方社会学视角下休闲学研究的启示[J].武汉体育学院学报,2009,43(6):72-75.

② 李果.视力障碍儿童生态化休闲教育模式的个案研究[D].硕士学位论文.重庆师范大学,2010.

③ 汪丽娟.听觉障碍高中生休闲生活现状及教育对策研究[D].硕士学位论文.西南大学,2012.

④ 刘文璐.休闲教学方案对在家教育脑瘫学生休闲能力培养的个案研究[D].硕士学位论文.重庆师范大学,2012.

实质环境或其他情境有所改善的状况（Driver、Brown和Peterson，1991）①。最早将效益延伸到休闲研究领域的是Bammel和Burrus-Bammel（1982）。他们提出，成人和儿童、青少年一样，能从休闲活动参与体验中获益良多②。Driver等（1991）认为，休闲主体在参与休闲活动后主观感觉到的生理、心理或社交方面的改善，这种改善经过人的主观评价后对人产生的不同影响就形成了休闲效益（leisure benefits）③。Driver（1998）进一步强调效益对人或实质环境中是需求获得正向的改变，包含人际关系、体适能④、预防社会问题或稳定社群等。他从宏观层面将效益分为"改善状况、防止状况恶化和实现心理体验"，其中"改善状况"指如果人、自然或经济因素未能最大限度发挥作用或发挥有害作用，则休闲可能改善这种状况；"防止状况恶化"指并非所有不良或危险状况都能被改善，而休闲的价值在于阻止人、自然或经济状况的恶化；"实现心理体验"则指人们通过休闲活动体验获得内在价值，如缓解压力、实现精神追求等⑤。上述界定和解释在后期研究中得到广泛认可，大部分学者都基于Driver所提出的"正向改变"，再结合具体的研究议题拓展或延伸休闲效益的内涵。

　　休闲效益的研究视角和维度较为广泛，从视角上综合了经济学、心理学、生理学、社会学、环境学等观点，就解释维度而言有从功能、教育、需求及休闲体验等方面的研究（陈中云，2001）⑥。Tinsley（1986）基于

---

① Driver, B. L. , Brown, P. J. , & Peterson, G. L. *Benefits of Leisure*［M］. PA, US：Venture Publishing,1991.

② Bammel, G. ,& Burrus-Bammel, L. L. . Leisure and Human Behavior［M］. Dubuque, IA：Wm. C. Brown. :1982.

③ Driver, B. L. , Brown, P. J. , & Peterson, G. L. *Benefits of Leisure*［M］. PA, US：Venture Publishing,1991.

④ 体适能（Physical Fitness），是指人体所具备的有充足的精力从事日常工作（学习）而不感疲劳，同时有余力享受康乐休闲活动的乐趣，能够适应突发状况的能力。

⑤ ［美］奥萨利文（O'Sullivan, E. ）等著，张梦主译. 休闲与游憩：一个多层级的供递系统［M］. 北京：中国旅游出版社,2010:9.

⑥ 陈中云. 小学教师休闲参与、休闲效益与工作满意之关系研究［D］. 硕士学位论文. 台湾师范大学运动休闲与管理研究所,2001.

个体视角提出,休闲效益主要受到休闲体验的主观感受影响,而非活动本身,个体心理满足程度是影响休闲效益的主要因素[1]。Berger 和 Wankel(1991)认为在评估休闲效益时,重要的是评估休闲活动能否帮助个体达成需求目标,而并不以客观态度去评估达成目标的过程[2]。Ajzen(1991)也认为"效益"意味着目标的达成,包括休闲参与所能达成的目标及活动参与者相信休闲能够帮助其达成的目标[3];同时以社会心理学理论为视角,发现休闲参与者对于休闲活动可能获得的效益评价越高,参与态度倾向就越明显,参与行为就越积极[4]。Goodale(1993)在关于公园与游憩活动的研究中提出,参与户外休闲活动不仅能丰富生活、健康体魄,还能增进社会关系,提高组织效益和环境效益[5]。高俊雄(1995)提出休闲效益是指在休闲游憩活动参与过程中,可以帮助参与者个体改善身心状态,或满足个人需求的现象[6]。Parry 等(1999)在针对更年期妇女休闲参与的研究中发现,体育休闲活动能帮助更年期妇女增进生理和心理舒适感及人际亲密感、安全感,并促进自尊、自信和自我态度的培养[7]。Bright(2000)认为休闲效益是多构面的,应从生理、心理、社交、经济及环境多角度进行考察,且休闲连带效益并非参加者个人所独有,就大环境而言,全人类都能够从中受益[8]。林欣慧(2002)

① Tinsley,H. E. ,& Tinsley,D. J.. A theory of the attributes benefits and causes of leisure experience[J]. *Leisure Science*,1986,8(1):1 – 45.

② Berger,B. G. and Wankel,L. M.. *The personal and social benefits of sport and physical activity*[M]. State College,PA:Venture Publishing,1991.

③ Ajzen,I. Benefits of Leisure:A Social Psychological Perspective [J]. In Driver,B. L. , Brown,P. J. and Peterson,G. L.. Benefits of Leisure,Stage College,PA:Venture Publishing,1991:411 –418.

④ Ajzen I. The theory of planned behavior[J]. *Organizational Behavior and Human Decision Processes*,1991,50(2):179 –211.

⑤ Goodale T.. Park and recreation[J]. *Vital Speeches of the Day*,1993,59(20):632 –637.

⑥ 高俊雄. 休闲利益三因素模式[J]. 户外游憩研究,1995,8(1):15 –28.

⑦ Parry,D. C. & Shaw,S. M.. The role of leisure in women's experience of menopause and mid-life[J]. *Leisure Science*,1999,21(3):205 –218.

⑧ Bright,A. D.. The role of social marketing in leisure and recreation management [J]. *Journal of Leisure Research*,2000,32(1):12 –18.

在对登山健行者的研究中提出,休闲效益是个人或团体在自由时间从事休闲行为过程中,对参与活动有所体验,并对"个体"和"社会"两大层面产生的有益影响①。Iwasaki(2006)认为休闲效益的含义在于休闲能为全人类提供机会获得有价值及有意义的生活并促进生活质量②。陈中云(2001,2008)、洪煌佳(2002)、张少熙(2003)、林宜曼(2004)、余玥林(2004)、方美玉和陈镒明(2005)、吴永发(2006)、蔡文慈(2006)、陈怡麟(2006)、陈锡平(2007)、吴秀丽(2008)、赖伟伶(2008)、李昭仪(2009)、周安盈(2009)、黄彦慈(2011)等我国台湾学者近年来亦针对台湾普通居民、中小学教师、护理人员、中老年人等群体,对各类休闲游憩活动,尤其是单车、跑步、健行、游泳等户外运动的休闲效益开展了心理学、行为学、社会学等不同视角的研究,积累了丰富的研究成果③。

此外,Mannel 和 Kleiber(1997)从社会心理学的视角,用三种理论来解释休闲效益:一是忙碌理论(Keeping idle hands busy theory),意指参与休闲活动能使人逃离或改变忧虑、沮丧的想法,用一种心灵忙碌的方式让个体暂时转移注意力;二是愉悦—放松的乐趣理论(pleasure-relaxtion-fun theories),主要阐述个体在休闲中寻求快乐、避免痛苦,短暂的乐趣与愉悦体验能提高生活质量,并持续形成长期的幸福感;三是缓冲调适理论(buffer and coping theory),从个体效益角度提出休闲能增进调适生活压力的能力,并间接影响身心健康④。

总体而言,休闲活动的价值和功能在休闲效益研究中得以具象化和多维化,休闲活动带来的个体和社会效益在逐渐被认知的同时,也内

---

① 林欣慧. 解说成效对休闲效益体验之影响研究——以登山健行为例[D]. 硕士学位论文. 台湾师范大学运动休闲与管理研究所,2002.

② Iwasaki, Y. (2006). Leisure the quality of life and diversity: An international and multicultural perspective[C]. *Paper presented at the World Congress of Leisure*, Hangzhou, Zheuang China,12.

③ 黄彦慈,黄柏瀚,李寿展. 运动中心使用者休闲效益之初探[J]. 2011 年国际体育运动与健康休闲发展趋势研讨会专刊. 2011:715-730.

④ Mannel, R. C. & Kleiber, D. A.. *A social psychology of leisure*[M]. State College, PA: Venture Publishing. 1997.

化成为人类社会追求的理想价值与目标。本研究将休闲效益界定为休闲活动对参与者个体和社会带来的正向改变,包括对个体的生理、心理状况的改变,对社区经济、环境和氛围的改变,以及对个体与社会的关系的改变三个层面,并以此作为休闲参与与社会融入关系研究的理论依据。

### 2.3.2　休闲效益的评估

就如何评估休闲效益而言,不同学者从休闲参与影响的过程、休闲活动满足个体需求的不同构面等视角提出了不同的研究模式。Bammel和 Burrus-Bammel 于 1982 年最早提出休闲效益包含生理、心理、社交、教育、放松及美学效益六个构面[①]。这一观点在后期研究中获得国外休闲学者的肯定与认同,并以此为依据开展研究。早期的 Tinsley H. E. 和 Tinsley D. J(1986)就休闲参与影响的过程建构出休闲效益模型,如图 2-3 所示,即参与休闲活动能使参与者的心理需求获得满足,进而促进生理与心理健康,提升生活满意度并刺激个人成长。

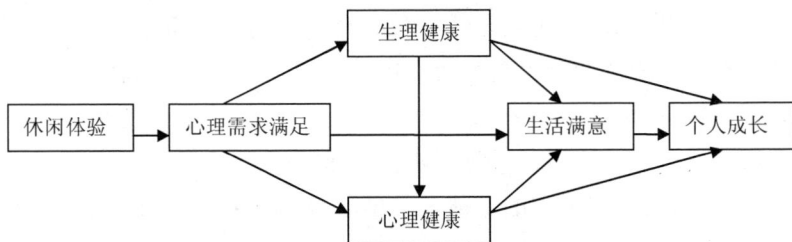

**图 2-3　基于休闲参与影响过程的休闲效益模型[②]**

高俊雄(1995)提出了休闲效益三因素模式,效益的三个构面及其具体的"正向改变"内容:一是均衡生活体验,包括纾解生活压力、丰富生活体验、调节精神情绪;二是健全生活内涵,包括维持健康体适能、启

---

①　Bammel, G., & Burrus-Bammel, L. L.. *Leisure and Human Behavior* [M]. Dubuque, IA: Wm. C. Brown. ; 1982.

②　Tinsley, H. E., & Tinsley, D. J.. A theory of the attributes benefits and causes of leisure experience [J]. *Leisure Science*, 1986, 8(1) : 1 - 45.

发心智、增进亲子关系、促进社交、关怀生活环境质量;三是提升生活质量,包括欣赏创造真善美、肯定自我能力、实践自我理想①。高俊雄的三因素模式在后期我国台湾学者的休闲效益研究中得到广泛认同和借鉴。但上述几类评估模式都只将休闲效益局限在了个体效益,而并未探讨休闲活动的社会、经济、环境等外部效益。

更为完整的效益评估模型最早是由 Mannell 和 Stynes(1991)提出的。他们认为人们参与休闲活动时会受到环境、活动、心境等因素刺激,进而影响到生理、心理和经验,通过评估这些影响即产生对休闲效益的认知,并结合外部信息需求和社会价值观的影响,就整个效益产生的环境和过程建立了评估系统模型,如图 2 – 4 所示。

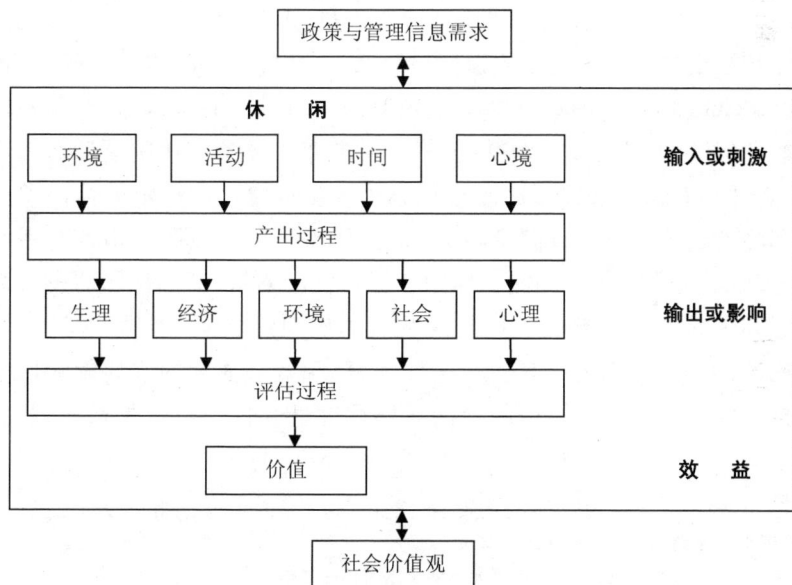

图 2 – 4  休闲效益系统模型②

---

① 高俊雄. 休闲利益三因素模式[J]. 户外游憩研究,1995,8(1):15 – 28.

② Mannel,R. C.,& Stynes,D. J.. A Retrospective:the Benefits of Leisure. In Driver,B. L.,Brown,P. J.,& Peterson,G. L.(Eds.),*Benefits of leisure*[M]. Stage College,PA:Venture Publishing,1991:464.

### 2.3.3 休闲效益相关实证研究

基于上述效益内涵,学者展开了大量实证研究,大部分效益研究在方法上都以量化和结构模型予以验证。从实证研究的具体议题来看,大多数研究关注两类问题:一是一般居民、学生、教师、老年人等具体群体的休闲活动带来的休闲效益;二是更为细化的群体和相应的具体休闲活动,如登山者、骑游者、冲浪者等从事相关休闲运动或户外游憩活动的休闲效益。一般休闲者和休闲活动方面,如洪煌佳(2002)[①]、张良汉(2002)[②]、方美玉和陈镒明(2005)等针对大专、技术学院(职高)、小学等学生群体参与休闲活动的生理、心理和社交效益开展研究[③];蔡文慈(2006)[④]、林元正(2007)[⑤]针对行政人员、退休警官参与休闲运动的个体和社交效益进行了详细研究;Teaque 和 MacNeil(1992)、McAuley 和 Rudolph(1995)、Iwasaki 和 Smale(1998)、Hendricks 和 Cutler(2003)、张嘉洲(2006)、李昭仪(2009)等都针对老年群体参与休闲活动对其身体、心理和人际关系方面的改善积累了大量成果。在特定的休闲参与者和活动的效益研究方面,Iso-Ahola 和 Park(1996)以跆拳道参与者为研究对象,发现休闲活动能为休闲者提供社会支持,即同伴与朋友关系能缓和生活压力引起的心理疾病及身体疾病症状[⑥]。李晶(2002)、马上钩(2002)在登山健行者研究中发现,休闲效益体验的主要影响因素来自于休闲者对活动传达内容的认同程度;同时,参与者受教育程度、

① 洪煌佳.突破休闲活动之休闲效益研究[D].硕士学位论文.台湾师范大学运动休闲与管理研究所,2002.
② 张良汉.休闲觉知自由、休闲无聊感及休闲利益之相关研究——以台湾联合技术学院学生为例[D].硕士学位论文.台湾体育学院体育研究所,2002.
③ 方美玉、陈镒明.小学实施运动会之效益分析[J].休闲运动期刊,2005(4):1-6.
④ 蔡文慈.南投县小学行政人员休闲态度与休闲效益体验对国民旅游卡使用行为影响之研究[D].硕士学位论文.台湾师范大学运动与休闲管理研究所,2006.
⑤ 林元正.台北市退休警官从事运动休闲之动机、持续因素及休闲效益之探讨[D].硕士学位论文.台湾体育学院体育研究所,2007.
⑥ Iso-Ahola, S. E., & Park, C. J.. Leisure-related social support and self-determination as buffers of stress-illness relationship[J]. *Journal of Leisure Research*,1996,28(3):169-187.

年龄、活动地点、参与时间与距离、方式都对休闲效益的体验造成了不同影响。Brown 和 Macdonald（2008）针对男性学生橄榄球选手的研究发现，该项运动能促进亲近友谊的建立、发展互助合作和团队技术①。此外，如林宜蔓（2004）、徐新胜（2006）、张治文（2007）等对游泳、冲浪、泛舟等水上运动参与者的休闲效益开展了研究，余青忠等（2004）、吴永发（2006）、黄博儒（2006）、邱荣泰（2011）等针对跑步、篮球和田径运动员的休闲效益体验进行了探讨，詹博闵（2007）、林富真（2012）研究了重型机车（摩托车）爱好者的休闲动机和效益，梁振翎（2012）则针对网络游戏参与者进行了研究②。

　　我国大陆学者以休闲参与者为研究主体，对其从事休闲与游憩活动所获得的非货币性效益及其多维理论相结合的研究③非常有限。谭家伦、汤幸芬和宋金平（2010）以台湾地区苗栗县乡村旅游游客为对象，对其生活压力知觉、休闲调适策略和健康的关系研究是国内可查的首个休闲效益实证研究成果。作者并未明确提出休闲效益的概念，但从生理、心理、社交三个维度反映了休闲方式对健康的改善效应④。梁修等（2012）以安徽巢湖农村老年人为对象，研究其参与运动休闲的动机、参与因素与休闲效益，发现健康身体、愉乐心理及自我充实与满足是最

　　① 　Brown, S. , & Macdonald, D. . Masculinities in Physical Recreation: the production of masculinist discourses in vocational education[J]. *Sport, Education and Society*, 2008, 13(1): 19 – 37.

　　② 　梁振翎. 高职学生参与网络游戏休闲效益研究——以南英商工学生为例[D]. 硕士学位论文. 康宁大学休闲管理研究所, 2012.

　　③ 　赵宏杰, 吴必虎. 大陆赴台自由行游客地方认同与休闲效益关系研究[J]. 旅游学刊. 2013, 28(12): 54 – 63.

　　④ 　谭家伦, 汤幸芬, 宋金平. 乡村旅游客生活压力知觉、休闲调适策略与健康之关系[J]. 旅游学刊. 2010, 25(2): 66 – 71.

重要的休闲效益①。王苏(2013)②、余勇和田金霞(2013)③以骑乘活动为例的研究均证实,休闲涉入能正向影响参与者身心的诸多方面,并正向影响幸福感的认知。赵宏杰和吴必虎(2013)以大陆赴台自由行游客为例,研究了地方认同与休闲效益的关系④。上述研究中,除了梁修等对老年人运动休闲参与与效益使用深度访谈法外,都采用了结构化量表进行调研,并用结构方程模型进行实证检验。总体而言,国内休闲效益研究虽开始以偏实证的、对具体群体的研究起步,但研究主体参与的休闲活动限于自行车运动和乡村旅游等,尚未出现理论层面的探讨和多视角的讨论。

## 2.4　休闲涉入理论

### 2.4.1　休闲涉入的概念

(1)涉入的概念

涉入(involvement)的概念很早就受到社会心理学研究者的关注,可追溯至1947年由Sherif和Cantril提出的社会批判理论,其核心概念即为自我涉入。该理论包括反比效应与同比效应。前者指个体对特定事件的自我涉入程度越深,则其接受相反意见的可能性就越低;后者则指对于与自己相同的意见,自我涉入程度越深,则乐于接受并予以支持

---

① 梁修,胡青梅,王立利,韩明霞,王丽水.农村老年人从事运动休闲的动机、参与因素与休闲效益的探究——以巢湖市半汤力寺村老年学校为个案[J].巢湖学院学报.2012,14(3):107-113.

② 王苏.自行车休闲活动的休闲阻碍、休闲涉入与休闲利益的关系研究——以四川省德阳市自行车大联盟为例[J].西部经济管理论坛.2013,24(1):92-96.

③ 余勇,田金霞.骑乘者休闲涉入、休闲效益与幸福感结构关系研究——以肇庆星湖自行车绿道为例[J].旅游学刊.2013,28(2):67-76.

④ 赵宏杰,吴必虎.大陆赴台自由行游客地方认同与休闲效益关系研究[J].旅游学刊.2013,28(12):54-63.

的可能性越高（Havitz 和 Dimanche,1990）①。到20 世纪70 年代,营销学者逐渐开始重视涉入的重要性。最早进行涉入度研究的 Krugman（1965）认为在特定产品类别下,消费者对产品的自我涉入度会受到媒体、产品、广告内容及其效果的交互作用的影响。此后,涉入度这一概念被广泛应用于消费者行为学研究中。受到广泛认可的定义为:涉入度指个人认知该产品与其内在需要、兴趣和价值观的相关程度。涉入是顾客消费行为中用于市场判断的重要过程,并且是个体在特殊情境下经外界刺激所能察觉的一种状态（Zaickowsky,1986）②。

（2）休闲涉入的概念

20 世纪70 年代末,涉入相关研究开始应用于休闲游憩领域。Bryan（1977）对鲑鱼垂钓者的行为研究最早将涉入概念应用于休闲研究。他认为休闲行为研究不能局限于人口统计资料,而应增加涉入与心理层面的变量来衡量。他提出了"游憩专业化"（recreation specialization）理论,并通过如活动装备、展示的技巧、与活动有关的经验等可观察的标准来考察休闲主体的游憩专业化程度。比如,当垂钓者的设备很专业且展现的垂钓技巧很高超,则表明其专业化程度更高③。但后期也有研究者提出质疑,认为用外在的观察变量解读休闲主题的行为特征容易引起偏见甚至误读（McIntyre, 1989）。Bloch 等（1989）的研究则发现跑步鞋的重要性与跑步经验呈负相关,即越专业的跑步者,越会认为跑步鞋不重要。Selin 和 Howard（1988）整合了自我涉入与休闲研究,他们提出自我涉入存在于个体与休闲活动参与之间,是参与休闲活动所获得的愉悦感与自我表现的程度。Dimanche 等（1991）延伸了 Selina 等的概念,亦指出涉入是休闲活动中的重要成分,

①　Havitz, M. E. , Dimanche, F. . Propositions for testing the involvement construct in recreational and tourism contexts[J]. *Leisure Sciences*,1990,12(2):179 – 195.

②　Zaichkowsky,J. L,. Conceptualizing Involvement[J]. *Journal of Advertising*,1986,15(2):4 – 14.

③　Brayn,H. . Leisure value systems and recreational specialization:The case of trout fishermen[J]. *Journal of Leisure Research*,1977,9(3):174 – 187.

由特定的刺激或情境唤起,反映个人与休闲活动之间的心理状态并且会驱动休闲行为。Ellis 和 Witt(1989)提出休闲涉入是个体参与休闲活动时对行动和意识的感受程度,当人们参与并投入喜好的休闲活动时会感受到自由、兴奋、不易受干扰和专注等心理状态。Havitz 和 Dimanche(1997)则进一步指出涉入是个人心理状态,由特殊刺激或环境驱动性、娱乐活动兴趣等引起。

基于上述相关研究,就休闲涉入的内涵来看,Unger 和 Kernan (1983)将休闲涉入界定为个体行为和环境刺激之间的中间变量,涉入程度则是影响休闲体验的态度与行为的重要中介变量①;Rothschild (1984)认为休闲涉入是个体对休闲活动的地点与方式、相关休闲设施和休闲产品所产生的不能直接察觉的深入的兴趣和觉醒的心理状态②;Wiely、Shaw 和 Havitz(2000)等提出休闲活动的涉入程度内涵为休闲活动带给参与者的意义、重要性和攸关程度,并可解释参与者的休闲决策过程。总体而言,休闲涉入是主体参与某种休闲活动时产生的心理态度,包括了行为、身心和感知各个层面,进而获得自我需求,促进休闲体验。

### 2.4.2 休闲涉入的维度研究

(1)消费者行为学与营销领域的涉入维度

在消费者行为学领域,涉入的类型及研究维度较为多样化。Zaiehkowsky(1985)依据涉入对象,将涉入分为广告涉入、产品涉入和购买涉入三类。该分类强调了个体在处理对象时的行为表现,而不是以涉入的本质基础为中心③。Houston 和 Rothchild(1978)以涉入的本质

---

① Unger, L. S., Kernan, J. B.. On the Meaning of Leisure: An Investigation of Some Determinants of the Subjective Experience[J]. *Journal of Consumer Research*, *Gainesville*, 1983, 9 (4):381 – 392.

② Rothschild M L. Perspectives on involvement: current problems and future directions[J]. *Advance Consumer Research*, 1984, 11(1):216 – 217.

③ Zaichkowsky, J. L.. Measuring the Involvement Construct [J]. *Journal of Consumer Research*, 1985, 12(3):341 – 352.

为依据,将涉入分为情境涉入、持续性涉入和反应涉入三类。在涉入度的衡量上,研究者普遍使用的两种量表为个人涉入集量表(PII)和消费者轮廓量表(CIP)。Zaiehkowsky(1985)将涉入界定为事物(如产品、广告和购买决策等)与个人内在需求、兴趣和价值观的攸关程度,并依此发展出单维度的个人涉入集量表(Personal Involvement Inventory Scale,PII),它衡量的对象可以是广告、产品或购买决策①。Laurent 和Kapferer(1985)则认为应该使用一个多重维度的涉入度轮廓来更全面地描述特定消费者与特定产品类别之间关系的本质,据此他们提出消费者轮廓量表(Consumer Involvement Profile Seale,CIP)。与 PII 的差异在于,PII 直接衡量攸关性的认知状态,而 CIP 则通过衡量涉入的五个原因变量来决定消费者的涉入度,这些变量分别为产品的感知重要性、感知风险、感知可能性、象征价值或符号价值以及产品的愉悦价值。

西方学者还从决定因素的视角探讨了涉入程度的衡量。经研究发现,涉入程度的高低主要取决于个人因素、商品因素和情境因素交织形成的特定状态,涉入程度的不同会对消费者的行为产生不同影响。消费者行为用二分法可分为低涉入度的消费行为和高涉入度的消费行为,不同程度的涉入对信息搜集、购买决策模式、产品态度、品牌忠诚等方面产生显著差异或产生不同的行为结果。相对而言,涉入理论及其维度研究在营销领域的应用比较成熟,理论内容日益充实,并能对行业发展提供有效策略,但以高涉入度和低涉入度理论为研究的对象多限定在实体产品上,而在服务行业的应用还比较少。

(2)休闲涉入的维度研究

随着休闲行为研究的深入,更多学者意识到休闲涉入的多层面特征,在理论架构上,主要通过行为涉入和社会心理涉入两个向度解释休闲涉入状况(Kim 等,1997)。行为涉入指个人愿意对某项活动投入的时间和物质资源。Kim 等(1997)对行为涉入的测量指标包括参与频

---

① Zaichkowsky, J. L.. Measuring the Involvement Construct [J]. *Journal of Consumer Research*, 1985, 12(3): 341 – 352.

率、活动技巧、所拥有的装备和参与经验等①。社会心理涉入指个体参与活动所达到的愉悦感受和自我表现程度。Gunter(1980)在提出衡量休闲活动涉入概念的时候,认为除行为涉入外还应同时包括认知和情感两个方面②。McIntyre 和 Pigram(1992)根据 Laurent 和 Kapferer(1985)的理论,延伸出休闲涉入的架构,包括吸引力(attraction)、中心性(centrality)和自我表现(self-expression)三类。其中吸引力指个体在认知上确知活动的重要性并从中获取愉悦和享乐的价值,包括了 CIP 构面中的感知重要性和产品的愉悦价值;中心性指个体选择某项休闲活动时所发生的社会互动情况;自我表现则指个体在参与休闲活动过程中想要达成的形象塑造和精神状态③,类似于 CIP 构面中的符号价值。McIntyre 和 Pigram 提出的研究架构在后期休闲涉入相关研究中应用较为广泛(Dimanche 和 Havitz,1999;Wiley,Shaw 和 Havitz,2000;Zabriskie 和 MeCormick,2003;Iwaski 和 Havitz,2004;Kyle 等,2004、2005)④。此外,Hwang 等(2005)在对我国台湾地区公园的游客研究中,采用了重要性与娱乐、自我表达与象征价值、风险可能性和风险后果四个维度来测量游客涉入程度,其内在一致性检验表明涉入量表具有较高信度⑤;Gursoy 和 Gavcar(2003)在土耳其国际休闲旅游游客涉入

---

① Kim, S. , Scott, D. , Crompton, J. L. . An exploration of the relationships among social psychological involvement, behavioral involvement, commitment, and future intentions in the context of bird watching[J]. *Journal of Leisure Research*,1997,29(3):320 – 341.

② Gunter, B. G. , Gunter, N. C. . Leisure style:A conceptual framework for, modern leisure [J]. *The Sociological Quarterly*,1980,21(3):361 – 374.

③ Melntyre, N. & Pigram, J. J. . Recreation specialization reexamined:The case of Vehicle base campers[J]. *Leisure Sciences*,1992,14(1):3 – 15.

④ 张玲.网络虚拟体验、休闲涉入对顾客行为意愿的影响研究——以休闲游戏为例 [D].硕士学位论文,陕西师范大学,2010:15.

⑤ Hwang, S. N. , Lee, C. , & Chen, H. J. . The relationship among tourists' involvement, place attachment and interpretation satisfaction in Taiwan's national parks[J]. *Tourism Management*,2005,26(2):143 – 156.

研究中采用了娱乐/兴趣、风险可能性和风险后果三维度量表①；另有部分学者直接采用 CIP 量表衡量游客涉入度（江宁，陈建明，2006；钟志平，王秀娟，2009）。

### 2.4.3　休闲涉入相关实证研究

在国外的休闲涉入实证研究中，从休闲主体来看，运动员、游客、青少年、大学生或特定休闲活动参与者较多；休闲活动类型则一般以户外游憩与休闲运动为主；在核心议题上一般聚焦于休闲涉入与休闲动机、休闲效益、休闲满意度、幸福感等变量的关系研究。典型的实证研究成果包括：

Csikszentmihaly（1975）针对国际象棋参与者的研究发现，高涉入度的参与者除了参与国际象棋本身外，还会投入时间参与如阅读相关杂志、研究棋术等和国际象棋相关的活动；Havitz 和 Howard（1995）观察了涉入与参与时间长度的关系，研究发现某项休闲活动的多年参与者在涉入的吸引力维度表现的程度上显著高于仅一年的参与者；Kim 等（1997）在针对观鸟行为的研究中，运用因素分析法后将休闲涉入归纳为三个维度，一是重要愉悦性，二是风险知觉，三是象征价值，调研结果表明重要愉悦性维度与行为涉入呈显著正相关，风险知觉与行为涉入呈负相关，而象征价值与行为涉入则无显著相关性；Gahwiler 与 Havitz（1998）发现 YMCA（基督教青年会）的长期会员（参与时间长达十年以上）在其所喜爱的活动上的吸引力、中心性和自我表现三个维度的得分都高于非长期会员者。

我国台湾地区学者对休闲涉入的研究始于 20 世纪 90 年代前后。在研究主题上多关注休闲涉入与休闲动机、休闲效益、休闲态度、休闲体验以及幸福感与生活品质等变量的关系，休闲活动则多为各类休闲运动如骑乘、温泉、潜水、攀岩等；在研究方法上大多沿用 McIntyre 和

---

①　Gursoy，D. & Gavcar，E. . International Leisure Tourists' Involvement Profi le［J］. *Annals of Tourism Research*，2003，30（4）：906 – 926.

Pigram 的吸引性、中心性和自我表现三维度测量,或借鉴 CIP 量表中的感知重要性、愉悦价值、象征价值、感知风险等四维度测量。在较早期的研究中,王怡菁(1988)以自行车参与者为例研究了休闲能力、涉入程度和休闲效益的关系;胡家欣(2000)以大学生为例,研究了休闲认知、涉入与体验和人格特质对上述变量的影响特征;方怡尧(2004)针对温泉游客的研究发现,游客参与温泉活动时所获得的体验与涉入程度有着重要的关系[①];Hwang 等(2005)发表在 *Tourism Management* 上的文章从一定程度体现出我国台湾学者对于休闲涉入的研究水平已具备国际影响力,该文除前文所阐述的用了重要性与娱乐等四维度测量方法外,还重点探讨了游客涉入、地方依附和解说系统满意度的关系,对 2400 名游客样本的研究发现游客涉入对解说系统满意度和地方依附有着显著的正向影响,同时地方依附对解说系统满意度也存在潜在的正向影响[②];张志铭等(2006)以台湾地区中部 16 所大专院校的 1409 名学生为对象,研究了休闲运动参与因素和社会心理涉入的关系,研究结果表明,重要他人(同侪、亲人、教职、名人、医护、政府)、场所满意度(非消费性与消费性场所满意度)、自我效能、知觉利益、健康投资等 11 个变项,与社会心理涉入(重要涉入、愉悦涉入、象征涉入、风险涉入)具有四个典型相关存在[③];许惠玲(2008)针对市郊高龄登山健行者的研究发现,登山健行的休闲涉入会正向影响休闲效益与幸福感[④]。在近期研究中,叶晋嘉(2012)以涉入为核心,对休闲行为和消费者行为的关系进行了跨领域研究。该研究选择 ACG(动画、漫画、游戏)迷为对象探讨其涉

① 邱仕杰.冲浪参与活动涉入对流畅经验及休闲觉知自由之相关研究[D].硕士学位论文.台湾师范大学体育学系,2008.

② Hwang,S. N. ,Lee,C. ,& Chen,H. J. . The relationship among tourists' involvement,place attachment and interpretation satisfaction in Taiwan's national parks[J]. *Tourism Management*,2005, 26(2):143 – 156.

③ 张志铭,吕崇铭,翁旭升,詹正丰.休闲运动参与因素与社会心理涉入的关系——以典型相关分析[J].运动与游憩研究,2006,1(1):64 – 79.

④ 许惠玲.参与登山健行之高龄者其休闲涉入、休闲效益及幸福感关系之研究——以高雄县市郊山为例[D].硕士学位论文.台湾嘉义大学休闲事业管理研究所,2008.

入程度和消费意愿的关系及休闲阻碍的影响,结果表明 ACG 迷均有长期且重复性的涉入行为,且社交网络内有群聚交流的特性,其涉入程度是消费意愿的最主要的影响因素,休闲阻碍有一定干扰效果,即同时对涉入程度与消费意愿产生负向影响,但其路径系数并不大①。

我国大陆学者对休闲涉入的关注较晚,约起步于 2006 年,在为数不多的研究中大部分关注的是旅游涉入,如江宁(2006)、钟志平(2009)、王郝(2009)、张宏梅和陆林(2010)、邹宏霞等(2010)和吴小旭(2010)等学者分别关注了旅游涉入与服务满意度、环保行为、旅游动机、目的地形象感知和地方依恋等变量的关系。在休闲涉入方面,国内大陆地区直接研究休闲涉入的文献非常有限,其中,金海水(2009)在东北农村居民休闲行为研究中对休闲涉入(原文为休闲介入)进行了探讨。研究结果发现休闲涉入受到休闲态度和休闲参与的影响,且因人口学特征变量而不同,休闲涉入对休闲满意度存在直接且显著的正向影响,休闲制约与休闲涉入的关系在农村居民群体中的体现并不显著②。张玲(2010)以网络游戏为例,研究了休闲涉入与顾客行为意愿的关系。该研究以娱乐、审美、学习、遁世和互动体验五种维度考察网络游戏虚拟体验,结果表明虚拟体验对休闲涉入以及行为意愿有正向影响,但各维度的影响并非全部显著,休闲涉入会正向显著影响顾客的行为意愿,而虚拟体验则会受到休闲涉入的中介作用来影响行为意愿③。吴波(2012)研究了温泉游客的休闲涉入与休闲体验,以因素分析法将休闲涉入的维度归纳为行为、认知、情感和意志四个层面的涉入,休闲体验则包括了价值、情感、感官、精神和满意五个层面的体验,对休闲涉入与休闲体验的关系研究中发现,以行为、认知、意志为主要特征的涉入维度对休闲体验中的价值、感官、精神和满意体验维度存在

① 叶晋嘉. ACG 迷涉入程度与休闲阻碍对其消费意愿之影响[J]. 高雄师大学报,2012,33:81 – 100.

② 金海水. 东北地区农村居民休闲行为研究[D]. 博士学位论文. 东北财经大学,2009.

③ 张玲. 网络虚拟体验、休闲涉入对顾客行为意愿的影响研究——以休闲游戏为例[D]. 硕士学位论文,陕西师范大学,2010.

正向影响;休闲涉入的认知和情感两个维度则主要影响到了休闲体验情感、精神和满意体验三个维度①。此外,王苏(2013)、余勇和田金霞(2013)均以骑乘活动为例,分别研究了休闲阻碍、休闲涉入与休闲效益的关系,以及休闲涉入、休闲效益与主观幸福感的关系。前者的研究发现休闲阻碍对休闲涉入和休闲效益均存在显著负向影响,而休闲涉入则对休闲效益存在显著正向影响②;后者的研究发现,自行车骑乘者以行为涉入为主,骑乘活动的幸福感源于休闲涉入与休闲效益的直接影响,以及休闲涉入通过休闲效益产生的间接影响,并且经过休闲效益的中介变量转换,休闲涉入对幸福感的正向影响更为显著③。

## 2.5 休闲制约理论

### 2.5.1 休闲制约的概念

作为休闲学研究的重要分支领域,西方学者对休闲制约(Leisure constraints)的研究最早可追溯于美国户外游憩资源评审委员会(U. S. Outdoor Recreation Resources Review Commission,ORRRC)20世纪60年代的评审报告(Jackson & Scott,1999)④,系统而深入的研究则始于80年代初期。早期研究学者多采用"阻碍(barriers)"一词,其含义多指向导致无法参与休闲活动的因素,但这一用法假定在休闲偏好、阻碍和参与之间只有一个关系存在,即当个人偏好形成而遇到阻碍介入时,结果

---

① 吴波.温泉休闲者的休闲涉入与休闲体验研究——以张家界江垭温泉度假村为例[D].硕士学位论文,湖南师范大学,2012.

② 王苏.自行车休闲活动的休闲阻碍、休闲涉入与休闲利益的关系研究——以四川省德阳市自行车大联盟为例[J].西部经济管理论坛.2013,24(1):92-96.

③ 余勇,田金霞.骑乘者休闲涉入、休闲效益与幸福感结构关系研究——以肇庆星湖自行车绿道为例[J].旅游学刊.2013,28(2):67-76.

④ Barbara A. Hawkins, Joanne Peng, Chih-Mou Hsieh, & Susan J. Eklund. Leisure Constraints:A Replication and Extension of Construct Development[J]. *Leisure Sciences*,1999,Vol. 21(3):179-192.

将是"非参与"①。这使研究对象局限在介于休闲偏好和休闲参与两个阶段之间的某种类型的阻碍,从而无法从整体上把握休闲阻碍的全过程②。到 20 世纪 80 年代末,"制约(Constraints)"一词的应用逐步广泛。Jackson(1988)将其定义为所有抑制休闲活动参与或影响参与满意度的因素③。此后,学者开始转向休闲活动受到各种因素阻碍的过程和机制的研究,并进行休闲制约模型的理论探讨与构建,其中受到广泛认同的是 Crawford 和 Godbey(1987,1991)提出的观点。他们认为休闲制约既影响休闲参与过程,也影响休闲偏好的形成,并将休闲制约划分为三类:内在制约(intrapersonal constraints)——影响休闲偏好的个人心理特质(如害羞感),人际制约(interpersonal constraints)——影响休闲偏好的社会因素(如缺乏同伴)以及结构制约(structural constraints)——介于休闲偏好和休闲参与之间的因素(如经济条件)④。这三类制约具有等级关系和结构层次性,内在制约和人际制约是影响休闲偏好的重要因素,而结构制约既影响休闲偏好也影响休闲参与⑤。这也形成了后期休闲制约的等级/协商模型研究的基本参照。

在较近的研究中,学者对休闲制约的概念有了更进一步的阐释:钟琼珠(1997)认为休闲制约是在休闲行为过程中,任何阻止或限制休闲活动参与次数或活频率,以及影响其持续性与参与质量的因素⑥。Nadirova 和 Jackson(2000)提出,休闲制约包括了造成休闲服务项目使

① 王玮.南京市老年人休闲动机与休闲制约研究[D].硕士学位论文,南京师范大学,2007.

② 杨艳玲.高校教师工作压力、休闲需求、休闲阻碍及其关系的研究[D].硕士学位论文,西南大学,2008.

③ Jackson, E. L. Leisure constraints: A survey of past research[J]. *Leisure Sciences*, 1988, 10(3):203-215.

④ Crawford, D. W. , & Godbey, G. . Reconceptualizing barriers to family leisure[J]. *Leisure Sciences*, 1987, 9(2):119-127.

⑤ Crawford, D. W. , Jackson, E. L. , & Godbey, G. A hierarchical model of leisure constraints[J]. *Leisure Sciences*, 1991, 13(4):309-320.

⑥ 钟琼珠.大专运动员休闲行为之研究——以台湾体专长学生为例[D].硕士学位论文,台湾体育学院体育研究所,1997:6-19.

用中止或无法参与新的活动、导致不能继续保持或增加参与频率以及给休闲活动质量造成负面影响的因素[1]。苏广华(2001)认为,个体在满足休闲需求、目的、意图或行为的过程中,主观知觉到的任何阻止或限制个人休闲参与的原因,或影响持续参与休闲的因素统称为休闲制约[2]。总体而言,学者将休闲制约理论普遍应用到女性、老年、青少年、病残者等不同群体的休闲行为研究中,且大多基于社会心理学视角。Philipp(1995)、Chick 和 Dong(2003)、Verma 和 Sharma(2003)、Caldwell 和 Baldwin(2005)、Stodolska 和 Livengood(2006)、董二为和冯革群等(2009,2012)则从文化人类学、民族志学等视角提出休闲制约研究应考虑文化因素。

### 2.5.2 休闲制约因素与协商模型

(1)休闲制约因素研究

在早期研究中,学者对休闲制约因素的分类依据各有不同。Chubb 和 Chubb M. 以及 Chubb H. R. (1981)较早地将休闲制约因素分为内在障碍和外在障碍两类。内在障碍包括性别、年龄与生命周期、文化层次、个性偏好、个人知识与技能、知觉与态度、职业与收入、生活方式和居住地、可支配的闲暇等,外在障碍包括人口与经济因素、社会阶层结构、社会形态、资源变化、交通运输问题等[3]。Francken 和 Van(1981)同样认为休闲障碍因素包括内在和外在两方面。内在因素指个人生理状况、知识与兴趣、偏好等,外在因素则指资金、时间、距离、资源设施等[4]。此后,McGuire、Dottavio 和 O'Leary(1986)依据休闲活动的参与程度将休

① Nadirova, A. & Jackson, E. L.. Alternative criterion variables against which to assess the impacts of constraints to leisure[J]. *Journal of Leisure Research*, 2000, 32(4), 396 - 405.

② 苏广华. 忧郁倾向与休闲参与休闲阻碍及休闲满意之相关研究——以台南护专为例[D]. 硕士学位论文, 台湾体育学院体育研究所, 2001.

③ Chubb, M., Chubb, H. R.. *One third of our time? An introduction to recreation behavior and resources*[M]. New York: John Wiley & Sons, Inc., 1981.

④ Francken, D. A., Van, R. F.. Satisfaction with leisure time activities[J]. *Journal of Leisure Research*, 1981 13(4): 337 - 352.

闲制约因素分为限制性制约(limitors)和禁止性制约(prohibitors),前者只影响参与程度深浅,后者会影响到休闲参与者停止参与①。Jackson(1988)以休闲偏好的形成为依据,将休闲制约因素分为前置制约与中介制约两类。前置制约指影响休闲偏好形成的因素,如性别、角色、情绪、需求等;中介制约指在已经具备偏好的休闲活动中,使个体无法充分参与的影响因素,如同伴、费用、时间、天气和交通等②。Crawford 和Godbey(1987)将影响休闲偏好和休闲参与过程的因素综合归纳为内在制约、人际制约和结构制约。内在制约指影响个体心理状态或特质进而影响休闲偏好和参与的因素,如个体健康、参与动机、宗教信仰、个人能力表现、个人对参与休闲活动的主观认知等;人际制约指个体与他人交往互动关系对休闲偏好和参与程度的影响,如与家人、朋友、同伴的关系良好程度,休闲同伴的偏好等;结构制约则是指影响个体休闲偏好和参与程度的外在因素,如时间、资金、天气、交通、资源设施、休闲参与机会等③。

　　Crawford 和 Godbey 的分类方式对此后的休闲制约研究影响深远。就制约因素分类而言,后期部分学者提出了其他分类方式,如 Jackson(1993)将休闲制约因素分为五类,包括可达性(如交通问题)、社会孤立性(如缺乏信息或同伴影响)、个人因素与费用问题(如缺乏技能、兴趣或身体问题、活动费用等)、时间承诺(如因家庭或工作导致的时间限制)、休闲设施(如设施缺乏维护或过于拥挤)④;孙孟君(1998)利用因

① McGuire,F. A. ; Dottavio,D. ; and O'Leary,J. T. . Constraints to participation in outdoor recreation across the life span:a nationwide study of limitors and prohibitors[J]. *The Gerontologist*. 1986,26(5):538 – 544.

② Jackson,E. L. . Leisure constraints:a survey of past research[J]. *Leisure Sciences*. 1988,10(2):203 – 215.

③ Crawford,D. W. ,& Godbey,G. . Reconceptualizing barriers to family leisure[J]. *Leisure Sciences*,1987,9(2):119 – 127.

④ Jackson,E. L. Recognizing patterns of leisure constraints:Results from alternative analyses [J]. *Journal of Leisure Research*,1993,25(2):129 – 149.

素分析法将休闲制约分为心理认知、生理因素、社会支持和场地设备四类[①];连婷治(1998)则按照主观分类方式将休闲制约分为个人因素和情境因素两个层面[②];耿仕荣(2007)在研究肢体障碍者休闲阻碍、休闲参与与生活质量关系时采用了个人阻碍、资源阻碍和环境阻碍三个构面[③];陈楠(2010)在都市女性休闲制约因素比较研究中通过因子分析法提出了认知阻碍、周边阻碍、自身阻碍和经济阻碍四类制约[④]。在相关实证研究中,不同国家和地域的学者,根据研究对象的差异,采用不同方法对休闲制约因素进行了不同视角的分类分析。但总体看来,Crawford 等提出的内在制约、人际制约和结构制约成为大部分休闲制约研究者认同和采用的模型,尽管在实证研究中具体制约因素有所区别,但包括上述其他分类方式在内的绝大多数因素研究都可归纳为这三大层面。综合来看,根据休闲制约因素实证研究分析,研究焦点集中在结构制约方面,其次是人际制约因素,较少的则是内在制约因素。大多数研究文献主要通过问卷及李克特量表统计,分析不同制约因素类型相互作用及其对休闲参与的影响。一般情况下,结构制约因素(如时间、费用制约)影响最高,其次是人际制约因素(如同伴状况、照顾伦理等),内在制约因素(如精力、技能等)影响最低[⑤]。

(2)休闲制约协商模型研究

Crawford、Jackson 和 Godbey(1991)将内在—人际—结构制约三分法进行了进一步修订,提出三类制约有先后顺序——个体参与休闲活

① 孙孟君.身体障碍青少年休闲自由、休闲偏好及休闲阻碍之研究[D].硕士学位论文.台湾高雄师范大学教育学类研究所,1998.

② 连婷治.台北县小学教师休闲态度与休闲参与之相关研究[D].硕士学位论文.台湾新竹师范学院国民教育研究所,1998.

③ 耿仕荣.肢体障碍者休闲参与、休闲阻碍与生活质量之研究[D].硕士学位论文.美和技术学院健康照护研究所,2007.

④ 陈楠.中韩都市女性休闲阻碍因素比较研究——以北京市与首尔市为例[J].现代商贸工业,2010(21):134-136.

⑤ 林岚,施林颖.国外休闲制约研究进展及启示[J].地理科学进展,2012,31(10):1377-1389.

动时,制约因素从内在外延至人际,再延伸到结构制约,即个体的休闲参与首先面临心理层面的制约,克服内在障碍之后会遭遇人际间互动关系的影响,通过沟通、协调、互动和信任之后才会面临结构性的外在因素制约。在此基础上,三位学者提出了休闲制约等级/协商模型,如图 2-5 所示。

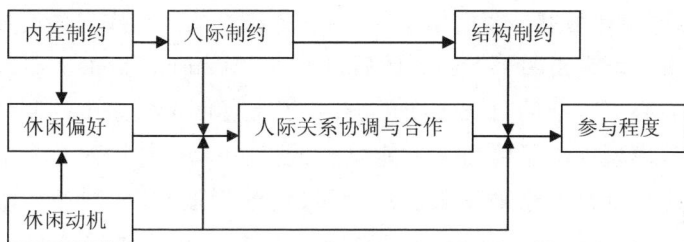

图 2-5 休闲制约协商模型①

就协商模型来看,上述模型提出后,研究者逐渐由早期单一研究休闲制约因素的影响,逐步转变到将休闲参与过程视为一个整体,研究全过程中各影响因素之间的关系、制约机制和协商策略。Scott(1991)、Kay 和 Jackson(1991)、Shaw 和 Bonen 以及 McCabe(1991)、Jackson 和 Samdahl(1998)认为,休闲参与并不依赖于休闲制约是否存在,参与者能通过协商来克服制约因素的影响程度。Jackson 等(1993,1995)根据参与者对于制约因素做出的反应,将其分为"消极回应者"(不参与他们想要的活动的人)、"成功者"(遭遇了制约因素但不降低或改变参与态度的人)和"尝试者"(参与了活动但改变了参与方式的人)三类②。Jackson 和 Rucksack(1995)进一步提出相应的协商策略,包括认知策略和行为策略。认知策略指改变行为的感知方式以降低行为的重要性,如调整期望、改变兴趣等;行为策略指对参与休闲和不参与休闲行为的修正,包括加强时间管理、发展技能、改变人际关系、改变休闲习惯和改

① Crawford, D. W., Jackson, E. L., & Godbey, G. A hierarchical model of leisure constraints [J]. *Leisure Sciences*, 1991, 13(4):309-320.

② [加]埃德加·杰克逊编;凌平,刘晓杰,刘慧梅译. 休闲的制约[M]. 杭州:浙江大学出版社,2009:7-8.

善财务状况等①。Hubbard 和 Mannell（2001）结合概念分析与理论推理,运用结构方程,测试了四个不同制约因素的协商模型（独立模型、协商—缓冲模型、制约—影响—缓解模型和认知—制约—降低模型）,分析和描述了动机、制约、协商和参与之间的关系,并发现动机与已认知的制约因素没有直接关系,但在制约因素的协商过程中有显著的正面影响,因而与休闲参与密切相关②。这一突破性的研究成果为后期休闲制约的深入研究指明了方向。此后,Loucks-Atkinson 和 Mannell（2007）运用社会心理学中的自我效能理论,基于上述四个模型中的制约－影响－缓解模型提出了协商－效能概念,旨在解释个体因对自身能力的自信而使用协商策略来克服制约因素,自信程度越高,则参与动机越强③。Son、Mowen 和 Kerstetter（2008）结合中老年群体的体育活动对 Hubbard 和 Mannell 的协商模型进行了测试,结果发现制约—协商双通道模型,即制约因素对休闲参与的消极影响能够完全被协商策略带来的积极影响所弥补,而休闲动机对参与的影响也是由协商策略来调整的④。White（2008）结合户外游憩活动,运用自我效能理论和社会认知理论对协商模型提出了修订和拓展⑤。Wilhelm Stanis 和 Schneider 以及 Russell（2009）结合体育活动参与对制约—影响—缓解模型进行了测试和进一步的建构,研究发现受访者对于规律性的体育活动的选择和保

① Jackson,E. L. ,& Rucks,V. C. . Negotiation of leisure constraints by junior-high and high-school students:An exploratory study[J]. *Journal of Leisure Research*,1995,27(1):85 – 105.

② Hubbard,J. ,& Mannell,R. C. . Testing competing models of the leisure constraint negotiation process in a corporate employee recreation setting[J]. *Leisure Sciences*,2001,23(3):145 –163.

③ Loucks-Atkinson,A. , Mannell, R. C. . Role of self-efficacy in the constraints negotiation process:The case of individuals with fibromyalgia syndrome[J]. *Leisure Sciences*,2007,29(4):19 – 36.

④ Son, J. S. , Mowen, A. J. , & Kerstetter, D. L. . Testing Alternative Leisure Constraint Negotiation Models:An Extension of Hubbard and Mannell's Study[J]. *Leisure Sciences*, 2008, 30 (3):198 –216.

⑤ White,D. D. . A Structural Model of Leisure Constraints Negotiation in Outdoor Recreation [J]. *Leisure Sciences*,2008,30(4):342 – 359.

持这两个行为阶段,其结构参数评估差异并不明显①。Lee 和 Scott
(2009)则利用协商模型考察了日本节事参与者的休闲涉入和休闲制约
的关系,证实了非西方文化背景下休闲参与者的活动参与频率和程度
受到制约因素和协商策略的影响②。

### 2.5.3 休闲制约相关实证研究③

(1)特定休闲活动的制约研究

以休闲活动内容为对象来看,休闲制约研究中大部分研究都在探
讨各类户外游憩活动制约因素的影响。Carroll 和 Alexandris(1997),
Nyaupane、Morais 和 Graefe(2002),Shinew、Floyd 和 Parry(2004),
Winter、Jeong 和 Godbey(2004),White(2008)等学者重点研究了结构制
约因素的影响,如时间、交通可达性、信息可获得性、拥挤程度、休闲设
施与设备等是户外游憩活动参与的强制约因素,而天气状况、游憩地
点、资源与环境条件、门票与安全性等结构制约因素的影响程度次之,
人际制约因素对户外游憩参与的影响居中,而内在制约因素影响最弱。
但是,Alexandris 和 Carroll(1997)研究发现,内在制约(缺乏兴趣和知
识、害怕受伤害、信心不足等)和户外游憩与运动参与呈显著负相关,而
人际制约和结构制约的影响不明显④;Williams 等(2004)则发现作为内
在制约的个人身体条件限制和作为人际制约的缺乏他人支持与帮助,

① Wilhelm Stanis, S. A., Schneider, I. E., & Russell, K. C.. Leisure Time Physical Activity of Park Visitors: Retesting Constraint Models in Adoption and Maintenance Stages[J]. *Leisure Sciences*, 2009,31(3):287 – 304.

② Lee, S., Scott, D. The process of celebrity fan's constraint negotiation[J]. *Journal of Leisure Research*,2009,41(2):137 – 155.

③ 2.5.3 部分中的"(1)特定休闲活动的制约研究"与"(2)特定休闲主体的制约研究"两部分思路与部分成果归纳或摘引自 林岚,施林颖. 国外休闲制约研究进展及启示[J]. 地理科学进展,2012,31(10):1377 – 1389.

④ Alexandris, K., Carroll, B.. An analysis of leisure constraints based on different recreational sport participation levels: results from a study in Greece[J]. *Leisure Sciences*,1997,19(1):1 – 15.

是行动障碍者户外游憩参与的最重要制约因素①；White（2008）也提出少数内在制约因素（如个人体力问题、技能不具备等）会起到较强的影响作用②。

（2）特定休闲主体的制约研究

以休闲主体为对象来看，休闲制约研究主要涉及青少年、女性、老年人、少数民族和移民及残障人士等人群。鉴于不同人群在年龄、性别、种族、文化背景、身体状况和社会经济背景等方面有差异，三类制约因素的影响强度也呈现不同特征。

女性休闲制约研究起源于19世纪80年代晚期，早期研究大多并未采用制约框架，较少关注降低活动参与程度的具体制约类型，而是揭示女性休闲中如休闲偏好伦理、休闲权利感缺失等影响因素的独特性（Henderson，1991③）。从制约框架来看，女性因其承担的社会角色，往往会受到照顾伦理和家庭责任的影响，这一重要因素所导致的女性的体力、自我态度、技能、信息、心理状态、依赖感等内在制约因素，必须照顾小孩与家庭、社会支持、同伴与社交关系等人际制约因素（Henderson，1991；Ponde 和 Santana，2002；Herridge、Shaw 和 Mannell，2003；Liechty，2006；Canan 等，2009），对女性休闲参与的影响和结构制约同等重要；在结构制约方面，则主要来自时间和费用缺乏（Henderson，1991；Jackson，1995；Brown 等，2001；Skowron、Stodolska 和 Shinew，2008）、休闲机会和项目缺乏（Culp，1998；James，2000；Miller 和 Brown，2005；Arab-Moghadam、Henderson 和 Sheikholeslami，2007）、性侵犯等恐惧袭击（Crompton 和 Kim，2004）、主流文化意识与价值观等因素（Jackson，1998；Virden R J，Walker，1999；Freeman、Palmer 和 Baker，

① Williams，R.，Vogelsong，H.，Green，G.，et al.. Outdoor recreation participation of people with mobility disabilities：Selected results of the national survey of recreation and the environment.［J］Journal of Park and Recreation Administration，2004，22（2）：85-101.

② White，D. D.. A Structural Model of Leisure Constraints Negotiation in Outdoor Recreation［J］. Leisure Sciences，2008，30（4）：342-359.

③ Henderson，K. A.，Bialeschk，I. M. D.. A sense of entitlement to leisure as constraint and empowerment for women［J］. Leisure Sciences，1991，13（1）：51-65.

2006），而上述因素的重要根源仍是来自性别特征和社会角色的。

青少年休闲制约研究一般与青少年年龄周期、心理特征和成长背景相结合，而这一群体同样在很大程度上受到内在制约和人际制约的影响。就内在制约而言，如青春期特定的兴趣、知识与技能，成长环境影响下的自信心与自尊心，青少年生命周期所决定的自我态度与自我意识成熟与否等因素都会影响青少年休闲活动选择与参与程度；青少年自主权会受到父母、亲朋、师长等特定的成年人控制，亦即人际制约也是重要影响（Hultsman，1993；Raymore、Godbey 和 Crawford，1994；Jackson 和 Rucks，1995；King 等，2003；Bruyn 和 Cillessen，2008；Shannon，2009）；学业负担带来的时间不够、社会经济背景带来的费用问题、休闲项目机会丰富性等结构制约因素对不同年龄阶段和不同性别的青少年休闲参与影响也是有差异的（Jackson，1993；Culp，1998；James，2000；Thompson、Rehman 和 Humert，2005）。

发达国家乃至部分发展中国家逐渐进入老龄化社会，老年人休闲问题受到越来越多的关注。根据老年群体的社会行为特征，普遍影响年轻群体的时间和费用等结构制约因素的影响强度下降，而与身体状况、心理状况和休闲同伴相关的人际制约和内在制约则影响更为显著。Son、Kerstetter 和 Mowen（2009）研究发现，健康状况或缺少机会等情况会导致老年人休闲参与的时间制约加强，继而引发如技能和精力缺乏等内在制约；失去配偶和同伴会使得人际制约对老年人休闲参与影响显著[①]。其他的老年人休闲制约因素也涉及缺乏自信心、体型制约、照顾责任等。如 Liechty 和 Yarnal（2010）提出老年人对体型的感知从年轻时以美为主转向以功能为主，而有人参与休闲是为了减少体型肥胖的制约[②]；Henderson 和 Ainsworth（2002）也认为在某些情况下会存在

---

① Son,J. S. , Kerstetter, D. L. , & Mowen, A. J.. Illuminating identity and health in the constraint negotiation of leisure-time physical activity in mid to late life[J]. *Journal of Park and Recreation Administration*,2009,27(3):96 – 115.

② Liechty,T. , Yarnal,C. M.. The role of body image in older women's leisure[J]. *Journal of Leisure Research*,2010,40(1):90 – 109.

"有益制约",如因健康状况下降而减少活动,继而降低能量消耗保存体力,减小休闲强度,从安全角度看这对老年人也是一种保护[1]。

工业文明全球化的背景下,人口迁移带来的多元化族群共存成为普遍现象,而原住民与移民的日常生活则面临着现实的人际和文化冲突。对少数民族和移民的休闲制约研究始于 20 世纪 90 年代,从研究核心阵地北美地区情况来看,少数民族和移民的休闲制约主要源自内在的文化价值观、人际间种族歧视和结构层面的资源分配不均。内部制约方面,文化与价值观、语言技能、对生活方式不熟悉等因素会影响休闲偏好,继而影响休闲活动的选择(Shinew、Floyd 和 Parry,2004;Skowron、Stodolska 和 Shinew,2008);人际制约方面,歧视、社会排斥、社会网络缺乏、原住民社区态度等因素都尤其影响移民的休闲参与(Henderson 和 Ainsworth,2002;Winter、Jeong 和 Godbey,2004;Shore 和 Scott,2005;Arab-Moghadam、Henderson 和 Sheikholeslami,2007;Stanis 等,2009);结构制约方面,由于文化差异带来的休闲机会和渠道、社会经济地位、暴力和安全问题,以及时间、休闲设施等普通制约因素的影响均存在(Stodolska,1998,2000,2005;Floyd 和 Gramann,1993,1995;Juniu,2000)。但 Henderson(1998)曾提出由于研究者自身的文化背景与移民文化的差异,以及调研难度,会导致部分种族/移民休闲制约研究成果受到质疑[2]。

残障人士的休闲制约研究将在下一部分专门综述。

(3)台湾和大陆休闲制约相关研究

我国台湾地区的休闲制约研究与北美研究基本同步,最早始于 20 世纪 70 年代,并一直沿用"休闲阻碍"这一概念,在制约维度上早期研究一般包括内部阻碍和外部阻碍。到 90 年代后期,大多数研究都遵循了个人内在阻碍、人际间阻碍和结构性阻碍的经典框架。就研究对象

---

① Henderson,K. A.,Ainsworth,B. E.. Enjoyment:A link to physical activity,leisure and health[J]. *Journal of Park and Recreation Administration*,2002,20(2):130 – 146.

② Henderson,K. A.. Researching diverse populations[J]. *Journal of Leisure Research*,1998,30(1):157 – 170.

来看,休闲主体为大学生、高中生及青少年的研究占据相当比重(杨瑞莲,1976;陆光,1987;陈丽华,1991;许义雄,1993;陈德海,1996;陈信安,2000;胡信吉,2003;赵善如,2008;陈秀卿,2008;许智杰,2009;陈肇华,2009;胡文琪,2010;李仁佐,2011;郑美珍,2013),另外对大中小学教师(张坤乡,1991;李国华,1993;连婷治,1998;王俪儒,2004;陈靖宜,2005)、城市居民(文崇一,1990;陈思伦,1993;沈易利,1999)、老年人(黄永福,2003;陈振声,2004;陈欣宏,2004;叶为谷、刘志钰和张志青,2009;陈志文、林春凤,2009;张俊一和许建民,2012)、身心残障人士(叶源镒和张伟雄,2003;谢明勋,2006;耿仕荣,2007;林纪玲和吴酥,2011;陈韵如、许钰昕和李丽琼,2012)及女性(苏瑛敏,1996;李素馨,1997;林秋慧,2005)的研究也各有涉及。就主体参与的活动内容来看,以休闲运动、户外游憩为主。就研究的具体议题和方法来看,总体上以实证研究为主,大部分研究旨在探讨休闲阻碍与休闲参与、休闲涉入、休闲需求、休闲动机、休闲满意度等变量的双向关系,或是性别、职业角色、家庭背景等人口学变量背景下的休闲阻碍差异分析,部分研究在休闲参与和休闲阻碍关系基础上加入了第三变量甚至更多变量的研究,如休闲无聊感、健康状况、生活品质等;研究方法以结构化量表调查为主,兼有深度访谈,数据处理方面早期以描述性统计、因子分析和多元回归分析为主,近期则更多运用结构方程模型来验证理论模型和假设。就研究成果和结论来看,鉴于绝大部分研究都没有突破 Crawford 的内在制约—人际制约—结构制约的框架,所得结论总体上证实在我国台湾这一特定区域和特定的社会经济发展与东方文化背景下,不同群体的休闲制约规律与国外相应群体的制约特征没有明显差异,如青少年群体基本也会受到长辈约束(人际制约)和课业太重而没有时间休闲(结构制约)等因素影响,老年人同样也受制于缺乏合适的设施(结构制约)、没有合适的同伴和照顾责任(人际制约)等因素影响,以及并非所有的"阻碍"因素对老年人都是消极影响等。但整体看来,从我国台湾地区休闲制约因素研究可发现,时间不足和场地设施问题在各类群体中的影响都比较突出,一定程度上也反映了台湾地区在经济起飞和高速发展过程中,社会休闲时间整体不充裕而相应的硬环境建设未能充分满足居民需求的情况。除实证研究之外,在休闲制约理论上的创新(如对协商模型的深入探讨)尚未可见①。

　　我国大陆学者对休闲行为影响因素的关注与国内休闲研究历程基本同步,但以"休闲制约"和"休闲阻碍"作为既定概念的研究约始于2005年。21世纪初,大陆逐步有学者开始研究休闲行为影响因素(刘志林和柴彦威,2001;孙樱、陈田和韩英,2001;唐雪琼,2004;岳培宇,2006),但总体上这些研究并未区分具有促进作用的诱导因素和具有消极影响的制约因素,在逻辑框架和研究方法上也仅是简单罗列、描述和统计分析影响因素②。赵龙(2003)在大学生运动休闲行为研究中,首次提到"阻碍因素"的概念,并分析了学校教育、个人内在、场地时间和家庭环境四类因素的影响③。俞琳(2005)在上海市居民休闲体育参与行为研究中,进一步提到"障碍"概念,提出了自身体能与心理、设施、时间与费用、技能、交通和同伴六类障碍,并研究了这些障碍与休闲动机的关系④。王玮(2006)在《休闲制约研究综述》中正式提出国内在这一领域的研究缺失,并对国外休闲制约研究的发展历程、重要文献和主要内容进行了梳理与评析⑤。此后,林岚和施林颖(2012)利用文献统计和文献分析法,再次系统评述了20世纪90年代以来国外休闲制约的研究内容及方法,内容上国外研究已从单纯的因素表象研究跨越到制约机制和协商过程研究,研究主体和议题广泛,方法上重视定量与定性、理论与实证相结合,较为全面地反映了国外休闲制约研究的动态⑥。凌平、刘晓杰和刘慧梅(2009)的译著《休闲的制约》译自著名的休闲制

　　①　该结论仅限于笔者所能查询到的我国台湾学者在休闲制约方面的论述。
　　②　王玮.休闲制约研究综述[J].桂林旅游高等专科学校学报,2006,17(3):370-374.
　　③　赵龙.大学生运动休闲阻碍因素的分析[D].硕士学位论文.四川大学,2003.
　　④　俞琳.上海市居民休闲体育参与行为研究——论上海市居民休闲体育参与阻碍因素、动机因素及其关系[C].首届中国体育产业学术会议,2005:73.
　　⑤　王玮.休闲制约研究综述[J].桂林旅游高等专科学校学报,2006,17(3):370-374.
　　⑥　林岚,施林颖.国外休闲制约研究进展及启示[J].地理科学进展,2012,31(10):1377-1389.

约专家 Jackson 编撰的著作。该书系统、全面、深入地反映了休闲制约作为休闲学研究重要分支的理论演变、维度、困境和方向,呈现了不同群体休闲制约因素研究最经典和前沿的成果,并对制约研究现状提出了批判性思考和研究创新的展望①。本书中文版的出版和对国际研究成果的全面引介,充分体现出国内的制约研究尽管起步较晚,但迅速跟上了国际研究的步伐,不难预见,制约研究将成为国内休闲学研究的新热点。从本土研究来看,截至 2013 年,国内可查阅到的直接研究休闲制约/休闲阻碍的文献共计 34 篇(其中包括期刊/会议文献 24 篇,硕士学位论文 9 篇,博士学位论文 1 篇),在概念上部分采用"休闲制约",部分采用"休闲阻碍";主要涉及的议题包括休闲制约与休闲参与(休闲行为)、休闲态度、休闲动机、休闲需求、休闲满意度、休闲涉入、生活满意度、健康状况、工作压力等变量的双向或多向关系研究;主要研究对象为大学生(赵龙,2003;郑宁,2008;魏烨,2009;周静和周伟,2009;郝素和董志文,2010;李秋云和韩国圣,2011;乔光辉,2012;徐宝见和陈楠,2013)、老年人(王玮,2007;时少华和李享,2010;谷冠鹏、任朝旺和汪永萍,2011;荣培君,2012;魏烨和武笑玲,2013)、城市女性(范向丽和郑向敏,2007;黄丹,2008;邱亚君,2009;陈楠和乔光辉,2010;陈楠,2010;李春梅,2012)和教师(杨艳玲,2008;崔光福,2010)等;休闲活动内容亦以体育运动为主,兼及日常休闲项目。从研究方法和数据分析来看,大部分研究采用了结构化量表调研,并在 Crawford 的理论模型基础上根据研究对象进行了一定拓展,数据分析以描述性统计、因子分析和多元回归为主,近期少部分研究采用了结构方程模型。从研究结论来看,我国大陆休闲制约研究与台湾地区总体研究情况较为类似,后者的优势在于起步较早,细分群体的研究成果较为丰富,而大陆相对起步较晚,成果尚且较少,但在对象、议题、方法上开始逐步向国际研究接轨。就细分方向来看,国内研究需关注更多的群体、更丰富的休闲活动,而更重

① [加]埃德加·杰克逊编;凌平,刘晓杰,刘慧梅译. 休闲的制约[M]. 杭州:浙江大学出版社,2009.

要的是,需要在理论研究、制约机制和协商模型等机制层面进行本土化的测量和理论的突破。

### 2.5.4 残障人士休闲制约相关研究

就休闲参与的选择和参与过程而言,残障人士比常人面临着更多挑战,尤其体现在休闲设施设备利用、个人服务需求和休闲技能教育等方面。关于残障人士休闲制约的研究也随着西方休闲学界对残障人士休闲的关注而发展。早期研究发现残障人士的家庭、教育程度、经济收入、居住环境、社交关系等社会支持因素都对残障人士的休闲参与形成了相当程度的制约[①]。

就研究历程来看,残障人士的休闲制约(休闲障碍)问题与其休闲参与问题的研究是同步的。Maynard(1983)曾研究身心障碍学生的休闲参与问题并提出了外界态度、环境和社会经济障碍是主要影响因素,如人们不愿与之共用休闲设施,拒绝、歧视或过度帮助、同情会导致身心障碍学生内心恐惧,继而缺乏活动参与技巧,公共设施、公园、剧院、教堂等设计问题及缺乏无障碍交通工具都会形成限制[②]。Sparrow 和Mayne(1990)在对 18~35 岁的智障青年休闲模式研究中发现,无论是在家里还是在社区环境,这一群体的休闲参与水平都很低,参与者受到的限制因素包括距离太远,休闲设施缺乏,没有交通工具,缺乏技能、资金,以及心态障碍等[③]。Wilhite 和 Keller(1992)研究了有发展障碍的老年残障人士,普遍存在的制约因素为交通、资金、无障碍环境、外界对其行动的关心程度,以及在公共群体中的不适应,部分被访者明确提到没有融入感,社区成员对他们的需求不敏感、不关心,并且不愿意将他们

---

① 付善民.体育休闲学研究主体领域分析——西方社会学视角下休闲学研究的启示[J].武汉体育学院学报,2009,43(6):72-75

② Maynard,M..Cross-national is sure related to labor and leisure participation of people with disabilities[R]. *Revised paper presented at American personnel and Guidance Association on leisure and work continuum for special population groups*,1983.

③ Sparrow,W. A. & Mayne,S. C.. Recreation patterns of adults with intellectual disabilities [J]. *Therapeutic Recreation Journal*,1990,24(3):45-49.

纳入社区生活,这种感受影响到了休闲参与①。除了时间和资金等基本制约因素之外,Perrin(1992)还提出了贫穷、交通缺乏、缺乏休闲活动信息、活动和项目的隔离等残障人士休闲制约因素②。Ross(1993)对脊髓损伤青年的户外休闲制约因素研究也表明,休闲模式缺乏、交通问题、自我意识以及参考群体的态度是重要的影响因素③。Harrington(1995)等认为,时间限制、缺乏机会或选择是女性和残障人士休闲参与的主要结构性制约因素④。Henderson和Bedini(1995)认为环境制约是残障人士休闲健身活动参与的最大制约⑤。张照明(1999)对我国台湾地区高职身心障碍学生休闲生活的研究表明,对特殊学生而言,场地和设施不适合、缺乏他人指导、他人拒绝公用休闲设施是残障学生共同的休闲制约因素⑥。

随着残障人士休闲制约因素研究的深入,不同类型的残障人士所受到的休闲制约差异以及个人内在制约和人际制约开始受到更为广泛的关注。从个人内在制约因素来看,独立生活能力丧失、失落感、社会孤立感、对智能的自我认知以及被放大的自我意识等都可能被残障人士强化,从而导致休闲参与受到制约。庄慧玲(2001)的研究表明,兴趣、体力、健康状况、时间和家人态度是影响听障学生休闲参与的重要

---

① Wilhite,B. & Keller,M. J. The role of therapeutic recreation in community involvement: Patterns and perceptions of older adults with developmental disabilities[J]. *Annual in Therapeutic Recreation*,1992(3):18 –32.

② Perrin,B.,Wiele,K.,Wilder,S.,& Perrin,A. Sharing the fun:A guide to including person with disabilities in leisure and recreation. Toronto:Canadian Rehabilitation Council for the Disabled. 1992.

③ Ross,J. Young adults with recent spinal cord injuries:Transaction from rehabilitation hospital to community living[J]. *Dissertation Abstract*,1993.

④ Harrington,M.,Dawson,D. H.. Who has it best? Women's labor force participation, perceptions of Leisure and constraints to enjoyment of leisure[J]. *Journal of Leisure Research*,1995, 27(1):4 –24.

⑤ Henderson,K. A.,Bedini,L. A.,Hecht,L. & Schuler,R.. Women with physical disabilities and the negotiation of leisure constraints[J]. *Leisure Studies*,1995,14(1):17 –31.

⑥ 张照明.高职身心障碍学生休闲生活之研究[J]. 特殊教育学报,1999(13):239 – 279.

因素,无障碍空间环境则是影响肢体残障学生从事休闲活动的关键因素①。Kleiber(2008)等在对女性脊髓损伤者的研究中发现,作为患病的母亲,会担心自己不能和儿子一起打球和玩耍,继而为因此造成的母子关系疏远而感到沮丧②。Crawford(1991)③、Devine 和 Datillo(2000)④等学者在关注残障人士被社会排斥的研究中则指出,正常人会用他们所认同的社会接纳度的标准来判断残障人士;更早的研究也表明,当残障人士达不到这种标准时,他们的融入社会和休闲活动的程度就会受到限制(Hahn,1987;Oliver,1989)。Ruddell(2006)以美国轮椅篮球队的女性残障队员社会化过程为例,认为既是女性又有残障的"双重晦气"(double whammy),是残障女性参加体育休闲活动权利的制约因素⑤。

### 2.5.5  全纳休闲的制约研究

随着全纳休闲研究的发展,基于"全纳"思想的休闲制约因素,对全纳所营造的氛围的反思,对于如何能在全纳环境中突破和解决残障人士的固有限制,成为近年来研究者重视的议题。自从 ADA 的颁布促进全纳休闲服务以来,学界对"全纳"精神的障碍和思考仍然在继续。

(1)内在制约

部分调研证实了残障本身的消极影响与全纳有关,尤其体现在个体限制中社会性或行为性的限制越严重,个体就越会有耻辱感,而感知到的社会接纳程度就越低。全纳休闲研究中,部分学者对耻辱感所造

---

① 庄慧玲.中部地区国民中学听觉障碍学生休闲活动调查之研究[D].硕士学位论文.台湾花莲师范学院国民教育研究所,2001.

② Kleiber,D. A. ,McGuire,F. A. ,Aybar-Damali,B. ,et al. . Having more by doing less:The paradox of leisure constraints in later life[J]. *Journal of Leisure Research*,2008,40(3):343 – 359.

③ Crawford,D. W. ,Jackson,E. L. ,& Godbey,G. A hierarchical model of leisure constraints [J]. *Leisure Sciences*,1991,13(4):309 – 320.

④ Devine,M. A. ,& Datillo,J. . Social acceptance and leisure lifestyle of people with disability [J]. *Therapeutic Recreation*,2000,34(4):306 – 322.

⑤ Ruddell,J. L. ,Shinew,K. J. . The socialization process for women with physical disabilities:The impact of agents and agencies in the introduction to an elite sport[J]. *Journal of Leisure Research*,2006,38(3):421 – 444.

成的消极影响进行了深入剖析。West(1984)最早对社会赋予的耻辱感
阻碍残障人士休闲参与进行研究,他发现如果残障个体被认为残障是
一种耻辱,他们参与休闲活动的意愿会降低①。Bedini 和 Henderson
(1994)在阐释全纳游憩环境下残障女性的社会接纳感知时也发现了同
样的结论,"尽管身体和收入限制往往影响到这些女性的公平对待,调
研对象却反复表达了社会交往和心理上的舒适感才是任何全纳项目成
功的关键。此外,在被否定的公共场合中的'情感代价'和'遗憾'的体
验也会影响休闲态度"②。Wilhite 等(1999)研究发现,活动环境的竞争
性越强,残障和非残障个体在游憩技能上越容易感到不公平。并且,观
念的焦点在于非残障人士的技能比残障人士的技能水平高,继而竞争
并未被冲淡,而是呈现出了非公平性③。Bedini(2004)基于 West 的研
究对知觉耻辱(perceived stigma)和休闲行为关系进行了更新的解释,她
发现残障人士的知觉耻辱往往有三类反应:一种是逃避公众监督;第二
种是面对批评时为了证明自己以挑衅的态度来对抗;还有一种是礼貌
地顺从,包容个体的残障,接受缺陷,同时寻求休闲参与带来的挑战④。
这表明在 West 提出这一议题 20 年之后,耻辱感仍然是全纳休闲参与
的重要障碍。知觉耻辱还会阻碍个体对社会接纳的感知,继而成为全
纳休闲参与的障碍(Higgins,1992)⑤。

(2)人际制约

从人际制约来看,全纳休闲研究成果尤其反映出残障人士休闲参

①　West,P. C.. Social stigma and community recreation participation by the physically and mentally handicapped[J]. *Therapeutic Recreation Journal*,1984,26(1):40 – 49.

②　Bedini,L. & Henderson,K.. Women with disabilities and the challenges to leisure service providers[J]. *Journal of Park and Recreation Administration*,1994,12(1):17 – 34.

③　Wilhite,B., Devine, M. A., & Goldenberg, L.. Perceptions of youth with and without disabilities:Implications for leisure programs and services[J]. *Therapeutic Recreation Journal*,1999 (1),33,15 – 28.

④　Bedini,L. & Terri L. Phoenix. Perceptions of Leisure by Family Caregivers:A Profile[J]. *Therapeutic Recreation Journal*,2004,38(4):366 – 381.

⑤　Higgins,P.. *Making disability:Exploring the social transformation of human variation*[M]. Charles C. Thomas Press. 1992

与在很大程度上受到人际因素的影响。"全纳"精神内核不仅是身体上的融合,而且要求的是所有参与者更深层次的理解和更为理性的承诺。除了身体上的无障碍项目与设施,残障人士应当在改变固有的耻辱感和刻板印象、推动社会接纳方面看得更加深远。Devine 和 Dattilo(2001)研究证实,残障人士参与活动时的社会接纳感知将会影响到他们未来参与全纳休闲活动的频率、满意度和意愿。他们发现社会接纳的体验与参与频率和满意度有着显著的联系,一个人对他/她的同伴的社会接纳感受越多,其游憩活动的频率越高,满意度也越高。因此,当社会接纳有限时,社会生活参与的主动性就会受到压抑[1]。Devine 和 Lashua(2002)的研究还表明,社会接纳是一种群体归属感和价值观,是残障人士在参与活动时受到非残障同伴的欢迎,而不是因为技能不同而遭到嘲笑的感觉[2]。大多数研究表明,满意的全纳休闲参与的制约因素并不在于身体和物理上是否可达,而在于活动过程中的社会性或心理性互动(Devine,2008)[3]。Abraham 等(2002)的研究证实,休闲参与程度与社会支持相关[4]。Buttimer 和 Tierney(2005)也认为,感到不被接纳是残障人士休闲参与的制约因素[5]。Heller(2002)则发现,在智障人士的居所范围之外,家庭往往是扩大社交网络的主要资源,家庭成员越投入,智障人士参与社区活动的可能性就越高,而专业服务者在促进休闲参与方面也扮演了重要角色,他们既有可能促进,亦有可能阻碍智障

① Devine, M. A. & Datillo, J.. Social acceptance and leisure lifestyles of people with disabilities[J]. *Therapeutic Recreation Journal*, 2001, 34(4):306 – 322.

② Devine, M. A., & Lashua, B.. Constructing social acceptance in inclusive leisure contexts: The role of individuals with disabilities[J]. *Therapeutic Recreation Journal*, 2002, 36(1):65 – 83.

③ Devine, M. A., & Parr, M. G.. "Come on in, but not too far:" Social capital in an inclusive leisure setting[J]. *Leisure Science*. 2008, 30(5):391 – 408.

④ Abraham, C., Gregory, N., Wolf, L., & Pemberton, R.. Self esteem, stigma and community participation amongst people with learning difficulties living in the community [J]. *Journal of Community and Applied Social Psychology*, 2002, 12(6):430 – 443.

⑤ Buttimer, J., & Tierney, E.. Patterns of leisure participation among adolescents with a mild intellectual disability[J]. *Journal of Intellectual Disabilities*, 2005, 9(1):25 – 42.

人士融入社会①。Verdonschot 等(2009)的研究也证实辅助支持者的积极态度能更好地促进残障人士融入社会②。

(3)结构制约

在全纳休闲研究范围中,休闲服务机构、活动项目和员工的专业性是残障人士参与全纳休闲活动的重要制约因素。就机构角度而言,Devine 和 Kotowski(1999)在一项公共公园和休闲机构的全国性调查中发现,最常见的两类制约是资金缺乏和直接或间接的员工问题。机构报告表明,当他们主要通过普通经营预算来提供全纳服务时,服务成本必然高于可用资金。员工方面的限制包括缺乏便捷的公共交通、合适的休闲设备不够用,以及缺乏为参与者提供便利的知识。更为深层的制约在于员工的准备不充分。机构报告还表明,员工在行为规范、活动规范引导或简化适用设备等方面都缺乏培训,休闲服务机构反映出确认全纳项目策划的普遍需求和个人需求都存在问题③。在服务项目与员工专业性方面,机构职员往往被认为不能胜任全纳项目的引导,包括在员工与参与者的比例方面,以及与活动相适应的知识和项目策划技术储备方面都存在问题。服务机构管理方与项目员工的消极态度,以及社区与潜在的残障参与者的消极态度,都将削弱全纳项目供递的基础。这些概念和理念的缺失与担忧,都会影响休闲项目发展和资源分配。相关员工是塑造活动参与者积极的态度和行为期望的关键角色,同时,员工角色也会影响到参与者对全纳活动过程的消极态度,比如,员工对残障人士的刻板印象和过度保护残障参与者,以及永久性地贴

---

① Heller, T. . Residential settings and outcomes for individuals with intellectual disabilities [J]. *Current Opinion in Psychiatry*, 2002, 15(5):503 – 508.

② Verdonschot, M. , de Witte, L. , Reichrath, E. , Buntinx, W. , & Curfs, L. . Impact of environmental factors on community participation of persons with an intellectual disability: A systematic review[J]. *Journal of Intellectual Disability Research*, 2009, 53(1):54 – 64.

③ Devine, M. A. & Kotowski L. . Inclusive leisure services: Results of a national survey of park and recreation departments[J]. *Journal of Park and Recreation Administration*, 1999, 17(4):56 – 72.

着残障标签等（Conatser, Block 和 Lepore, 2000[1]; Devine, 2004[2]; Grenier, 2006[3]; Tripp 和 Rizzo, 2006[4]）。

## 2.6  研究评述与本研究的理论视角

从文献回顾来看，国内外的社会融入研究中，融入主体大多数聚焦于跨国/跨文化移民、流动人口及其子女、城市新移民等群体，上述群体中，由于移民及流动人口涉及长期的生活与工作空间变化，表面的空间移动事实上昭示着内在社会文化背景的变化，其社会融入的根源并不在于主体的个人内在因素，而在于外在环境变化所引发的融入障碍，因而移民遇到的融入难题更易被认知和评价。而老年人、残障人士一类的群体，甚至兼具移民、高龄和残障等多重身份的群体，受到社会排斥的根源在于主体自身存在身体和心理上的种种障碍，以及由此影响到的与外部环境的关系障碍。从文献研究来看，社会融入的维度既包括了外在资源的共享，也包括了主体内在心理的融入，以及通过人际关系和社交联结的环境与内心。对残障人士这类特殊群体而言，外在环境的完善只是一种基础条件，而社会关系、反映在人际交往中的融入氛围和内心的感知显得更为重要。在现有研究尤其是国内研究中，反映残障人士融入的深入而系统的研究尚未着见。尽管残障人士事业在我国逐步受到重视，但从学界触及的领域看，残障人士的社会融入问题无疑没有进入主流视野。因此，就主体而言，本研究选择残障人士作为研究

① Conatser, P., Block, M., & Lepore, M.. Aquatic instructors' attitudes toward teaching students with disabilities[J]. *Adapted Physical Activity Quarterly*, 2000, 17(2):197-207.

② Devine, M. A.. "Being a 'doer' instead of a 'viewer':" The role of inclusive leisure contexts in determining social acceptance for people with disabilities[J]. *Journal of Leisure Research*, 2004, 36(2):137-159.

③ Grenier, M.. A social constructionist perspective of teaching and learning in inclusive physical education[J]. *Adapted Physical Activity Quarterly*, 2006, 23(3):245-260.

④ Tripp, A., & Rizzo, T.. Disability labels affect physical educators[J]. *Adapted Physical Activity Quarterly*. 2006, 23(3):310-326.

对象,尝试探讨和分析这类群体的社会融入的内涵和特征。

从社会融入达成路径来看,除了居住、就业、教育、社会保障等社会基础资源的支持外,国内外的融入研究也提到了社会参与、人际交往等社会支持,在具体的衡量体系中,几乎都提到了将文化娱乐活动、休闲活动的参与作为社会关系的考察指标之一。但是在理论及实证研究中,尤其从国内研究来看,尽管将休闲活动纳入了测量体系,但几乎所有研究结果最终指向的是通过改善居住环境提高城市融入,通过社会保障体系推动社会公平,以及通过规范就业政策提高就业融入,或针对二代群体的教育融入,但尚无研究指向通过改善休闲环境和休闲服务来促进融入。从我国的实际国情来看,对残障人士而言,就业、教育、公平等问题是更为显著的基础性矛盾,而休闲活动则关系到更高层次的个体发展和生活品质提升。但就社会发展来看,个体的全面发展和群体的生活质量提升将会是我国朝更高水平的社会文明前进过程中必然要面临的问题。因此,就社会融入的路径来看,本研究选择休闲参与作为研究内容,尝试分析和验证休闲参与对社会融入的重要意义。

从休闲参与及其相关理论的研究回顾来看,国内学者对残障人士的休闲关注相对较少,研究议题细分程度不高,在研究方法上除了残障青少年相关的休闲教育研究以教育学领域更常用的个案研究和深度访谈方法之外,涉及休闲行为及影响因素、休闲参与、休闲满意度等研究以定性描述和描述性定量研究为主,而国外已有丰富实践的全纳休闲在国内尚未兴起,社会、公众和学者虽开始关注无障碍休闲环境的建设,但涉及纳入残障人士,为其提供专业服务的休闲机构、休闲项目和专业人员等方面的实践和相应的研究基本空白。从休闲制约因素来看,国外关注残障人士的全纳研究中,重点关注的是全纳研究中的人际障碍和环境及休闲资源障碍,但较少以内在—人际—结构制约这一经典模型来定量探讨残障人士在三类制约中受到的影响和相应的协商机制,国内相关研究中更多聚焦在无障碍环境建设上,而少有对残障人士休闲制约的全面研究。因此,本研究尝试以残障人士这一特殊对象,联结休闲学视角下的参与研究和社会学视角下的融入研究,考察残障人士的休闲参与特征及其制约因素,并结合休闲涉入理论对残障人士休闲参与的维度和衡量提出思考。

从休闲参与与社会融入的关系来看,在休闲参与与休闲效益的相关研究中,已有大量研究证实了休闲参与有助于残障人士等群体的身心健康和社会接纳,但暂且未有将社会融入作为休闲参与的结果变量来探讨的研究;在社会融入研究中,国内外学者都在融入维度中提及被排斥群体的文化娱乐活动、社区公共事务参与、人际交往等与休闲参与相关的指标,从逻辑上可证实休闲活动是社会融入的重要途径,但现有的社会融入研究更多的是考量经济、行为、文化、价值和身份等层面的资源和权利是否平等共享,国内关于残障人士的融入研究也基本停留在定性分析层面,关注的焦点在于职业、就业、教育、居住、社会保障等更为基础的障碍,尚未将休闲状况纳入核心议题。因此,本项研究将基于社会融入的理论视角提出残障人士社会融入的内涵和维度,尝试建立休闲参与与社会融入关系的理论框架并进行实证分析,基于上述关系深度分析和测量,揭示残障人士休闲参与主要受到哪些因素的影响、休闲参与如何影响其社会融入、不同维度的参与对其融入影响的差异性、哪些休闲活动更有利于其社会融入,进而为改善残障人士休闲生活、推动其社会融入提出相应的建议。

综上所示,本研究将综合社会融入理论、休闲参与理论及相关的效益、涉入和制约理论,并借鉴和运用全纳休闲的思想、实践和理论研究成果来分析和验证残障人士休闲参与和社会融入的关系,为国内残障人士的休闲研究和实践提供参考。

# 3 现状分析:残障人士休闲活动类型、参与与制约

本章将深入探讨残障人士休闲活动和休闲制约的类型,并通过问卷调查的方式对残障人士休闲活动参与现状、制约因素的影响现状进行研究和特征分析,为下一步的理论模型和研究假设提供分析基础。

## 3.1 残障人士休闲活动类型与参与现状分析

### 3.1.1 残障人士休闲参与活动类型

基于对休闲参与理论的文献回顾,时间与活动视角下的观点强调休闲活动参与的频率和种类,体验视角下的观点则强调参与的体验和对需求的满足。本研究的核心目的在于探讨残障人士休闲参与程度与其社会融入程度的影响关系,亦即休闲行为实际发生的情形、主体的感知体验和融入状态的关系。因此,本研究将首先通过不同类型休闲活动的参与频率来考察残障人士休闲参与的基本状况。

活动类型方面,文献综述亦已概括,休闲参与活动分类的方法主要包括主观分类法、因素分析法和多元尺度评价法,在残障人士休闲参与活动分类方面,以主观分类法和因素分类法居多。笔者将部分代表性研究成果整理如下,作为本研究活动分类的参照,如表 3 − 1 所示。

表3-1　残障人士休闲参与活动类型研究

| 研究者 | 时间 | 研究对象 | 休闲参与活动类型(项目) |
|---|---|---|---|
| 庄慧玲① | 2001 | 听障中学生 | 康乐性,体育性,社交性,艺文性,实用性 |
| 黄志成等② | 2003 | 身心障碍中小学生 | 竞技体能型,知性艺文型,感性闲逸型,康乐社交型 |
| 叶源镒和张伟雄③ | 2003 | 智障青少年学生 | 传统类(包括运动、艺术与手工艺、心智游戏与嗜好),非传统类(包括家庭装潢与维修、植物培植与宠物养育、欣赏性活动) |
| 耿仕荣④ | 2007 | 肢体障碍人士 | 艺文性活动,社交性活动,娱乐性活动,居家性活动,体育性活动,冒险性活动 |
| Abells 等⑤ | 2008 | 智力障碍人士 | 有组织的运动/自发性的体育活动,青年组织,教堂活动,看电视及电影,上网/看视频,游戏,公园或操场游憩,听音乐 |
| 李群力⑥ | 2009 | 特教学校学生 | 竞技体能类,文艺类,闲逸类,康乐社交类 |

资料来源:研究整理。

从上述与残障人士休闲参与直接相关的活动类型划分可见,残障人士的休闲活动性质主要表现为康乐消遣性、文化性、社交性、运动性和游憩性等方面;同时,由于残障人士的身体条件带来的障碍,可推断

①　庄慧玲.中部地区国民中学听觉障碍学生休闲活动之调查研究[D].硕士学位论文.台湾花莲师范学院国民教育研究所,2001.

②　黄志成,洪文卿,钟政伟.身心障碍学生参与休闲活动之研究——以南投县国民中小学为例[C].观光休闲暨餐旅产业永续经营学术研讨会,2003(3):1-11.

③　叶源镒,张伟雄.智能障碍青少年学生休闲活动与休闲教育之研究[J].旅游管理研究,2003,3(1):43-62.

④　耿仕荣.肢体障碍者休闲参与、休闲阻碍与生活质量之研究[D].硕士学位论文.美和技术学院健康照护研究所,2007.

⑤　Abells, D. , Burbidge, J. , & Minnes, P. Involvement of Adolescents With Intellectual Disabilities in Social and Recreational Activities[J]. *Journal on Developmental Disabilities*, 2008, 14(2):88-94.

⑥　李群力.湖南省特教学校学生休闲活动参与特征研究[J].中国特殊教育,2009(2):91-96.

大部分的休闲活动空间集中于家庭、社区和所在市区。因此，结合文献综述及上述相关活动类型划分，本研究采用主观分类法，基于休闲活动性质与活动空间的差异，将休闲参与活动类型归纳为三类：

一是居家消遣类，指主要发生在以家庭为核心的封闭式空间的静态类活动，主要包括看电视、上网、听音乐、个人嗜好、手工艺、家庭游憩、饲养宠物等。

二是文化社交类，指发生在文化场馆及公共场所等半封闭空间的文化社交活动，主要包括去往各类文化场所参与相应的活动（如图书馆、博物馆、美术馆、剧场等），市区范围内的个人爱好（如摄影），一般逛街、购物等消费娱乐活动，以及社区范围内的日常休闲，拜访亲友，参与公益、宗教、社团等活动。

三是户外运动与游憩类，指发生在户外开放式空间的动态性较强的体育和游憩类活动。体育活动主要包括个人可参与的散步、跑步、游泳等运动，团体参与的球类等，以及不排除个别残障人士可能参与的极限运动；游憩活动则主要包括市区或市郊范围内的公园游玩、骑游、踏青、划船、钓鱼等，以及不排除少数残障人士可能参与的中长距离的旅行活动。

### 3.1.2 残障人士休闲活动参与现状分析

（1）残障人士休闲活动参与现状调研设计

在国内关于残障人士休闲的既有研究中，针对残障人士体育运动的研究相对丰富，但关于残障人士在各类型休闲活动与项目方面参与情况开展的调研非常有限，目前能够查到的成果仅为 2 项：一是李群力（2009）对湖南省特教学校学生的休闲活动参与情况的调研，结果反映出特教学校学生休闲活动的参与频率总体水平不高，各个类型的休闲活动参与频率最高的为闲逸类休闲活动（$M = 2.7430$，$SD = 0.9985$），居中的为康乐社交类（$M = 2.5617$，$SD = 1.0129$）和文艺类（$M = 2.3963$，

$SD = 0.9462$），参与频率最低的是竞技体能类（$M = 2.3019$，$SD = 0.9256$）[①]；二是陈文力（2012）对听障年轻群体的娱乐休闲活动的调研，其结果发现听障年轻群体（高中生、大学生）最喜欢的娱乐活动是上网，此外还包括体育活动、看书、看电影、逛公园等，并反映出该群体的兴趣爱好比较广泛，但与非残障人士的娱乐休闲需求有一定差别，他们更喜欢不需要直接用语言交流的娱乐活动[②]。

　　上述两项调研针对的均为年轻群体，且覆盖的残障类型也较为有限（特教学校学生主要为听障和视障），而对于更广泛的不同年龄、职业和教育背景的，以及不同残障类型的残障人士的休闲活动参与状况还暂未有相关数据反映。因此，本研究基于休闲参与与社会融入关系实证研究的目标，在参考相关研究成果基础上，编制了"残障人士休闲活动与休闲制约状况调查问卷"，旨在初步了解国内社会经济背景下残障人士休闲参与的总体状况，并为核心研究提供数据参考。

　　问卷采用李克特5分量制（Likert-5 Points），最低赋值为1分，最高赋值为5分，以语义差异法描述参与频次，从1分到5分分别为"从不参与""偶尔参与""一般参与""较多参与"和"经常参与"。研究者通过成都市残联渠道首先联系了30名残障人士（包括肢体障碍、智障、听障和视障）作为预测试受访对象，编制成预测试量表。休闲活动参与量表将休闲活动按前文归纳为居家消遣类、文化社交类和户外运动与游憩类三种类型，共计23道题。

　　问卷信度主要采用SPSS20.0统计软件，通过问项与总体的相关系数（CITC）和Cronbach's Alpha系数进行检验。Anne M. Smith（1999）提出计算CITC（Corrected Item-Total Correlation）系数的方法，如测量变量的CITC值大于0.5，说明其度量相应潜变量的可靠性是可接受的，如

---

　　① 李群力. 湖南省特教学校学生休闲活动参与特征研究［J］. 中国特殊教育, 2009（2）: 91 - 96.

　　② 陈文力. 网络时代听力有障碍年轻群体娱乐休闲研究［J］. 旅游学刊, 2012, 27（7）: 91 - 97.

CITC 值小于 0.5,则应删去①。Guieford(1965)提出 Cronbach's Alpha 系数的判断标准:Alpha 值大于 0.7 表示内部一致性高,如小于 0.35 则表示内部一致性低,而 0.5 是可接受的最低信度水平②。预测试结果显示,绝大部分问项的 CITC 值高于 0.5,三类活动的组合信度 Alpha 系数依次为 0.754、0.707 和 0.741,量表总体信度为 0.794;根据 CITC 系数高于 0.5 及项已删除的 Alpha 值显著提升的标准判断,未删除问项。在此基础上参考残联工作人员及部分智障学员家长所提意见,形成正式问卷。完整量表参见附录正式问卷 I。

(2)残障人士休闲活动参与现状分析

关于残障人士休闲活动参与现状的调查,采用问卷调查的方式,以随机抽样的方式进行。确定的样本数量为 320 人,由成都市残疾人联合会协助,随机选取成都市成华区、武侯区、青羊区、锦江区和金牛区五个市区内居住的残障人士。在调查实施的过程中,听障、视障类型和部分肢体残障的受访者由调查员(志愿者)辅助填答,智力障碍与精神障碍者由其家人辅助填答,其余有能力者在调查员对问卷进行说明后以自行填答的方式进行。问卷调查于 2013 年 12 月进行,历时两周,最终回收问卷 305 份,去除填写不合要求或数据缺失的问卷后,最终获得 288 份有效问卷。本研究调查样本的基本特征分为九个方面:性别、年龄、婚姻状况、家庭经济状况、教育水平、就业状况、就业单位性质、残障类型、残障程度③。具体的样本分布情况如表 3-2 所示。

---

① Smith, A. M.. Some problems when adopting Churchill's Paradigm for the development of service quality measurement scales[J]. *Journal of Business Research* 1999,46(2):109-120.

② 康键. 顾客抱怨行为与顾客满意度、顾客忠诚的关联性研究[D]. 博士学位论文. 天津大学,2007:48.

③ 残障类型与残障程度描述依据为《残疾人残疾分类和分级(中华人民共和国国家标准 2011 年第 2 号公告)GB/T26341-2010》(由中华人民共和国国家质量监督检验检疫总局、中国国家标准化管理委员会于 2011 年 1 月 14 日发布,并于 2011 年 5 月 1 日实施)。其中,按照国标规定,各类残疾按残疾程度分为四级,残疾一级、残疾二级、残疾三级和残疾四级。残疾一级为极重度,残疾二级为重度,残疾三级为中度,残疾四级为轻度。

表3-2　残障人士休闲活动参与状况与制约因素调查样本分布情况（*n* = 288）

| 问项 | 类别 | 频次 人数 | 频次 百分比（%） | 问项 | 类别 | 频次 人数 | 频次 百分比（%） |
|------|------|------|------|------|------|------|------|
| 性别 | 女 | 125 | 43.4 | 就业状况 | 一般分散就业 | 66 | 22.9 |
| | 男 | 163 | 56.6 | | 福利性集中就业 | 39 | 13.5 |
| 年龄 | 16～25 岁 | 60 | 20.8 | | 自主创业 | 50 | 17.4 |
| | 26～35 岁 | 130 | 45.1 | | 社区或居家灵活就业 | 30 | 10.4 |
| | 36～45 岁 | 61 | 21.2 | | 未就业 | 52 | 18.1 |
| | 46～60 岁 | 37 | 12.8 | | 其他 | 51 | 17.7 |
| | 60 岁以上 | 0 | 0 | 就业单位性质 | 党政机关、事业单位 | 55 | 19.1 |
| 婚姻状况 | 未婚 | 147 | 51.0 | | 一般企业 | 48 | 16.7 |
| | 初婚有配偶 | 90 | 31.3 | | 非营利机构或组织 | 33 | 11.5 |
| | 再婚有配偶 | 22 | 7.6 | | 个体工商户 | 53 | 18.4 |
| | 离婚 | 25 | 8.7 | | 其他 | 99 | 34.4 |
| | 丧偶 | 4 | 1.4 | 残障类型 | 听力障碍 | 59 | 20.5 |
| 家庭经济状况 | 3000 元以下 | 161 | 55.9 | | 视力障碍 | 80 | 27.8 |
| | 3000～4999 元 | 70 | 24.3 | | 言语障碍 | 9 | 3.1 |
| | 5000～9999 元 | 36 | 12.5 | | 肢体障碍 | 76 | 26.4 |
| | 10000 元及以上 | 21 | 7.3 | | 智力障碍 | 40 | 13.9 |
| 教育水平 | 小学及以下 | 50 | 17.4 | | 精神障碍 | 21 | 7.3 |
| | 初中 | 62 | 21.5 | | 多重障碍 | 3 | 1.0 |
| | 高中（包括职高、中专、技校） | 63 | 21.9 | 残障程度 | 一级 | 101 | 35.1 |
| | 大专及高职 | 58 | 20.1 | | 二级 | 80 | 27.8 |
| | 本科 | 51 | 17.7 | | 三级 | 82 | 28.5 |
| | 硕士（包括双学位）及以上 | 4 | 1.4 | | 四级 | 25 | 8.7 |

对正式问卷的信度检验结果表明，绝大部分问项的 CITC 值高于 0.5，三类活动的组合信度 Alpha 系数依次为 0.764、0.769 和 0.793，量表总体信度为 0.833，表明休闲活动参与量表对休闲参与各类型具体活动的测量是合理可信的。问卷效度方面，本问卷以内容效度为准，一是参考相关成熟量表，二是请旅游休闲研究学者予以评判，三是综合了残联工作人员与预测试受访对象的意见，在内容上具备较高效度。基于残障人士休闲活动参与量表数据，残障人士参与不同类型的休闲活动的描述性统计结果如表 3-3 所示。

表 3-3　残障人士休闲活动参与状况描述性统计（n = 288）

| 测量问项 | 平均值 | 标准差 | 排序 |
|---|---|---|---|
| 居家消遣类休闲活动 | 2.816 | | 1 |
| 看电视、看 DVD | 3.347 | 1.265 | 2 |
| 上网（非工作需要，包括在线看视频） | 3.750 | 1.387 | 1 |
| 听音乐、听广播 | 3.118 | 1.402 | 3 |
| 在家阅读书报杂志 | 2.757 | 1.202 | |
| 做手工艺、烹饪、家庭园艺等 | 2.347 | 1.209 | |
| 书法、绘画、拼图等个人爱好活动 | 2.129 | 1.133 | |
| 家庭游憩活动（和家人下棋、打牌、游戏、喝茶、聊天等） | 3.049 | 1.229 | |
| 饲养宠物 | 2.035 | 1.340 | |
| 文化社交类休闲活动 | 2.266 | | 2 |
| 去图书馆阅读书报杂志 | 2.063 | 1.067 | |
| 去电影院看电影 | 2.351 | 1.059 | |
| 外出观赏歌舞剧、音乐会、戏曲、演唱会、体育比赛等 | 1.958 | 0.976 | |
| 参观博物馆、美术馆、文化艺术展览等 | 2.010 | 0.993 | |
| 市区范围内摄影、写生等 | 1.712 | 1.031 | |
| 逛街、购物、消费（聚餐、美容、唱歌等） | 3.174 | 1.254 | 1 |
| 在社区参与棋牌、喝茶、聊天等 | 2.115 | 1.171 | |
| 拜访亲友 | 3.149 | 1.070 | 2 |
| 参与志愿服务、公益活动 | 2.358 | 1.160 | 3 |

续表 3 - 3

| 测量问项 | 平均值 | 标准差 | 排序 |
|---|---|---|---|
| 参与宗教、社会团体活动 | 1.774 | 1.009 | |
| 户外运动与游憩类休闲活动 | 2.271 | | 3 |
| 个人运动(散步、跑步、瑜伽、游泳、自行车、器材类健身等) | 2.892 | 1.180 | 1 |
| 团体运动(球类、舞蹈、健身操等) | 2.139 | 1.216 | |
| 极限运动(攀岩、潜水、跳伞等) | 1.302 | 0.705 | |
| 短距离户外游憩活动(城市或近郊公园游玩、骑游、踏青、野餐、钓鱼、划船等) | 2.708 | 1.189 | 2 |
| 中长距离游憩或旅行活动(露营、登山、旅游、摄影采风、绘画采风等) | 2.316 | 1.210 | 3 |

在描述性统计基础上,为保证总体的均值间差异具备统计意义,进一步对活动类型及项目得分进行了单因子方差分析和 T 检验,检验结果如表 3 - 4 所示。由结果可知,方差分析中,$F$ 值为 65.466,$P$ 值小于 0.05,单个样本 T 检验中,均值和活动类型的 $T$ 值均较大,且 $P$ 值均小于 0.05,证明活动类型及其均值具备较好的解释能力。

表 3 - 4 休闲活动类型单因子方差分析与 T 检验

| 单因子方差分析 | | | | | |
|---|---|---|---|---|---|
| 均值 | 平方和 | df | 均方 | F | 显著性 |
| 组间 | 57.553 | 2 | 28.777 | 65.466 | .000 |
| 组内 | 378.467 | 861 | .440 | | |
| 总数 | 436.020 | 863 | | | |
| 单个样本 T 检验 | | | | | |
| 检验值 = 0 | | | | | |
| | t | df | Sig.(双侧) | 均值差值 | 差分的 95% 置信区间 |
| | | | | | 下限 / 上限 |
| 均值 | 101.374 | 863 | 0.000 | 2.45142 | 2.4040 / 2.4989 |
| 活动类型 | 71.958 | 863 | 0.000 | 2.000 | 1.95 / 2.05 |

　　基于上述调研结果,可发现残障人士休闲活动参与状况的特征体现为:

　　一是残障人士对于不同类型的休闲活动参与程度存在差异。调研结果表明,居家消遣类活动的参与程度最高($M = 2.816$),户外运动与游憩类居次($M = 2.271$),参与程度最低的是文化社交类($M = 2.266$);三类活动的均值都未达到3,亦即参与程度均介于"偶尔参与"和"较少参与"之间,说明整体参与程度较低。从23个具体问项来看,非工作需要的上网活动($M = 3.750, SD = 1.387$)、看电视和DVD($M = 3.347, SD = 1.265$)、逛街购物与消费($M = 3.174, SD = 1.254$)分列参与程度最高的前三位,而极限运动($M = 1.302, SD = 0.705$)、市区范围内摄影与写生($M = 1.712, SD = 1.031$)、宗教与社团活动($M = 1.774, SD = 1.009$)分列参与程度最低的前三位。可见总体而言,残障人士的休闲参与更多集中在居家和消遣类活动,上网和看电视等都偏于静态,而运动与健身等动态活动、与艺术有关的个人发展活动和社交类活动参与程度相对较低。

　　二是居家消遣类活动中,被动接受信息的活动参与程度高于主动投入和动手类的活动。调研结果表明,上网、看电视和DVD、听音乐和广播($M = 3.118, SD = 1.402$)三项活动的参与程度最高,饲养宠物($M = 2.035, SD = 1.340$)、个人爱好活动($M = 2.129, SD = 1.133$)、手工艺和烹饪以及园艺等($M = 2.347, SD = 1.209$)三项活动的参与程度最低。由此可见,残障人士在参与居家消遣类活动时,以被动式、接收信息类的活动为主,而需要发挥个人主观能动性和动手类的活动则不受青睐。

　　三是文化社交类活动中,低文化含量的活动参与程度高于高文化含量的活动。调研结果发现,逛街购物与消费、拜访亲友($M = 3.149, SD = 1.070$)、参与志愿服务($M = 2.358, SD = 1.160$)三项活动参与程度最高,而市区内摄影与写生、宗教与社团活动、外出观赏歌舞剧等($M = 1.958, SD = 0.976$)三项活动参与程度最低。可见残障人士总体趋于娱乐性活动和社交活动,而对于能培养个人内在修养的文化艺术类活动的参与较少。

四是户外运动与游憩类活动中,个体运动与普通游憩活动参与程度高于团队性质或专业类活动。调研结果发现,个人运动($M = 2.892$, $SD = 1.180$)、短距离户外游憩活动($M = 2.708, SD = 1.189$)和中长距离游憩或旅行活动($M = 2.316, SD = 1.210$)参与程度相对较高,而团体运动($M = 2.139, SD = 1.216$)和极限运动参与程度较低(所有项目参与程度最低)。可见残障人士在体育活动方面,更多参与个体活动,而较少参与具有合作要求与社交性质的团体活动,这与文化社交类活动中社交活动项目参与程度较高的结果有一定差异。分析其原因在于运动类的团体活动对于技能、合作、主动性的要求要高于普通的社交类活动,而篮球、排球等团体运动往往只在特定区域内(如省、市、区、县等)会组建残障人士专业运动队,对于没有经过专业训练的普通残障人士而言,参与团队运动有其技术障碍。极限运动参与度低同样体现出,技术含量较高的活动对残障人士而言还存在较低的可进入性。游憩方面中长距离的游憩与旅行的得分并未显著低于短距离户外游憩,反映出残障人士游憩活动空间上的选择差异性不明显,这也表明,普通游憩、旅行等活动对残障人士而言,可参与性更高。

## 3.2　残障人士休闲制约因素及影响特征分析

### 3.2.1　残障人士休闲制约类型

美国著名休闲学家 Goodale(1992)曾提出:"事实上,所有关于女人和休闲的研究就是关于制约因素的研究……关于老年人的、残疾人的、各式各样的种族和种族团体的休闲研究主要就是制约因素的研究……"[①]所有群体的休闲参与事实上都受到或来自个人内在主观因素或外在环境客观因素的影响。Jackson(1997)提出,休闲制约是个体在

---

　　① ［加］埃德加·杰克逊,编,凌平,刘晓杰,刘慧梅,译. 休闲的制约［M］. 杭州:浙江大学出版社,2009:2.

休闲活动参与过程中,感知到或体验过的受到约束或阻碍的因素①。基于本研究的背景和目的,结合 Jackson 的定义,本研究将休闲制约界定为:任何影响休闲主体的偏好、休闲参与决策过程和参与体验的因素,这些因素既影响主体能否参与休闲活动项目,也影响参与的持续性、频次和质量。

按照 Crawford、Jackson 和 Godbey 的经典理论模型,针对残障人士而言,居所位置、交通工具、经济能力、休闲设施等因素严重限制其休闲参与,休闲制约主要来自结构限制,而残障人士人际交往时的心理障碍及其自身的身心障碍也是制约其休闲参与的重要因素,即人际制约和内在制约兼而有之。本研究采用的制约维度包括内在制约、人际制约和结构制约三类,从全纳休闲研究及其他相关研究结果来分析,残障人士休闲制约因素及其影响机制都有其特殊性。

内在制约指残障人士对影响其休闲参与的一般内在制约因素和残障相关因素的感知。一般内在因素主要包括不喜欢、没有兴趣、因疲劳而缺乏精力、害怕(性骚扰、犯罪、袭击)、缺乏技能或能力、缺乏自信和自尊、尴尬、焦虑、压力、沮丧及远离社交等②;而与非残障人士的一般内在制约因素比较,残障人士个体的残障类型和程度是其特有的影响因素,并且,残障状态可能会影响到其他因素,如个性、个人兴趣、体力、技能、自信心等。

人际制约指残障人士对于人际交往半径逐步增加的家人、朋友、休闲同伴、专业服务者(辅助者)和旁观者等角色对于其休闲参与态度的感知。一般人际因素主要包括缺乏同伴、朋友或家人没有时间、家庭照顾伦理和家庭责任、同伴/家人的期望、别人的态度、家长或项目领导者

---

① Jackson, E. L. In the eye of the beholder: A comment on Samdahl & Jekubovich, "A critique of leisure constraints: Comparative analyses and understandings"[J]. *Journal of Leisure Research*, 1997,29(4):458 – 468.

② 林岚,施林颖. 国外休闲制约研究进展及启示[J]. 地理科学进展,2012,31(10):1377 – 1389.

的影响、无人邀约、自我身份不适宜、与其他参与者偏好不同等①。考虑到残障问题,全纳研究中特别提出了旁人的态度(是否接受和欢迎与残障人士共同参与休闲活动)、旁人是否会过度照顾或保护、专业人员的支持程度等常见的障碍。

结构制约指残障人士对时间、参与费用、交通、居住环境、休闲设施与服务等因素的感知。一般结构因素主要包括时间和其他方面的保证(如精力和信息)、参与成本(如门票、管理、交通、游憩设施使用等费用)、设施问题(场地与设施拥挤)、社会阻隔和通达制约(如距离、交通工具)、身体条件限制、安全考虑(户外蚊虫袭击)、忙于其他活动、缺乏相应技术和环境设施等普遍性因素②。考虑到残障问题,是否有可用的专门纳入残障人士的休闲机构、是否有较为专业的全纳休闲项目、是否有专业人员进行辅导和帮助,也是全纳休闲研究中最普遍提及的。

### 3.2.2　残障人士休闲制约因素的影响特征分析

(1)残障人士休闲制约因素调研设计

从国外残障人士休闲制约研究来看,学者对于残障人士休闲参与的制约因素分析基本涵盖了内在制约、人际制约和结构制约三类,研究结论较为多样。就制约类型来看,大部分研究聚焦于结构制约,以及外在条件对残障人士休闲参与的影响,而全纳休闲研究则尤其突出人际制约和结构制约两类因素的影响。就具体的制约因素来看,内在制约研究中,更多学者探讨了、年龄、性别、教育背景等人口学特征对残障人士休闲参与的影响,部分学者亦关注到了残障类型和残障程度的影响;人际制约研究中,外界态度和接纳因素的影响尤其突出;结构制约中,环境与设施条件、交通问题等因素与残障人士休闲参与密切相关。国内有关残障人士休闲制约的研究主要集中在体育运动的障碍上,如宋

---

①　林岚,施林颖.国外休闲制约研究进展及启示[J].地理科学进展,2012,31(10):1377 –
1389.

②　林岚,施林颖.国外休闲制约研究进展及启示[J].地理科学进展,2012,31(10):1377 –
1389.

湘勤等(2009)①、侯晓晖等(2009)②分别在残障人士体育与健身活动的定性研究中指出,残障人士休闲体育发展受到内在身心因素和外部环境因素两方面的影响,前者如残障人士潜意识中的自卑感、自我压抑感和性格脆弱、不适合从事休闲运动的错误观念、对体育活动缺乏主动参与意识、缺乏足够的信心与勇气以及运动技术不足等,后者如国家相关政策扶持不够、收入与教育水平低、缺乏设施和项目、学业或工作繁忙、交通不便等。

就研究现状而言,运用 Crawford 等的内在—人际—结构制约的经典模式针对残障人士的休闲制约研究较少,国内亦暂未有相关数据反映残障人士的休闲制约的总体特征。休闲制约是影响休闲参与的重要变量,对残障人士而言,内在和外在的各类因素都会影响休闲参与的程度和感知,休闲环境、设施等资源条件也是社会融入的考察指标。因此,本研究在残障人士休闲活动参与状况调查中亦对制约因素进行了调研,旨在初步了解国内社会经济背景下残障人士休闲制约的总体状况,并为核心研究提供数据参考。

问项测量均采用李克特 5 分量制(Likert-5 Points),最低赋值为 1 分,最高赋值为 5 分,预测试时只对两极进行了描述,为"非常不同意"和"非常同意",基于预测试受访者的反应和意见,正式量表中将 1～5 分的程度具体描述分别为"非常不同意""不同意""一般""同意""非常同意"。休闲制约量表将休闲制约按前文归纳为内在制约、人际制约和结构制约三种类型,共计 22 道题。完整量表参见附录正式问卷 I。

休闲制约问卷预测试与休闲活动参与问卷预测试同步,结果显示,绝大部分问项的 CITC 值高于 0.5,三类活动的 Alpha 系数依次为 0.782、0.888 和 0.873,量表总体信度为 0.906;根据 CITC 系数高于 0.5 及项已删除的 Alpha 值显著提升的标准判断,未删除问项。在此基础

---

① 宋湘勤,戴昕,张志如.北京市视障人士参与体育休闲运动的现状、动机与存在困难的调查分析[C].全民健身科学大会论文摘要集,2009:65.

② 侯晓晖,万宇,陈耿,吴成亮.我国残障人休闲体育现状与对策[J].广州体育学院学报,2009,29(4):6-13.

上参考残联工作人员及部分智障学员家长所提意见,形成正式问卷。

(2)残障人士休闲制约因素特征分析

关于残障人士休闲活动制约因素的调查,同样采用问卷调查的方式,并与残障人士休闲活动参与现状问卷调查于 2013 年 12 月同步进行,历时两周,问卷发放、回收和剔除无效问卷的过程与活动参与现状问卷一致,最终获得 288 个有效样本,样本特征参见 3.1.2 的相关内容。对正式问卷的信度检验结果表明,所有问项的 CITC 值高于 0.5,三类活动的 Alpha 系数依次为 0.800、0.815 和 0.832,量表总体信度为 0.894,表明休闲制约量表对休闲参与制约因素的测量是合理可信的。问卷效度方面,本问卷以内容效度为准,一是参考相关成熟量表,二是请旅游休闲研究学者予以评判,三是综合了残联工作人员与预测试受访对象的意见,在内容上具备较高效度。基于休闲制约量表数据,残障人士不同类型的休闲制约因素频率统计结果如表 3 – 5 所示。

表 3 – 5　残障人士休闲制约量表描述性统计( $n = 288$ )

| 测量问项 | 平均值 | 标准差 | 排序 |
|---|---|---|---|
| 内在制约 | 2.395 | | 2 |
| 自身的残障程度导致我无法参与休闲活动 | 2.455 | 1.174 | 2 |
| 健康状况不好导致我无法参与休闲活动 | 2.288 | 1.097 | |
| 我缺乏参与休闲活动的技能 | 2.375 | 1.147 | 3 |
| 我没有兴趣参与休闲活动 | 2.160 | 1.010 | |
| 我只喜欢某些休闲活动而不想参与其他活动 | 2.969 | 1.102 | 1 |
| 我害怕参与休闲活动时被别人嘲笑 | 2.198 | 1.110 | |
| 我害怕参与休闲活动时身体受伤 | 2.323 | 1.185 | |
| 人际制约 | 2.259 | | 3 |
| 我的家人不支持我参与休闲活动 | 2.066 | 1.091 | |
| 没有家人或朋友陪同我一起参与休闲活动 | 2.319 | 1.149 | 2 |
| 我的家人或朋友缺乏帮助我共同参与休闲活动的技能 | 2.271 | 1.118 | 3 |
| 我参与休闲活动时旁人表现过不欢迎和不友好的态度 | 2.229 | 1.109 | |

续表 3－5

| 测量问项 | 平均值 | 标准差 | 排序 |
|---|---|---|---|
| 我参与休闲活动时旁人表现过嘲笑行为 | 2.118 | 1.107 | |
| 我参与休闲活动时旁人对我过度保护和照顾 | 2.552 | 1.153 | 1 |
| 结构制约 | 2.799 | | 1 |
| 我没有足够的时间参与休闲活动 | 2.833 | 1.181 | 3 |
| 休闲活动费用太高导致我无法参与休闲活动 | 3.024 | 1.217 | 1 |
| 没有合适的无障碍交通方式导致我无法参与休闲活动 | 2.545 | 1.209 | |
| 周边社区缺乏无障碍设施导致我无法参与休闲活动 | 2.733 | 1.225 | |
| 休闲场所器材与设备不适合导致我无法参与休闲活动 | 2.806 | 1.155 | |
| 休闲场所没有专业人员指导和辅助导致我无法参与休闲活动 | 2.913 | 1.161 | |
| 休闲场所没有合适的活动项目导致我无法参与休闲活动 | 2.872 | 1.157 | 2 |
| 在家提供专门的设施很困难导致我无法参与休闲活动 | 2.698 | 1.219 | |
| 缺乏对休闲活动信息的了解导致我无法参与休闲活动 | 2.764 | 1.172 | |

表 3－6　休闲制约类型单因子方差分析与 T 检验

| 单因子方差分析 | | | | | |
|---|---|---|---|---|---|
| 均值 | 平方和 | df | 均方 | F | 显著性 |
| 组间 | 45.303 | 2 | 22.651 | 37.243 | .000 |
| 组内 | 523.658 | 861 | .608 | | |
| 总数 | 568.961 | 863 | | | |

| 单个样本 T 检验 | | | | | |
|---|---|---|---|---|---|
| | 检验值＝0 | | | | |
| | t | df | Sig.（双侧） | 均值差值 | 差分的95%置信区间 | |
| | | | | | 下限 | 上限 |
| 制约类型 | 71.958 | 863 | 0.000 | 2.00000 | 1.9454 | 2.0546 |
| 均值 | 89.929 | 863 | 0.000 | 2.48416 | 2.4299 | 2.5384 |

在描述性统计基础上,为保证总体的均值间差异具备统计意义,进一步对制约类型及其均值得分进行了单因子方差分析和 T 检验,检验结果如表 3-6 所示。由结果可知,方差分析中,$F$ 值为 37.243,$P$ 值小于 0.05,单个样本 T 检验中,制约类型和均值的 $T$ 值均较大,且 $P$ 值均小于 0.05,证明制约类型及其均值具备较好的解释能力。

基于上述调研结果,可发现残障人士休闲制约因素的影响特征体现为:

一是总体上残障人士的休闲参与更受结构性制约因素的影响,人际制约因素影响相对较小,内在制约因素的影响居中。从总体制约状况来看,结构制约维度的影响最高($M=2.799$),人际制约维度的影响最低($M=2.259$),但三类制约影响的总体差异不大。从 22 个具体问项来看,休闲活动费用太高($M=3.024,SD=1.217$)、对某种休闲活动的偏好(LCIN05,$M=2.969,SD=1.102$)、休闲场所没有专业人员指导和辅助($M=2.913,SD=1.161$)分列影响程度最高的前三位,而家人不支持($M=2.066,SD=1.091$)、旁人的嘲笑行为($M=2.118,SD=1.107$)、没有兴趣($M=2.159,SD=1.100$)分列影响程度最低的前三位。

二是内在制约中,残障程度的影响较为突出。调研结果表明,对某种活动的偏好、自身残障程度的影响($M=2.455,SD=1.174$)两项因素的影响程度最高,而没有兴趣和害怕被嘲笑($M=2.198,SD=1.110$)两项因素的影响程度最低。这说明残障人士参与休闲活动较多受到个人偏好和身体条件影响,但各项因素的总体差异不大,均值都在 3 以下,因此影响程度有限。这与国内外部分学者的研究结果较为一致,如

Bray 和 Gates(2003)[①]、Abells 等(2008)[②]和李群力(2009)[③]的研究均发现,运动神经问题、感官缺失和交流障碍对残障人士休闲活动的参与数量、多样性和质量都有关系,障碍程度是重要影响因素之一。Badia 等(2011)学者在青少年残障人士休闲活动参与的障碍研究中,重点探讨了个人因素(性别、年龄、同伴、社会经济水平、居住地点、居住类型、学校类型、环境条件、工作状况等)、残障相关因素(残障程度)以及感知因素(其中可归纳为内在制约因素的有恐惧感、个人知识、体验、疾病、羞耻感、擅长程度、疲倦、怕伤害自己、怕被嘲笑等)对家庭休闲活动、社交活动和体育运动参与的影响,其结论证实了残障相关因素对各种类型的休闲活动参与都没有显著影响,而个人因素和感知障碍则分别对部分类型的活动参与有显著影响,感知障碍尽管没有显著影响上述所有三类活动,但总体影响程度要高于个人因素和残障相关因素[④]。相较之下,本研究则发现自身残障因素的影响程度较高,这同我国社会文化背景中对残障人士的社会支持不足与社会偏见或有关系,外在资源和观念上的双重排斥的影响内化为残障人士的内在制约,使残障因素的影响更为显著。

三是人际制约中,外界的支持程度和支持方式的影响高于态度因素的影响。调研结果表明,旁人的过度保护和照顾($M=2.552$,$SD=1.153$)、没有家人或朋友陪同($M=2.319$,$SD=1.149$)这两项因素的影

① Bray,A.,& Gates,S.. Community participation for adults with an intellectual disability. Review of the literature prepared for the National Advisory Committee on Health and Disability to inform its project on services for adults with an intellectual disability[R]. Donald Beasley Institute, Dunedin,New Zealand. Available from:http://www. nhc. govt. nz,2003.

② Abells,D.,Burbidge,J.,& Minnes,P.. Involvement of adolescents with intellectual disabilities in social and recreational activities[J]. *Journal on Developmental Disabilities*,2008,14(2):87 – 94.

③ 李群力. 湖南省特教学校学生休闲活动参与特征研究[J]. 中国特殊教育,2009(2):91 – 96.

④ Badia,M.,Orgaz,B. M.,Verdugo,M. A.,Ullán,A. M.,& Martínez,M. M.. Personal factors and perceived barriers to participation in leisure activities for young and adults with developmental disabilities[J]. *Research in Developmental Disabilities*,2011,32(6):2055 – 2063.

响程度最高,而家人不支持和旁人的嘲笑行为这两项因素的影响程度最低。这说明在休闲参与中,残障人士自身和旁人的互动关系(照顾、陪同等)的影响要高于旁人对其参与所持态度的影响。本研究的调研结果与相关部分研究不太一致,如全纳休闲研究中,外界参考群体的态度和社会接纳程度是尤其重要的人际障碍(Devine 和 Dattilo,2001[①];Devine 和 Lashua,2002[②];Buttimer 和 Tierney,2005[③])。但亦有研究表明,家庭成员的投入度和专业辅助人员的水平会产生重要影响(Heller,2002[④])。本研究的结果在一定程度上反映出我国特有的文化背景和社会对残障人士的态度。相对来讲,家庭成员和朋友的陪同支持需建立在良好的社会经济基础之上,但就现状而言,我国残障人士总体经济状况低于主流群体,其家人和朋友有条件——即足够的时间和精力陪同残障人士参与休闲活动的可能性较低。从社会氛围来看,我国主流群体对待弱者的态度往往是同情多于平等相待,过度保护恰恰说明外界对残障人士的了解不够深入,对其正常参与社会活动还未抱以适当的支持。

四是结构制约中,活动费用、项目的专业性影响程度高于交通和设施因素。调研结果发现,费用太高、没有专业人员指导和辅助以及没有合适的活动项目($M=2.872, SD=1.157$)三项因素的影响程度最高,而没有合适的无障碍交通方式($M=2.545$)、在家提供专门设施很困难($M=2.698, SD=1.219$)以及周边社区缺乏无障碍设施($M=2.733, SD=1.225$)三项因素的影响程度最低。这说明制约残障人士参与休闲活动的结构因素更多与活动本身的费用和参与方式有关,而无障碍设施

①　Devine, M. A. & Datillo, J.. Social acceptance and leisure lifestyles of people with disabilities[J]. *Therapeutic Recreation Journal*, 2001, 34(4):306 – 322.

②　Devine, M. A. ,& Lashua, B.. Constructing social acceptance in inclusive leisure contexts: The role of individuals with disabilities[J]. *Therapeutic Recreation Journal*, 2002, 36(1):65 – 83.

③　Buttimer, J. ,& Tierney, E.. Patterns of leisure participation among adolescents with a mild intellectual disability[J]. *Journal of Intellectual Disabilities*, 2005, 9(1):25 – 42.

④　Heller, T.. Residential settings and outcomes for individuals with intellectual disabilities [J]. *Current Opinion in Psychiatry*, 2002, 15(5):503 – 508.

的影响反而居其次。但无障碍交通方式缺乏的影响程度几乎与人际制约中影响程度最高的因素(旁人过度照顾和保护)持平,可见残障人士总体而言还是较多受到费用、时间、活动项目等结构性因素的影响。在休闲活动参与状况调研结果中,对于需要良好身体状况和较高花费的极限运动的参与状况较差,而制约因素调查发现自身残障程度和休闲费用两项得分偏高,正说明残障人士受其身体条件和经济条件限制。从既有研究来看,全纳休闲研究更多聚焦于人际制约和结构制约,其他与残障人士相关的研究较少探讨一般的内在制约因素对残障人士的影响,国内相关研究则更多偏向无障碍环境,亦即结构制约问题。本研究的结果与既有研究结果基本一致。Schleien 等(1996)学者在全纳休闲研究中对各类结构性因素做过影响程度排序,服务机构的员工制约(专业技能与参与度)、交通辅助、建筑障碍和休闲活动项目不适宜等因素的影响程度最大[①]。本研究的数据则同样反映出,没有专业人员指导和辅助,以及没有合适的活动项目的影响程度高居前列,而在我国社会经济背景下,活动费用太高则成为最大的影响因素。

---

① Schleien, S., Germ, P., & McAvoy, L.. Inclusive community leisure services: Recommended professional practices and barriers encountered [J]. *Therapeutic Recreation Journal*, 1996, 30 (4): 260 – 273.

# 4　理论模型:休闲参与与社会融入

本章将在第三章对残障人士休闲活动参与的现状与制约因素特征分析的基础上,根据残障人士这一休闲主体的特征,界定休闲参与、社会融入和心理距离的内涵,并提出休闲参与与社会融入关系的概念模型和相应的研究假设。

## 4.1　概念界定

### 4.1.1　休闲参与:行为参与与情感涉入

就理论基础而言,基于文献综述中休闲参与理论可知,休闲参与的研究视角主要包括时间视角和体验视角,前者强调活动的参与频率,后者则强调过程的体验感知。由休闲参与理论模式研究(参见2.2.2)则发现,Nash(1953)的道德层次参与模式、Kelly(1999)的生命历程和核心平衡模式,以及高俊雄(2002)的特质—环境—参与—满意度模式尽管对休闲参与模式提出了不同的理论视角和归纳方法,但是三者均在休闲参与概念的落脚点上强调了休闲品质和生活质量的提升。基于综述的休闲涉入理论研究亦发现,休闲涉入的内涵反映的是主体参与休闲活动时的心理态度,既包括行动涉入也有社会心理涉入,其落脚点同样是获得更好的休闲体验。

就现实状况来看,由相关实证研究及本研究前期调研可见,残障人士这一特殊群体在现实行为层面参与休闲活动的程度普遍较低,并受到诸多制约因素的影响,尤其在我国现有社会经济背景下,要为残障人士提供西方发达国家全纳式的休闲项目和环境还需长远的实践。然而,并非因为没有环境或受到残障等条件的限制,就将该群体的休闲生活排除在外。对残障人士而言,行动上可实际参与的休闲活动比非残障人士的选择范围更小,但残障人士可选择对某些休闲方式从态度上予以关注,如收集相关信息,或与亲友谈论等,因而对其休闲参与的研究应纳入态度、情绪、体验等方面的涉入感知,才能更全面准确地反映残障人士的休闲参与状况。

因此,综合休闲参与的理论研究与残障人士这一特殊群体的现实状况,本研究将休闲参与定义为个体休闲行为的综合反映,既包括休闲主体外在的行动状态,亦包括其内在的心理体验和涉入感知。

从研究维度来看,休闲参与理论视角下,一般强调的是对休闲行为的频率与时间测量;休闲涉入理论视角下,则通常以吸引力、中心性、自我表现、重要性、愉悦价值、风险可能性等维度来衡量社会心理涉入状态,而以时间投入、费用投入、装备专业性、活动参与技巧等指标来考察行为涉入程度。基于本研究对休闲参与的定义,将综合休闲参与理论和休闲涉入理论对休闲行为的考察,将休闲主体外在的行动状态归纳为行为参与维度,将其内在的心理体验和涉入感知归纳为情感涉入维度。行为参与是指休闲主体对实际参与特定休闲活动的频率、时长和投入费用的状态感知,情感涉入则主要借鉴休闲涉入理论中的吸引力、中心性和自我表现三类维度,将其综合概括为休闲主体对特定休闲活动在生活中的重要性、愉悦性感知,以及对主体自身的个性所能表达的程度感知。

## 4.1.2　社会融入:经济融入与行为适应

（1）社会融入的内涵

由文献综述可知,社会融入研究在学术上主要基于社会排斥、社会融合和移民融入三类视角,在研究维度上呈现多视角、多维度的特征,在实证研究中则较多偏重移民或流动人口等群体。Alock(2006)提出,在社会融入过程中,一方面,社会融入与排斥主要受到社会环境和社会权力结构对人们生活机会的影响,涉及就业机会、教育提供、社会保障体系和其他社会结构特征;另一方面,也需强调个人如何选择生活机会和社会关系,以及个人在自己的生活水平与社会关系管理中的责任[①]。大多数社会科学家认为,生活机会与社会关系是结构与行动的互动结果,减少社会排斥和促进融入,应重视结构和行动的平衡,既需要政策行动来改变结构因素,也要强调社会文化的改变和行动主体的参与[②]。就残障人士这一群体而言,其社会融入尽管不同于移民群体面临的文化跨越,但由于社会刻板印象和环境限制,事实上既需要外在制度、政策、资源等条件支持,亦需要社会氛围的营造和社会观念的改变,同时还需要主体自身选择适当的途径与社会发生互动,从行动和心理层面实现融入。因此,基于相关理论视角和研究目的,本研究将社会融入定义为融入主体在外在生活环境中拥有社会生活的平等权利,共享公共资源;在个体行动层面与其他社会成员在具体的政治、经济、日常生活和价值观等方面消除隔阂,平等而自然地共处。

(2)社会融入的维度

从研究维度上,国内外部分学者在上述不同视角下考量了融入的不同层面,并提出相应的解释维度和衡量指标。

由伦敦大学学院(University College London,UCL)、英国财政研究所(Institute for Fiscal Studies,IFS)、英国社会研究中心(National Centre for Social Research)和曼彻斯特大学(University of Manchester)四大机构联合发起的英国老龄化纵向研究(ELSA)中,Barnes 等(2006)、Kneale(2012)在研究老年群体的社会融入与排斥时提出了后来在社会融入研究中广泛应用的研究维度和相应的衡量体系,如表 4 - 1 所示;此外,Levitas 等(2007)在研究社会排斥的多元维度时,曾提出从资源、参与和生活质量三方面考察社会排斥的情形,如表 4 - 2 所示。上述研究结论在一定程度上可供反向考察社会融入的界定。

---

① Alcock,P. *Understanding Poverty*[M]. Palgrave Macmillan Limited,2006.

② 刘建娥. 乡—城移民(农民工)社会融入的实证研究——基于五大城市的调查[J]. 人口研究,2010,34(4):62 - 75.

表4-1　Barnes 等(2006)社会排斥维度研究

| 维度 | 内涵 | 衡量指标 |
|---|---|---|
| 社会关系排斥 | 与家人和朋友联系频率及密切程度受到排斥 | 配偶、子女、朋友情况;同伴、子女、家人、朋友关系及联系频率 |
| 文化活动排斥 | 被排斥于必须离开家庭参与的文化活动之外 | 去电影院、艺术馆、博物馆、剧院、音乐会、歌剧、外出聚餐、一日游等活动的频率 |
| 公共活动排斥 | 被排斥于利于健康的公民社会的活动之外 | 参与政党、贸易联盟、环境组织、租户群体、居民群体、邻居看护、教堂或其他宗教组织、慈善协会、志愿活动、公民行动、选举等活动的情况 |
| 基础服务排斥 | 被排斥于与生活质量密切相关的基础服务之外 | 享用银行、现金兑换点、邮局、手足病诊疗师、牙医、全科医师、医院、配镜师、本地商铺、购物中心、超市等资源的难易度 |
| 邻里排斥 | 对于居所环境以及需要依赖邻里生活的感知 | 被排斥感、孤独感、对他人的信任感、对天黑后单独出行的恐惧感、他人的友善程度、他人对待自己的公平程度、陷入困难后他人会帮助自己的可能性 |
| 财务产品排斥 | 如何管理财务、获取财务信息和使用理财产品 | 现金账户、储蓄账户、免税账户、有奖债券、国民储蓄账户、股票或股权、投资、人寿保险等财务持有或管理状况 |
| 物资排斥 | 拥有普通生活消费品的情况 | 电视机、录像机、冰箱、洗衣机、微波炉、中央加热设备等物资的拥有情况 |

资料来源:Barnes, M., Blom, A., Cox, K., Lessof, C. & Walker, A. The Social Exclusion of Older People:Evidence from the first wave of the English Longitudinal Study of Ageing(ELSA)[R]. Office of the Deputy Prime Minister,2006:15-17; 64-83.

表 4 – 2  Levitas 等（2007）社会排斥维度研究

| 层面 | 内涵 | 维度 | 衡量指标 |
|---|---|---|---|
| 资源 | 被排斥群体在各类社会资源、权利、物品和服务方面的可获得性 | 物资/经济资源 | 收入、必需品拥有状况、房屋所有权、其他资产和储蓄、债务、主观贫困感知 |
| | | 公共和私人服务的可获得性 | 公共服务、基础设施、交通、私人服务、金融服务的可获得性（包括银行账户） |
| | | 社会资源 | 家庭制度化/隔离、社会支持、和家人/朋友/同事的联络频率和质量 |
| 参与 | 被排斥群体在经济、社会、文化和政治生活中的参与状况 | 经济参与 | 有报酬的工作、提供无报酬工作的关怀、承担无报酬工作、工作生活特征、工作生活质量 |
| | | 社会参与 | 普通社会生活参与、社会角色 |
| | | 文化、教育和技能 | 基本技能（如语言）、教育素养、教育资源的可获得性、文化休闲活动、网络可获得性 |
| | | 政治和公民参与 | 公民地位、选举权、政治参与、公民身份效用、公民参与和志愿活动 |
| 生活质量 | 被排斥群体的健康、生活环境和安全状况 | 健康 | 身体健康和锻炼、精神健康、残障、生活满意度、个人发展、自尊、对待耻辱的脆弱性、自我伤害和物质滥用 |
| | | 生活环境 | 居住质量、无家可归、邻里安全、邻里满意度、公共空间的可获得性 |
| | | 犯罪、伤害和定罪 | 客观安全性/骚扰程度、主观安全性（犯罪恐惧感知）、遭恐吓或骚扰可能性、歧视、犯罪记录、反社会行为、监禁情况 |

资料来源：Levitas, R., Pantazis, C., Fahmy, E., Gordon, D., Lloyd, E. & Patsios, D.. The Multi-dimensional analysis of social exclusion[R]. Department of Sociology and School for Social Policy Townsend Centre for the International Study of Poverty and Bristol Institute for Public Affairs University of Bristol, 2007:86 – 95.

国内社会融入维度研究中，杨菊华（2010）针对流动人口融入所提出的指标体系相对完善,如表 4 - 3 所示,其中某些维度及部分指标可供借鉴。

表 4 - 3　杨菊华(2010)社会融入维度研究

| 维度 | 内涵 | 衡量指标 | 具体变量 |
|---|---|---|---|
| 经济整合(显性客观) | 流动人口在流入地经济结构中面临的挑战及在劳动就业、职业声望、工作条件、经济收入、社会福利、居住环境、教育培训等方面的融入状况,是个体经济地位的综合反映 | 就业机会 | 现况、渠道、工作保障 |
| | | 职业声望 | 类型、层次、转换、升迁机会 |
| | | 工作环境 | 每周工作天数、小时、条件、强度 |
| | | 收入水平 | 收入水平、工资发放状况 |
| | | 社会保障 | 三险一金、劳动合同 |
| | | 居住环境 | 地点、条件、面积、费用、交通 |
| | | 教育培训 | 教育、培训 |
| 行为适应(显性客观) | 流动者不仅理念上认同,而且行为上按照流入地认可的规矩和习俗办事,实践流入地认同的行为规范,言行举止向当地人靠拢 | 人际交往 | 交往对象、频度、模式、范围 |
| | | 生活习惯 | 消费习惯、言行举止、闲暇生活、失范 |
| | | 婚育行为 | 初婚年龄、初育年龄、婚配对象;通婚范围、生育数量、子女的性别选择 |
| | | 人文举止 | 鼓励子女与城市孩子交往、送子女到非打工子弟学校、关注子女的卫生保健、大力投资子女的教育发展 |
| | | 社区参与 | 参与社区居民活动、与邻居交往、单位职工代表大会、工会、选举、城市管理 |
| 文化接纳(隐性主观) | 流动者对流入地文化、风土人情、社会理念的了解和认可程度 | 价值观念 | 饮食、服饰、婚育、丧葬、节庆、娱乐、礼节、禁忌、健康 |
| | | 人文理念 | 对子女教育的认识、态度、期望 |

| 维度 | 内涵 | 衡量指标 | 具体变量 |
|------|------|---------|---------|
| 身份认同(隐性主观) | 流动者与本地人及家乡人之间的心理距离、归属感及对自己是谁、从何处来、将去往何处的思考及认知 | 心理距离 | 与目的地人群、与家乡人群的心理距离 |
| | | 身份认同 | 城里人、农村人、农民工 |

资料来源:杨菊华.流动人口在流入地社会融入的指标体系——基于社会融入理论的进一步研究[J].人口与经济,2010(2):64-70.

此外,张文宏和雷开春(2008)在白领新移民研究中提出了文化、心理、身份和经济四个融合维度,并采用了职业稳定程度、本地语言掌握程度、熟悉本地风俗程度、接受本地价值观程度、亲属相伴人数、身份认同程度、添置房产意愿、拥有户口情况、社会满意度、职业满意度和住房满意度11个指标来进行测量。综合上述研究可见,杨菊华等国内学者的研究,衡量指标更符合中国本土实际情况,但由于针对的融入主体是流动人口和移民,因此有部分关于人文价值、身份认同等方面的指标侧重反映移民所面临的问题;Barnes等和Levitas等国外学者的指标体系由于从排斥视角出发,其衡量指标尤其侧重社会资源和社会支持的状况。本研究中的融入主体是残障人士,其融入障碍既不同于移民,也不同于老人或其他城市被排斥群体。Oliver(1996)曾提出残障的社会模型,认为残障的过程可从两个方面考量:一是个体由于疾病、事故出现身体损伤或生理、心理系统失调,导致个体生活功能受限制而产生残障;二是由于社会结构障碍或缺乏外在环境支持,上述个体由于受制于生活功能而无法顺利扮演各种社会角色,进而影响到个体参与社会而产生残障(许巧仙,2012[①])。基于这一理论分析,残障人士个体的、内

---

① 许巧仙.社会包容视角下残疾人社会融入的困境与出路[J].学海,2012(6):61-65.

部的生理或心理障碍与老年群体更为接近,是因身体状况、疾病而产生并导致的;而外部资源(如职业、教育、居住等)的支持和共享障碍则与移民或其他城市被排斥群体更为接近,是因身份、歧视、排斥而导致的。

(3)全纳休闲研究中的社会融入维度

在社会融入语境下,休闲主体是研究者的首要议题。主体的多样性不仅局限在与种族和民族有关的文化差异带来的多样性,而是指因具备某些刻板印象式的特征而被剥夺某种权利、弱势的、服务不周乃至被歧视的任何群体①。在休闲与游憩资源的享有方面,受教育水平较低者、儿童、残障人士、老年人、女性、流浪者、高危青少年、同性恋者、失业者、外来移民、少数民族等群体都有可能因为身份、文化、经济等方面缺乏认同而被排斥在正常的休闲与游憩活动之外。

结合休闲活动对社会融入的影响,来自北美的 Donnelly 和 Coakley(2002)两位学者对社会融入的核心观点进行了归纳。他们认为社会融入应当从如下五个维度进行审视:尊重与认同(正视并尊重不同个体与群体的年龄、性别、文化背景和健康状况的差异)、重视人的发展(培养和帮助儿童与成年人发展各项技能,提高生活质量并实现个体价值)、参与并融入社会生活(个体、家庭与社区有权且有必要获得支持来决策自己的生活并融入社会)、共享社会空间与资源(为公众提供增进交流的机会,缩短社会距离)、物质充足(为儿童和父母共同参与完整的社区生活提供丰富的资源)②。

基于上述特征,并结合国内外学者的观点,本研究将社会融入的维度归纳为经济融入和行为适应两个方面。其中,经济融入是指残障人士在居住环境、劳动就业、职业声望、经济收入、社会福利、教育培训等方面以居住地非残障人士(普通居民)为参照对象的融入状况;行为适应是指残障人士在行为上能够按照居住地认可的规矩和习俗办事,行

---

① Henderson, Karla A. Diversity, Differences and Leisure Services[J]. *Parks & Recreation.* 1997,32(11):24-31.

② Donnelly, P. & Coakley, J.. *The role of recreation in promoting social inclusion(Perspectives on social inclusion)*[M]. The Laidlaw Foundation's Working Paper Series,2002.

为规范与非残障群体没有本质差异,主要包括在人际交往、社会网络、生活习惯、社区参与等方面的行为融入状况。

## 4.2　休闲参与与社会融入关系模型构建

　　基于上述研究变量的内涵及维度界定,本研究提出休闲参与与社会融入之间总体关系的概念模型,如图4-1所示。该模型包含休闲参与(行为参与和情感涉入)、社会融入(经济融入、行为适应和心理距离),共五个潜变量,体现出的研究关系包括:休闲参与通过行为参与和情感涉入两个维度对社会融入的心理距离的影响关系;心理距离对经济融入和行为适应两个维度的影响关系,亦即心理距离在休闲参与和社会融入之间的中介效应;不同活动类型对休闲参与与社会融入关系的调节效应。

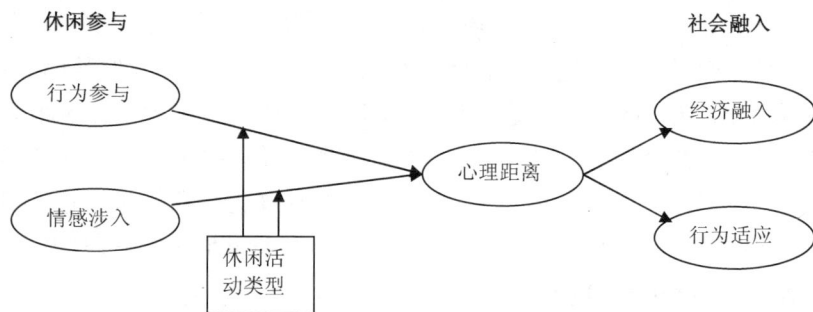

图4-1　休闲参与与社会融入关系研究模型

## 4.3　残障人士休闲参与与社会融入关系假设

　　本研究将社会融入界定为客观层面的经济融入和行为适应,以及主观层面的心理距离,就三个潜变量与休闲参与的关系来看,休闲参与对其所能起到的影响作用具备差异性,在休闲参与语境下,参与的效益首先直接体现在对个体身心状况的改善,进而体现在对个体人际关系的改善和其他环境条件的改善,同时还体现在提升残障人士的生活品质和幸福感等方面。身心状况和人际关系的改善首要影响的是缩短残障人士与外界的心理距离,通过促进其内在积极性、对环境的归属感和人际信任感知,再进一步影响到行为适应和经济融入。

### 4.3.1 休闲参与与社会融入的关系分析

(1)休闲参与对社会融入的促进作用

从休闲参与的效益范畴来看,虽然学者对于参与休闲活动所能获取的效益有不同见解,但基本包括了生理效益、心理效益、社交效益、环境效益等。这些效益有利于促进个体的社会融入。

一方面,休闲活动参与有利于身心健康,这为残障人士的社会融入提供了良好的内在条件。首先从生理效益来看,既包括休闲活动参与能维持体能健康、消除疲惫并获得休息、纾解压力和恢复精力等放松型效益(Brown,1994),也包括促进身体机能、利于心血管健康、改善体能、增加基础代谢率、控制肥胖或心血管疾病、心理与生理康复以及降低疾病概率等功能型效益(Bright,2000)。总体而言,休闲活动能在生理上使参与者的日常生活充满精力,对残障人士来说,从本研究前期对残障人士休闲制约因素的调研发现,内在制约当中的残障程度、身体健康状况、缺乏参加活动的技能等因素较高程度地影响其休闲生活,因此休闲活动参与首要的效益其实是为残障人士以积极的态度参与社会生活带来身体条件的改善,奠定其健康基础。

其次是心理效益,主要指提升自我认同、获得成就感、充实自我、实现自我价值、获得肯定与认同等内在心理状态的改变。Bammel 和Burrus-Bammel(1982)较早提出了个体能通过参与休闲活动获得肯定与认同的机会、有形或无形经验、成就感和恢复心态[①]。Stebbins(1997)在对深度休闲的研究中归纳出五项深层心理效益包括自我充实(personal enrichment)、自我实现(self-actualization)、增强自我表现(self-

---

① Bammel, G., & Burrus-Bammel, L. L. . *Leisure and Human Behavior* [ M ]; Dubuque, IA: Wm. C. Brown. ;1982.

expression)、提升自我形象(self-image)和自我满足(self-gratification)①。大量休闲效益研究均证实了休闲活动对于个体的认同、成就感、价值实现等方面的心理效益。对残障人士来说,缺乏自信心、自我认同感是阻碍其参与社会生活的重要原因,休闲活动恰恰能够凭借其特有的放松、愉快的方式,让残障人士在身体得到改善的同时,释放其被社会和自我所束缚的内心,让其获得心灵的愉悦、感知自我价值。因此休闲参与有助于残障人士从主观上对外界环境和他人抱以积极的心态,主动融入和信任。

另一方面,休闲活动有利于改善人际关系和社会氛围,为残障人士的社会融入创造良好的外在条件。首先是休闲参与的社交效益,主要指休闲主体在参与休闲活动过程中,通过与家人朋友及共同参与者的相聚和互动,在家庭和谐、社会凝聚和社会服务等层面②增进人际关系、促进社会稳定、改善人与环境的关系。家庭和谐方面,休闲活动能培养感情、增进个体与家人及朋友间的情谊③,休闲与家庭结合相得益彰,能促进家庭凝聚力与亲密感④;社会凝聚方面,休闲活动能增进人际关系及社会支持⑤,有助于满足个体融入社会的需求,促进社会融合⑥,增进友谊,提升生活幸福感和社会信任;社会服务方面,Thompson Ⅲ 等

① Stebbins,R. A.. Identity and cultural tourism[J]. *Annals of Tourism Research*,1997,24(2):450 –452.

② 刘虹伶.深度休闲者之休闲效益[J].大专体育,2005(6):116 –122.

③ Bammel,G.,& Burrus-Bammel,L. L.. *Leisure and Human Behavior*[M];Dubuque,IA:Wm. C. Brown.;1982.

④ Kelly,J. R.. Family leisure in three communities[J]. *Journal of Leisure Research*,1978,10(1):47 –60.

⑤ Seppo E. Iso-Ahola,& Chun J. Park. Leisure-Related Social Support and Self-Determination as Buffers of Stress-Illness Relationship[J]. *Journal of Leisure Research*,1996,28(3):169 –187.

⑥ Hsieh, Shwu-Ching; Spaulding, Angela; Riney, Mark. A Qualitative Look at Leisure Benefits for Taiwanese Nursing Students[J]. *The Qualitative Report*,2004,9(4):604 –629.

（1993）①、刘虹伶（2003）②的研究均表明，参与志愿服务的休闲者个体出发点不是为了个人兴趣，而是为了服务他人。对残障人士来说，缺乏社交活动、人际关系受局限和有排斥感的社会氛围是影响其参与社会生活的又一重要制约，因而休闲参与的社交效益对其社会融入有着更为特殊的意义。残障人士长期参与休闲活动，一方面有助于促进康复及其身体、社会互动和心智方面的成长，促进其社会行为发展和社会化，拓展生活经验，减轻残障程度对身心和社交的影响，满足其与他人共享普通人生活的欲望与需求（Kraus，1990③；Karn，1990④）；另一方面，因为休闲参与的互动性，使得共同参与者或观察者，如社区居民或同时休闲的非残障人士加深了对他们的了解（张淑娟，1995⑤），进而更多接纳其共同参与，并以互动的方式促进融入。

（2）全纳休闲参与对社会融入的促进作用

在全纳休闲研究中，休闲与游憩活动在残障人士社会融入过程中的作用和影响，残障人士通过休闲活动实现的社会接纳与心理认同，是研究者在全纳休闲主体研究范畴中的核心议题之一。

全纳休闲活动参与的效益和价值评估与全纳休闲概念的研究保持同步。一方面，休闲活动主体自身在参与中获得的效益得到了特别的关注。多样化的主体研究成果表明了全纳休闲活动参与的社会、情感、身体和认知等方面的效益。针对残障人士而言，则尤其发现休闲体验在促进个体自主决策、发展友谊、为练习学习技能提供机会等方面的价值，全纳休闲环境能够帮助其构筑重要的生活技能（如与年龄相符的社会技能），还能促进身体机能（如心血管耐力等）。Schleien、Hornfeldt 和

①　Thompson Ⅲ, Alexander M. , Bono, Barbara A. . Work without wages: The motivation for volunteer firefighters[J]. *American Journal of Economics and Sociology*, 1993, 52(3):323 – 343.

②　刘虹伶. 深度休闲者之休闲效益[J]. 大专体育, 2005(6):116 – 122.

③　Kraus, R. *Recreation and leisure in modern society* (4th ed. )[M]. Englewood Cliffs, NJ: Prentice Hall, 1990.

④　Karn, P. A. . Social development of handicapped and non-handicapped children in an integrated program[R]. *Dissertation Abstracts International*, 1989, 50/90B.

⑤　张淑娟. 成年智障者社会生活技能训练[J]. 特教园丁, 1995, 10(4):15 – 16.

McAvoy(1994)较早提出,"全纳"的前提在于限制最少的融合式环境,让残障和非残障人士都能在其中体验到休闲活动参与带来的身体、认知、情感和社交方面的积极影响①;Tripp 等(1995)提出通过全纳环境下的社会接触,残障人士能有机会证明他们有价值的能力和个性,从而赢得社会接纳②;Devine 和 Dattilo(2001)的研究证实感知到了社会接纳的残障人士在休闲体验中满意度更高③;Devine 和 Lashua(2002)④的研究表明,残障人士通过全纳休闲参与能够以慎重而巧妙的行动来赢得同伴的认同,继而具有前瞻性地积累了社会接纳的要素。

另一方面,关于全纳休闲环境下残障与非残障群体的相互认知和接纳的研究也积累了相当丰富的成果。全纳休闲与一般休闲活动效益相比,还有一项特殊的效益在于,全纳环境下的各种场所,能够消除外界对残障人士的身心局限的刻板印象。首先,非残障人士在与残障人士有过共同的休闲经历之后,对残障人士能表达出更为积极的印象。在早期的全纳游憩项目实践中,家长、参与者和项目员工都曾担心,让非残障青少年参与全纳游憩活动会因为残障人士的共同参与而产生消极影响,而各项研究都表明了这一观点是缺乏依据的(Robert,2005⑤)。其次,残障与非残障人士共同参与全纳休闲项目能够增进沟通,双方都

① Schleien, S., Hornfeldt, D., & McAvoy, L.. Integration and environmental/outdoor education:The impact of integrating students with severe developmental disabilities on the academic performance of peers without disabilities[J]. *Therapeutic Recreation Journal*,1994,28(1):25–34.

② Tripp, A., French, R., & Sherrill, C.. Contact theory and attitudes of children in physical education programs toward peers with disabilities[J]. *Adapted Physical Activity Quarterly*,1995,12(4),323–332.

③ Devine, M. A. & Datillo, J.. Social acceptance and leisure lifestyles of people with disabilities[J]. *Therapeutic Recreation Journal*,2001,34(4),306–322.

④ Devine, M. A., & Lashua, B.. Constructing social acceptance in inclusive leisure contexts:The role of individuals with disabilities[J]. *Therapeutic Recreation Journal*,2002,36(1),65–83.

⑤ Roberts, R.. Boundaries need not apply[J]. *Parks and Recreation*,2005,40(8):49–52.

能提高体适能和社交技能(Schleien,1994①),如 Obrusnikova,Valkova 和 Block(2003)在一项全纳体育课研究中发现,有使用轮椅的学生一起上课的班级,和没有肢体残障学生的班级相比,在运动技能或知识获取方面并没有明显差异②。最后,残障人士和非残障人士共同参加休闲活动,能更有机会发展不少解决问题的技能,同时能促进双方对各自异同的相互接纳和欣赏(Devine,2006)③,如 Eleftheriou(2005)研究证实了非残障的高尔夫球参与者乐意参加无障碍课程,也非常愿意和有残障的朋友一起打球④。

上述研究及全纳休闲研究中休闲活动增进社会接纳的观点充分表明,休闲活动有助于为残障人士社会融入创造良好的人际环境,一方面让残障人士自身主动融入社会关系,另一方面则改善外界对残障人士的认知和刻板印象,进而为其社会融入提供有益的氛围。

(3)休闲参与其他效益的社会融入指向

首先,休闲活动的经济与环境效益能从外部环境层面为残障人士的社会融入提供更为完善的资源条件。经济方面,大量从产业和经济视角出发的休闲研究都证实了休闲活动的经济效益。就宏观而言,《时代》杂志与权威人士均预测,新技术和其他趋势能让人把生命中50%的时间用于休闲,休闲与游憩、旅游业将成为下一个经济大潮席卷全球⑤。就微观而言,设计优良、风景优美的公园、绿地、海滩等自然景观或博物馆、图书馆、剧场、休闲购物中心等场所都将成为本地居民和投资者的

---

①  Schleien, S., Hornfeldt, D., & McAvoy, L.. Integration and environmental/outdoor education:The impact of integrating students with severe developmental disabilities on the academic performance of peers without disabilities[J]. *Therapeutic Recreation Journal*,1994,28(1):25 – 34.

②  Obrusnikova,I., Valkova, H., & Block. M.. Impact of inclusion in general physical education on students without disabilities[J]. *Adapted Physical Activity Quarterly*,2003,20(3):230 – 245.

③  Devine, M. A., King, B. Research Update:The Inclusion Landscape[J]. *Parks & Recreation*,2006,41(5):22 – 25.

④  Eleftheriou,T.. Hole new world[J]. *Parks & Recreation*,2005,40(5):49 – 52.

⑤  马惠娣. 休闲产业的历史、现状与未来——兼及社会生产力发展的新规律[N]. 中国休闲网,2005.5.12. http://www.chineseleisure.org/200506 – 24/xiuxianchanye.html

吸引物①,在吸引资金、劳动力、带动当地就业和经济发展或复苏等方面起到举足轻重的作用②。环境方面,如公园、景区等休闲场所最重要的贡献就是保护社区环境健康,公众对场所环境保护的投入则是环境效益的可持续性,体现为社区环境增值和为公众提供更多更优质的绿地和休闲机会,这也是改善环境的趋势所在③。在前期休闲制约调研及相关研究中发现,对残障人士而言,结构制约仍然是影响其休闲参与的主要障碍,基础设施、交通状况、休闲机构、环境和项目等都是重要的影响因素,而在一般社会生活中,残障人士的出行、参与公共活动等同样在很大程度上会受到环境条件的限制,而休闲产业与休闲经济的发展无疑能够加速环境条件的改善,为其社会融入在经济融入层面提供更丰富的公共资源基础。

基于上述分析,本研究认为残障人士的休闲参与能够对其社会融入产生积极影响,拟提出研究假设如下:

H1:残障人士休闲参与正向影响社会融入。

(4)不同维度的休闲参与对社会融入的影响差异

本研究将休闲参与的衡量维度界定为行为参与和情感涉入。前者指休闲活动参与的频率、时长和投入费用的状态,反映的是实际参与活动的状况即客观行为参与程度;后者指休闲主体对休闲活动在生活中的重要性、愉悦性及自我表现的感知,反映的是主体对某种休闲活动的态度和实际参与之外的关注程度和体验感知,即主观情感的参与程度。而社会融入的衡量维度包括了经济融入和行为适应,反映的是公共资源的享有状态即客观生活的融入程度,行为规范与主流的适应状态即社会关系融入程度。总体来看,参与和融入的衡量涉及了从客观到主

---

① Kraus, R., Barber E., & Shapiro I.. Leisure Services: Career Perspectives [R]. Champaign, Illinois: Sagamore Publishing Inc., 2001:10.

② Robertson, J., & Fennell J.. The economic effects of regional shopping centres[J]. *Journal of Retail and Leisure Property*, 2007, 6(2):149 – 170.

③ Davenport, J., Switalski, T. A.. Environmental impacts of transport, related to tourism and leisure activities[J]. *Environmental Pollution*, 2006, 10(6):333 – 360.

观的不同层面，而行为参与与情感涉入对社会融入的影响是否存在差异，本研究将进一步开展分析和假设。

就休闲参与与经济融入的关系来看，经济融入强调残障人士在基本生活中对居住、就业、教育、公共生活机构等资源的享有状况，残障人士对上述资源享有的感知度越高，经济融入程度越高，反之则越低。由于行为参与强调客观参与的状况，而客观实际参与的行为意味着休闲主体会实际使用各类休闲设施和资源，居家消遣类活动的参与状况与家庭环境和条件有着密切联系，居家以外的活动的参与状况则与各类公共设施、公共环境和资源有关，如交通工具、公园等。对休闲主体来说，行为参与的程度越高，亦即参与频率越高、参与时长越长和参与投入的费用越高，一定意义上反映出对公共资源的享有程度越高。而情感涉入反映的则是主观参与程度。相对来说，情感的涉入和关注并非在所有情况下都意味着通过实际行动的投入才能获得重要性、愉悦价值等方面的感知。尤其对残障人士而言，在某些特定的休闲活动中，主体会因自身的残障情况而无法实际参与，但可以保持态度上的关注，如进行信息收集或与家人朋友的沟通等，同样可获得该项活动的吸引力、中心性和自我表现感知，因此这一层面的参与程度无法在广泛和普遍情况下与实际行为参与相关联，也就意味着残障人士可以以情感涉入的方式深度参与某些休闲活动。因此，延伸到对经济融入维度的影响，就残障人士这一群体而言，情感涉入产生影响的可能性更高。

就休闲参与与行为适应的关系来看，行为适应强调的是残障人士的日常生活方式、习惯及行为规范与主流群体相比较的差异性，差异越大，行为适应程度越低，反之越高。社会学意义上的行为适应指个体或群体行为符合其所归属的群体或社会文化所公认的规范或标准行为，并与社会文化传统、社会化程度及群体判断有密切关系；在心理学研究中，适应是个体为满足心理需求与环境维持的和谐关系（Bruno，

1977①)。本研究中的行为适应既对社会学意义的个体行为符合规范，也对心理学意义的满足个体需求有所反映，而心理学视角下行为适应更多取决于个体的态度，包含了认知、情感和行为意向的状态。就休闲参与的影响而言，行为参与所强调的实际行动投入，更能从社会层面来增加残障人士行为符合群体规范的可能性，行动投入程度越高，才能越符合社会规范并被予以认同；但情感涉入则会更多影响到残障人士本身的态度，进而能从主观上进一步推动自身对行为适应的认知和行为的意向，情感涉入程度越高，越能从主观上意识到参与休闲活动时注重与他人的交往规范和相互的认同感，进而更深入地影响其行为适应。

基于上述分析，本研究认为残障人士不同维度的休闲参与对社会融入产生不同影响，拟提出研究假设如下：

H2：行为参与和情感涉入对社会融入的影响存在差异，行为参与对社会融入的影响低于情感涉入。

### 4.3.2 休闲参与对社会融入的影响机理：心理距离的中介作用

心理学视角下的心理距离指以自我为中心，参照零点为此时此地自己的直接经验，主要的四个距离维度指空间距离、时间距离、社会距离和假设性概率。本研究的心理距离属于社会距离，反映个体与社会客体之间的亲疏或明确性程度（Trope 和 Liberman，2010②）。这种亲疏程度直接反映社会融入程度。社会距离强调心理上的主观隔离状态，使个体自觉意识到自身与其他群体之间的区别和隔离。郭星华（2004）等人认为，社会距离存在于行动者的心理空间中，即如果 A 对 B 的社会距离越大，意味着 A 融入 B 的愿望越弱，就越不容易融入③。增进社会

① Bruno，E. J.. *Human Adjustment and Personal Growth：Seven path ways*［M］. New York：John Wiley & Sons. 1977.

② Trope，Y.，& Liberman，N.. Construal-level theory of psychological distance［J］. *Psychological Review*，2010，117（2）：440－463.

③ 蒲敏，赵玉芳. 统筹城乡背景中社会距离对新市民社会融入的影响——以满意度为中介的实证研究［J］. 心理学进展，2014（4）：323－331

距离、提高融入度的重要途径之一是需要通过更多的社会生活参与,另一方面则需要身份、价值的相互认同和接纳。

基于上述研究,本研究将心理距离界定为残障人士与非残障人士之间的心理距离感知及后者对主流社会的归属感、受排斥感以及人际信任感的认知,并且反映了主观层面的社会融入状况,人际关系越融洽,归属感和信任感越高,则心理距离越小,反映的社会融入程度越高,反之则越低。

(1)残障人士休闲参与有利于缩短其心理距离

从休闲参与与心理距离的关系来看,行为参与的程度无疑能影响其社会生活参与程度,参与频率、时间和投入都在客观行动上对心理距离奠定了基础条件;情感涉入是对休闲参与的态度反映,涉入程度越高,表明休闲主体对休闲活动的态度和情绪越积极。心理学研究表明,积极情绪条件下主体之间的心理距离更近。在社会融入研究中,融入的最终状态应为价值的认同和接纳,即心理的融入,行动参与和情感涉入分别从客观和主观的层面影响心理距离,进而促进其社会融入。就本研究的对象残障人士而言,首先,这一群体与非残障人士相较,被排斥和边缘化、缺乏社会网络的可能性更高,而残障人士在日常生活中需要道德或经济的维权,缺乏自主决策和自我管理的机会,以及因隔离而造成的被生活束缚的感知也更为明显;其次,休闲参与所带来的生活质量改善和幸福感提升对于残障人士而言,是让其生活得更有尊严也是体现社会文明程度的重要尺度,因此对残障人士来说,这些效益的感知和生活品质的改善意味着心理距离层面的融入程度提升的可能性。

一方面,休闲参与有利于提高残障人士的生活品质和幸福感进而缩短其心理距离。世界卫生组织将生活品质定义为个人生活的文化价值体系中,在生理健康、心理状态、独立制度、社会关系、个人信念及环境等六方面与自己的目标、期望、标准、关心的感受程度;社会心理学家则认为生活质量是衡量个人对婚姻、家庭生活、朋友关系、生活水准、财务和宗教的满意度①。从学术研究来看,美国学者 William 最早于 20 世纪 20 年代开始关注国民生活质量问题,经过近一个世纪的研究和变迁,多数研究者认同生活质量包括生活条件和个人满意度,其评价取决于个人价值观、生活条件和生活满意度三个因素之间的相互作用。在休闲与生活质量关系的实证研究中,部分研究以客观的场所为衡量指标,如休闲设施、休闲资源、休闲环境被认为是影响个体生活质量的重要因素(Blake 等,1975);另一部分研究则以主观的休闲态度、休闲参与度和休闲满意度等作为衡量指标(Dowall 等,1988;Iwasaki,1998)。大部分研究表明,各种休闲活动对不同社会群体的生活质量而言,都存在正向促进作用(宋瑞,2006)②。Diener(1984)将幸福感定义为个体基于正向情感高于负向情感的生活评估,包括了生活质量、工作、生理和心理方面的愉悦感知③。Reich 和 Zautra(1981)最早提出休闲涉入、休闲效益对幸福感的显著正向关系④。Berger 和 McInman(1993)⑤、Hills 和 Argyle(1998)⑥、Spark 等(2003)⑦、Hallab(2006)⑧等研究均发现通过休闲参与带来的休闲效益能增强幸福感。对残障人士而言,生活品质与

① 耿仕荣. 肢体障碍者休闲参与、休闲阻碍与生活质量之研究[D]. 硕士学位论文. 美和技术学院健康照护研究所,2007.

② 宋瑞. 休闲与生活质量关系的量化考察:国外研究进展及启示[J]. 旅游学刊,2006,21(12):48-52.

③ Diener,E.. Subjective well-being[J]. *Psychological Bulletin*,1984,95(3):542-575.

④ Reich,J. W. & Zautra,A.. Life events and personal causation:some relationships with satisfaction and distress[J]. *Journal of Personality and Social Psychology*,1981,41(5):1002-1012.

⑤ Berger,B. C.,& McInman.. Exercise and the quality of life. In R. N. M. Singer,L. K. Murpuh,& Tennant(Eds.). *Handbook of research on sport psychology*[M]. New York:Macmillan Publishing. 1993:729-760.

⑥ Hills,P.,& Argyle,M.. Positive moods derived from leisure and their relationship to happiness and personality[J]. *Personality and Individual Differences*,1998,25(3):523-535.

⑦ Sparks,B.,Bowen,J.,& Klag,S.. Restaurants and the tourist market[J]. *International Journal of Contemporary Hospitality Management*,2003,15(1):6-13.

⑧ Hallab,Z.. Catering to the healthy-living vacationer[J]. *Journal of Vacation Marketing*,2006,12(1):71-91.

幸福感能让其首先从内心改变被排斥、被孤立的感知,在个体态度和情绪上更为积极、主动地体验和融入生活,增强其对环境的归属感和人际信任,缩短其与外界的心理距离。

另一方面,休闲参与在总体上能为残障人士等受到社会排斥的群体提供心理距离层面的融入条件:一是安全的环境。对于被排斥群体而言,休闲活动首先能较好地保证主体与暴力、犯罪等危险环境相对隔离,这在 Barnes,Levitas 等学者提出的社会融入衡量指标体系中均有提及(参见 4.2),亦即主体的安全感知。二是提升或展示技能的机会。这对处于社会或文化边缘的群体尤其重要,休闲活动能使他们的自尊心得到提升,因而更能融入社区并体验到自身的价值,亦即主体的信心感知。三是社会网络。这对于长期处于逆境或遭遇冲突的群体而言尤其重要,休闲活动促使他们与外界建立联系,发展友谊,并能提升其沟通和解决人际冲突的能力,亦即主体与外界拉近心理距离的能力条件。四是道德和经济上的支持。这对于生活中缺乏维权支持的人很重要,休闲活动突破了传统意义上对角色楷模的需求,帮助和指导主体在参与过程中自主决策。五是在活动安排和体验中自主控制。这对于日常生活中缺乏自我管理与控制经验(如智障者)的群体尤为重要,休闲活动为参与者提供了系统性的自主决策和管理的机会,上述两方面都涉及了主体态度的主动性提升。六是对未来的希望。对于生活中感到严重地被束缚、没有什么选择的可能性的人而言,休闲活动能让他们体验到各种不同的选择,继而对生活重新抱有愿景,亦即主体产生归属感和人际信任的前提(Donnelly 和 Coakley,2002 [①])。总体而言,残障人士休闲参与能够产生指向社会融入心理距离维度的休闲效益、生活质量和幸福感的改善,从主观的融入态度、情感、信任感知上奠定社会融入的基础。

(2)心理距离促进经济融入和行为适应,进而促进残障人士的社会

---

① Donnelly,P. & Coakley,J.. *The role of recreation in promoting social inclusion(Perspectives on social inclusion)*[M]. The Laidlaw Foundation's Working Paper Series,2002:8 – 9.

融入

社会融入不是一层不变的单维度概念,而是动态的、渐进式的、多维度的、互动的,经济整合、文化接纳、行为适应、身份认同是社会融入的基本内涵,这些层面虽有一定的层级关系和先后序次,但更重要的是互相依存、互为因果。在移民或流动人口的社会融入研究中,基于融入主体的特点,其社会融入首先面对的是环境问题。他们需要建立新的人际网络和社会资本,而语言、生活习惯等行为层面与主流社会存在明显差异,出现边缘化现象并产生无所归依的心理(Park,1928),因此其融入的路径往往需要从经济层面的资源共享开始,在解决居住、职业、教育等基本问题后逐步实现行为和心理的融入。对移民等主体而言,大多数学者认同心理融入作为社会融入的最高境界,经济、社会和文化、心理融入之间存在线性递进关系①。但是对残障人士这一主体而言,他们面临的隔离和排斥与移民是有差异的,在经济或行为层面受到的排斥并非源于生活和工作环境的巨大变化,而是源于这一群体因自身的残障问题导致的行动不便、能力不足,无法正常生活和工作;心理层面的排斥则同样并非源于文化差异,而是源于个体残障所导致的内在的信心不足,以及外在的社会偏见和刻板印象。因此,对于残障人士的融入而言,在经济、行为和心理层面的融入,应当更加重视各个维度之间的互动。

本研究基于残障人士休闲参与影响背景,将社会融入的内涵界定为客观层面的经济融入和行为适应,而将其主观层面的心理距离作为中介变量,更重视主观维度对客观维度的影响。从主观的心理距离对客观的经济融入和行为适应的影响来看:

首先,心理距离与经济融入的关系。经济融入强调残障人士在基本生活中对居住、就业、教育、公共生活机构等资源的享有状况,残障人士对上述资源享有的感知度越高,经济融入程度越高,反之则越低。残

---

① 杨菊华.从隔离、选择融入到融合:流动人口社会融入问题的理论思考[J].人口研究,2009,Vol.33,No.1:17—29.

障人士在行为参与方面通过客观实际参与的行为能够直接促进其对环境和同伴的距离感知，而情感涉入方面则通过对休闲活动的重要性、价值愉悦的感知促进自信心和人际联系，进而共同影响到对公共环境和资源共享的主动性和积极性。

其次，心理距离与行为适应的关系。行为适应强调的是残障人士的日常生活方式、习惯及行为规范与主流群体相比较的差异性，差异越大，行为适应程度越低，反之越高。就休闲参与的影响而言，行为参与所强调的实际行动投入所带来的心理距离的缩短，更能从社会层面增加残障人士行为符合群体规范的可能性，行动投入程度越高，环境归属感和人际信任越强，才能越符合社会规范并被予以认同；而情感涉入则会更多影响到残障人士本身的态度，进而从主观上进一步推动自身对行为适应的认知和行为的意向，情感涉入程度越高，越能从主观上意识到参与休闲活动时注重与他人的交往规范和相互的认同感，进而更深入地影响其行为适应。

最后，心理距离对经济融入和行为适应影响的差异性。一方面，心理距离对两者的影响路径不同。就经济融入而言，心理距离所实现的环境归属感和人际信任是内生条件，能够提高残障人士对环境融入的主观积极性，但经济融入维度在较大程度上还关系到客观社会支持状况，因此主观积极性所能推动的客观资源共享机会有一定局限性；就行为适应而言，尽管同样是客观行为的反映并受客观环境的影响，但相较于经济融入，行为适应更大程度上取决于融入主体自身的态度和积极性。另一方面，基于休闲参与的影响分析，由于行为参与强调客观参与的状况，而客观实际参与的行为意味着休闲主体会实际使用各类休闲设施和资源，对休闲主体来说，行为参与的程度越高，亦即参与频率越高、参与时长越长和参与投入的费用越高，一定意义上反映出对公共资源的享有程度越高。而情感涉入反映的是主观参与程度，相对来说，情感的涉入和关注并非在所有情况下都意味着通过实际行动的投入才能获得相应的感知并缩短心理距离。因此，从影响路径和休闲参与的完整性来看，心理距离对行为适应的影响更为充分。

基于上述分析,本研究将心理距离作为休闲参与与社会融入的中介变量,拟提出研究假设如下:

H3:残障人士休闲参与通过缩短心理距离促进社会融入。

H3a:休闲参与通过缩短心理距离正向影响经济融入。

H3b:休闲参与通过缩短心理距离正向影响行为适应。

H3c:心理距离对行为适应的影响程度高于对经济融入的影响。

### 4.3.3 休闲活动类型对休闲参与影响社会融入的调节作用

(1)居家消遣类活动的休闲参与与社会融入的关系

本研究中居家消遣类活动主要指向以家庭为核心空间的个体或家庭游憩、娱乐、消遣及个人嗜好活动。该类活动通过相对轻松、安静的氛围和对体能、技能、脑力等相对较低的要求,使参与者放松身心并与家人保持良性互动。绝大部分的人都乐于进行家庭休闲活动,且认为居家休闲很重要。Kelly(1974)研究指出,所有休闲活动中有三分之二的活动是从家庭开始的,居家休闲正是从家人间的互动来影响家庭间的气氛、和谐性、满意度等,且提升家人之间的良好关系[1]。居家消遣类活动参与的效益主要体现在健全家庭氛围上。对个体而言,家庭休闲和亲子互动过程中的有效沟通、开放性思考、同理心、情绪管理与改变自己等方面的实践,有利于培养生活技能,对其人格、态度、信念、性格等方面形成长期影响(施秀玉,2002[2]);对家庭气氛和成员关系而言,居家游憩对于家庭的积极效益体现在生活满意度、稳定性、家庭融合、子女成长、积累家庭共同的回忆等,进而促进家庭成员的社会化发展(Orthner 和 Mancini,1990[3];Radun,2010[4])。

① Kelly,J. R.. Socialization toward leisure:A developmental approach[J]. *Journal of Leisure Research*,1974,6(3):181–193.

② 施秀玉. 家庭共学·亲子团体对亲子互动之影响研究[D]. 硕士学位论文.台湾屏东师范学院教育心理与辅导学系,2002.

③ Orthner,D. K.,& Mancini,J. A.. Leisure impacts on family interaction and cohesion[J]. *Journal of Leisure Research*,1990,22(2):125–137.

④ Lori Radun. The Benefits of Family Recreation[N]. *Chocolate Cake Moments*,2010.10.25.

　　具体到居家消遣类活动对残障人士的价值来看,对于通过家庭游憩活动来改善残障人士的生活质量,Harry(1999)提出,一个无法回避的事实在于,任何个体的生命历程都深受其父母的信仰、观点和计划的影响,对于残障人士而言,其成年后的自主权往往还会受到限制,因此家庭对其影响尤其重要①。家庭游憩对家里的残障成员而言,是帮助和促进他们不仅在家,更在学校、社区或其他休闲场所提高融入和参与度的重要途径,具体体现在家庭游憩有利于促进家庭整体的生活质量(包括团结、满意度、健康等),同时能帮助残障成员学习终身技能(游憩、运动和社交等)。家长深信这些活动的价值,因为对残障成员而言,家庭之外的社会接纳度可能无法与家里相提并论(Schleien 等,1995②;Mactavish 和 Schleien,2000③)。

　　(2)文化社交类活动的休闲参与与社会融入的关系

　　本研究将文化社交类休闲活动界定为文化场馆及公共空间的文化社交活动,主要包括去往各类文化场所参与相应的活动(如图书馆、博物馆、美术馆、剧场等),市区范围内的个人爱好(如摄影),一般逛街、购物等消费娱乐活动,以及社区范围内的日常休闲,拜访亲友,参与公益、宗教、社团等活动。在该类活动中,休闲主体通过文化艺术类项目的旁观或投入,以及日常外出娱乐活动达到提高生活品位与审美能力,以及放松身心的目的,同时还通过人际交往和互动来实现休闲活动对个体的社交效益。

　　就文艺类活动来看,在当代游憩与休闲背景下,艺术与文化的意义非常丰富。就社会而言,文化艺术活动有助于引导大众在艺术领域中

　　① Harry,B.. Parental visions of "una vida normal/a normal life": Cultural variations on a theme. In L. Meyer,H. S. Park,M. Grenot-Scheyer,S. Schwartz,& B. Harry(Eds. ),*Making friends: The influences of culture and development*[M]. Baltimore:Paul H. Brookes,1999:47 – 62.

　　② Schleien,S. ,Rynders,J. ,Heyne,L. ,& Tabourne,C. (Eds. ).. Powerful partnerships:Parents and professionals building inclusive recreation programs together [R]. *Minneapolis,MN:Institute on Community Integration,College of Education,University of Minnesota*. 1995

　　③ Mactavish,J. ,& Schleien,S.. Exploring family recreation activities in families that include children with developmental disabilities[J]. *Therapeutic Recreation Journal*,2000,34(2):132 – 153.

的休闲选择,乃至建立相应的社会价值观;就个体而言,休闲的本质在于个人自由和选择的体验,而文化艺术中的创意核心就在于自由(Kelly和 Freysinger,2000);与他人同时参与文化艺术活动,有益于形成友谊及其他人际关系,包括对艺术与文化体验的共享热情,这也是休闲活动普遍的构成要素(Gray,1984)①。就社交类活动来看,如家庭亲朋之间的相互拜访,或是比赛、表演、文化节庆等公共休闲活动都具有促进社会凝聚力的功能,使得个体与社会在最自然状况下产生联结且相互依存②;而社会服务如志愿者参与社区义务工作等活动并非为个人利益,对社区的帮助及贡献才是他们所追求的,参与者能在贡献及付出过程中感受到自己被需要和帮助别人的喜悦(Thompson Ⅲ等,1993③)。

　　具体到文化社交类活动对残障人士的价值来看,一方面,文艺类活动能够帮助残障人士从多方面克服残障带来的挑战。首先是建立自信心,学习和欣赏文化艺术的过程能让其感受到自我价值的存在;其次是提高学习能力,艺术可以为在常规学习过程中有障碍者开辟新的道路,实质上是通过文化艺术中对复杂问题的思考和解决来训练心智;最后是作为非常规的评估方式使残障人士有自由和权利证明自己在某些方面的成就(NCLD,2014④)。上述效益为其社会融入提供了基础的身心条件。文化艺术在个体的语言、表达、信心、运动技巧等方面有起着重要的作用,同时也是正确表达情绪的创造性方式,对于残障人士而言还能通过成就和自尊的提升起到治愈作用,如对自闭症儿童来说,能通过音乐进行声音模仿和演说技巧的学习;再如音乐主题的课程能训练和提高他们的耐心、主动观察的意识、记忆力、社会交往、眼神接触以及对

　　① [美]奥萨利文(O'Sullivan,E.)等,著,张梦,主译.休闲与游憩:一个多层级的供递系统[M].北京:中国旅游出版社,2010:435-436.

　　② Kelly,J. R. ,& Godbey,G. . *The sociology of leisure*[M]. PA:Venture Pub,1992.

　　③ Thompson Ⅲ, Alexander M. , Bono, Barbara A. . Work without wages:The motivation for volunteer firefighters[J]. *American Journal of Economics and Sociology*,1993,52(3):323-343.

　　④ NCLD Editorial Team. Learning Disabilities and the Arts[N]. *National Center for Learning Disabilities*,2014.

学习的热爱（Bell，2003；Evans，2007）[1]。娱乐活动亦有助于改善残障人士的生活质量和体验，促进其良好的适应行为，扩展社交圈[2]。耿仕荣（1997）在肢体障碍者休闲参与研究中发现，文艺类活动的参与度与残障人士生活品质中的生理、社会和环境感知均存在正向关系，亦即文艺类活动促进了生活品质[3]。另一方面，文化社交类活动能够尤其为残障人士带来较强的社交效益，并从经济融入、行为适应和心理距离三个层面提供社会融入条件。陈雪燕（2003）的研究结果也显示，视觉障碍成人参与休闲社团活动的休闲效益包括改善经济情况、促进人际关系、增进运用社会资源的能力、提升定向行动能力等[4]。郭孟瑜（2007）在视障成人参与休闲社团的个案研究中较为具体地指出了社交类活动对受访者生活的影响，除了扩大生活圈、充实生活经验，更重要的是滋养身心，实现自我理想，从中获得自信、肯定与成长；参与活动的过程能使其学习人际互动技巧，提升人际关系的质量，受访者在访谈中提到"参加各种活动扩大了我的生活圈，从中我结识了许多志同道合的朋友，大家一同练唱，一同排戏，一同表演，一同分享喜怒哀乐，真是快乐得不得了，我很喜欢这种感觉，我很喜欢我的伙伴们"[5]；除此之外，经济收入还是受访者与休闲社团活动的额外收获，家庭具有改善经济状况的实质帮助。

（3）户外运动与游憩类活动的休闲参与与社会融入的关系

本研究对运动健身类活动的界定包括发生在户外空间的体育和游憩类活动。体育活动主要包括个人运动、团体运动与极限运动，游憩活

---

① Becky L.，Spivey，M. Ed.."Using Music and Art with Children with Autism or Other Learning Disabilities"[N].Super Duper Ⓡ Publications，www. superduperinc. com，2008.

② Cipani，E. & Spoone. *Curricular and instructional approaches for persons with severe disabilities*[M]. Boston：Allyn and Bacon，1994.

③ 耿仕荣.肢体障碍者休闲参与、休闲阻碍与生活质量之研究[D].硕士学位论文.美和技术学院健康照护研究所，2007.

④ 陈雪燕.视觉障碍成人参与休闲社团活动之研究[D].硕士学位论文.台湾彰化师范大学特殊教育学系，2003.

⑤ 郭孟瑜.一位视觉障碍成人参与休闲社团活动之个案研究[J].人文与社会学报，2007，1（10）：215－241.

动则主要包括市区或市郊范围内的公园游玩、骑游等户外游憩及中长距离的旅行活动。体育休闲活动主要通过运动过程对休闲主体的身体机能和心理状况的改善,进而积极影响其生活质量和人际关系等;户外游憩活动则主要通过休闲主体走出户外,在非惯常的自然与人文风光中维护身心健康、充实自我、调适忙碌的生活节奏,其休闲效益非常广泛。

就体育运动来看,体育活动有利于培养个体技能、平衡身心与恢复精神,可实现降低压力及预防疾病的效益[1]。团体类运动重在成员间的配合协调,有利于达成畅所欲言的氛围,实现团队成就与能力改善以及凝聚共识(Arai 和 Pedlar,1997)[2]。就户外游憩活动来看,一方面身心效益显著,因为户外活动能让人重新置身于自然,体会人与自然的密切关系,追求自我实现与思虑澄清,而达到净化自我的目的(曹正和李瑞琼,1989)[3];另一方面则同样具备突出的社交效益,如亲子类户外游憩对青少年具有教育意义,能体现父母职责并增进家人情感,其充分放松和具备成就感的参与过程为人们提供了丰富的精神生活和人际关系的良好环境(陈玟陵和李明荣,2012)[4]。此外,其活动参与的愉悦价值有助于提升幸福感和地方认同。如王雅蓉(2012)[5]、余勇和田金霞(2013)[6]对骑乘者的研究表明,休闲效益与体验价值呈显著正相关,体

① Carmack,C. L.,Boudreaux,E.,Amaral-Melendez,M.,Brantley,P. J.,& deMoor,C.. Aerobic fitness and leisure physical activity as moderators of the stress-illness relation[J]. *Annals of Behavioral Medicine*,1999,21(3):251–257.

② Arai,S. M.,& Pedlar,A. M.. Building communities through leisure:Citizen participation in a healthy communities initiative[J]. *Journal of Leisure Research*,1997,29(2):167–183.

③ 曹正,李瑞琼.观光地区游憩活动设施规划设计准则研究报告[R].台北:交通部观光局,1989.

④ 陈玟陵,李明荣.家庭露营者休闲参与动机、休闲效益与生活满足感之研究[C].2012年国际体育运动与健康休闲发展趋势研讨会专刊,2012:481–493.

⑤ 王雅蓉.休闲效益、体验价值与幸福感之研究——以台东市山海铁马道使用者为例[D].硕士学位论文.大仁科技大学休闲健康管理研究所,2012.

⑥ 余勇,田金霞.骑乘者休闲涉入、休闲效益与幸福感结构关系研究——以肇庆星湖自行车绿道为例[J].旅游学刊,2013,28(2):67–76.

验价值则与幸福感呈显著正相关,休闲效益越明显,最终幸福感就越高;赵宏杰和吴必虎(2013)对大陆赴台游客的研究也证实了地方认同与休闲效益呈显著正相关关系①。

具体到户外运动与游憩类活动对残障人士的价值来看,户外运动与游憩类活动的参与首先意味着残障人士能够更充分地享受相关公共资源,从参与前的信息收集、参与决策,到参与过程中对环境与设施的利用,都有助于从经济融入的层面促进融入程度。其次,残障人士参与户外休闲活动、冒险性游憩可以获得心理、社会及心智健康方面的效益,包括自我概念、提升休闲技能、改善人际关系、提升自我效能、改变外界印象②,从行为适应和心理距离的层面促进融入。

一方面,运动与游憩类活动参与对残障人士本身来说,有助于帮助参与者缓解紧张感和更能够承受压力,并帮助其在日常的静态生活中增加乐趣,并在激烈活动中增加提升生活品质的机会③。对其个体转变的效益体现在增强自我概念和自尊心,促进个人成长,提高休闲技能,提升个人形象,促进社会适应和行为的积极转变,同时还能与家人朋友建立和保持良好的关系④,从行为适应的层面促进社会融入。Houston-Wilson(1999)认为,从事身体活动有助于视觉障碍学生在认知、情意和技能等领域的发展与精进⑤;Brandon 和 Arick(2000)在针对残障儿童的夏令营活动研究中发现,尽管这些儿童的残障类型多样,程度不一,但户外露营活动明显培养了他们的独立性,这样的改善将有利于他们融

---

① 赵宏杰,吴必虎.大陆赴台自由行游客地方认同与休闲效益关系研究[J].旅游学刊, 2013,28(12):54-63.

② McAvoy,L. & Estes,C. A.. Outdoors for everyone:Opportunities that induce people with disabilities[J]. *Park & Recreation*,2001,36(8):24-30.

③ 洪荣照.在特殊学校、教养机构休闲教育及智障学生休闲活动之研究[J].台湾体育学院学刊,1995(13):31-49.

④ Driver,B.,Brown,P.,& Peterson,G. L.. *Benefits of leisure*[M]. State College,PA: Venture. 1991.

⑤ Lieberman,L. J. & Houston-Wilson,C.. Overcoming the barriers to including students with visual impairments and deaf-blindness in to physical education[J]. *RE:view*,1999,31(3):129-138.

入社会①;Patterson 和 Pegg(2009)研究提出深度休闲有助于残障人士放松、塑造积极的自我角色,在朋友和同事之间建立正式与非正式的人际网络,实现某些令人骄傲的目标进而提高自信心②。

另一方面,运动与游憩活动的团体参与性质,亦有助于改善非残障人士对残障人士的态度。在一个社会化的、非竞争性的环境中,参与的积极意义在于实现全纳环境下的残障与非残障人士之间的互动和沟通,使得参与者在行为举止上"反映出接纳性,相互建立友谊且平等相待",以积极的语言提及残障也充分表明了沟通中的积极联系③,从心理距离的层面促进社会融入。如 Neumayer 等(1993)发现普通人与唐氏症患者在共同参与运动休闲后,能改善非残障人士对残障人士的态度④;Bedini(2000)则发现基于社区的全纳休闲体验为残障人士提供了机会,使其包容残障的事实,进而卓有成效地解决因残障带来的社会烙印⑤;王晓楠(2009)⑥、冯笑炜和李建英(2011)⑦调研了当前我国残障人士的休闲体育需求,并对与其相关的社会支持系统和社会意义进行

---

① Fullerton, A., Brandon, S., & Arick, J.. *The impact of camp programs on children with disabilities:opportunities for independence. In,Stringer,L. A.,McAvoy,L. & Young,A. (Eds.)Coalition for Education in the Outdoors Fifth Biennial Research Symposium Proceedings*[M]. Cortland, NY: Coalition for Education in the Outdoors,2000:89 - 99.

② Patterson,I. & Pegg, S.. Serious leisure and people with intellectual disabilities:benefits and opportunities[J]. *Leisure Studies*,2009,28(4):387 - 402.

③ Wilhite, B., Devine, M. A., & Goldenberg, L.. Perceptions of youth with and without disabilities:implications for inclusive leisure programs and services [J]. *Therapeutic Recreation Journal*,1999,33(1),15 - 28.

④ Neumayer, R.,Smith,R. W. & Lundegern, H. M.. Leisure-related peer preference choices of individuals with Down Syndrome[J]. *American Association on Mental Retardation*,1993,31(6):396 - 402.

⑤ Bedini, L. A. (2000). Just sit down so we can talk:Perceived stigma and the pursuit of community recreation for people with disabilities[J]. *Therapeutic Recreation Journal*,34(1),55 - 68.

⑥ 王晓楠. 我国残疾人休闲体育的需求及社会支持系统的研究[C]. 全民健身科学大会论文摘要集,2009:309.

⑦ 冯笑炜,李建英. 休闲体育对残疾人的社会化价值探讨[J]. 搏击·体育论坛,2011,3(11):34 - 36.

了分析，提出应当构建残障人士的体育生活方式，提高其生活质量，推进我国"残健融合"的进程。研究认为休闲体育能促进残障人士社会交往能力的提高，促进其社会化。

综上所述，居家消遣类活动对残障人士而言最突出的效益在于生活技能的学习、价值观的形成和家庭关系的维系；文化社交类活动参与对于残障人士的价值突出体现在对个体能力、信心的提升和肯定，及其基础之上的社会交往的主动性，不仅能够直接促进人际关系的融洽，甚至可能在一定程度上为休闲者在教育、职业、生活等方面引入新的资源和机遇，而社交活动的参与过程也能增进个体与个体、个体与群体的心理距离；户外运动与游憩类活动具备促进身心健康的生理与心理效益，这种效益进而能够提升生活质量，而个体技能和能力的改善又将为其生活赢得新的机会；参与过程中的人际关系改善也有利于残障人士与非残障人士的相互接纳。从活动性质来看，三类活动由静态到动态逐步转变；从活动空间来看，三类活动分别发生在家庭（封闭空间）、公共与社交场所（半封闭空间）和户外（开放式空间）。那么不同类型的活动参与对残障人士带来的身心效益、社交效益、幸福感等通过心理距离维度指向社会融入的影响是否存在调节作用？基于上述分析，本研究拟提出如下研究假设：

H4：休闲活动类型对休闲参与与社会融入的影响关系具有调节效应。

H4a：在行为参与方面，户外运动与游憩类活动参与对心理距离的影响程度最高。

H4b：在情感涉入方面，文化社交类活动参与对心理距离的影响程度最高。

# 5 研究设计与假设检验

基于第四章的理论分析和研究假设,本章将进行残障人士休闲参与与社会融入关系的实证研究。首先是研究设计,包括变量界定、量表设计和预测试分析,以及正式问卷的形成和调查实施,并对数据分析方法和样本特征进行说明。在此基础上对大样本测试的数据结果进行整理和分析,主要包括对量表进行信度和效度分析、通过描述性统计反映残障人士的休闲参与和社会融入的总体状况、基于概念模型和研究假设使用结构方程模型进行分析和检验。

## 5.1 变量操作性定义与量表设计

### 5.1.1 变量操作性定义

本研究中涉及的变量主要包括以下四个方面。

(1)外生变量:休闲参与

休闲参与以两个维度考察:行为参与和情感涉入,作为两个外生潜变量,分别由多个外生显变量进行测量,休闲参与共涉及九个外生显变量,并选择三类休闲活动分别进行测量。

(2)内生变量:社会融入与心理距离

社会融入以经济融入和行为适应两个维度进行考察,心理距离作为中介变量,作为三个内生潜变量,分别用多个内生显变量进行测量,社会融入与心理距离共涉及十九个内生显变量。

综上所述,用于结构方程建模分析中的外生潜变量为两个,外生显变量九个;内生潜变量共三个,内生显变量共十九个。各变量在测量上均采用李克特 5 分量制(Likert-5 Points),最低赋值为 1 分,最高赋值为 5 分,并在各个赋值分段(1~5 分)分别以相应的描述性语句阐述程度,以帮助受访者准确选择。

(3)调节变量:休闲活动类型

休闲活动类型为三类:居家消遣类、文化社交类、户外运动与游憩类。

(4)控制变量

性别:1 = 女;2 = 男。

年龄:1 = 16~25 岁;2 = 26~35 岁;3 = 36~45 岁;4 = 46~60 岁;5 = 60 岁以上。

婚姻状况:1 = 未婚;2 = 初婚有配偶;3 = 再婚有配偶;4 = 离婚;5 = 丧偶。

家庭经济状况(家庭月收入):1 = 3000 元以下;2 = 3000~4999 元;3 = 5000~9999 元;4 = 10000 元及以上。

教育水平:1 = 小学及以下;2 = 初中;3 = 高中(包括职高、中专、技校);4 = 大专及高职;5 = 本科;6 = 硕士(包括双学位)及以上。

就业状况:1 = 一般分散就业;2 = 福利性集中就业;3 = 自主创业;4 = 社区或居家灵活就业;5 = 未就业;6 = 其他。

残障类型:1 = 听力障碍;2 = 视力障碍;3 = 肢体障碍①。

残障程度:1 = 一级;2 = 二级;3 = 三级;4 = 四级。

本研究中的控制变量仅在做样本特征分析时起作用,而不作为结构方程模型中的调节变量。

理论模型中的变量测量不仅是研究设计的重要内容,而且是实证研究中的核心组成部分。以下将按照量表设计的科学性和适用性原则,基于理论来源和已有量表,根据残障人士特征设计初始量表和问卷,之后进行小样本预测试,最后在分析和修正测量题项的基础上,形

---

① 基于前文《残障人士休闲活动参与与休闲制约状况调查问卷》的相关研究过程和结果,并基于联系访问对象的操作性,本研究核心模型的实证研究在样本选择上只限于听障、视障和肢体障碍三类残障人士。

成本研究各个维度的测量量表。国内外学者对休闲参与、休闲涉入和社会融入的研究已各有一定历史,并已开发出一些具有较高信度和效度的量表。为确保研究所用量表的信度和效度水平,本研究将借鉴国内外学者已经使用过的成熟量表,并考虑社会和文化背景问题,结合残障人士特征和生活环境对量表进行必要的修正。

基于本研究的假设,下面将分别阐述休闲参与、社会融入和心理距离各个研究维度的构念的测量量表。

### 5.1.2　休闲参与量表

休闲参与包括残障人士对各类休闲活动的行为参与和情感涉入。其中,行为参与将从参与频率、参与时长和物资投入方面进行测量,情感涉入则将参照休闲涉入相关的成熟量表进行选择和测量。

(1)行为参与量表

在行为参与方面,活动参与频率和时长是休闲参与实证研究普遍采用的测量变量,在部分休闲涉入研究中也有采用;在物资投入方面,可参照的测量变量包括对活动装备的投入、愿意为该项活动支出的费用等。相关测量问项归纳如表5-1所示。

表 5－1 行为参与相关题项归纳参考

| 测量变量 | 衡量指标/题项设计 | 研究来源 |
|---|---|---|
| 参与频率 | 我定期参加泡温泉 | 吴波（2012）① |
| 参与时长 | 我为泡温泉预留了充足的时间 | 吴波（2012） |
| | 我在自行车上不断投入时间<br>我不断练习，以提高骑自行车的熟练程度 | 余勇和田金霞（2013）② |
| | 我骑自行车的资历超过 4 年<br>我骑自行车的公里数超过 800 公里<br>我骑自行车的天数超过 500 天 | 王苏（2013）③ |
| 物资投入 | 为了提高泡温泉的质量，我购置了相关设备<br>我每年都有一笔数目不菲的温泉休闲支出 | 吴波（2012） |
| | 我在自行车上不断投入资金 | 余勇和田金霞（2013） |
| | 我拥有超过 3 辆的自行车<br>我拥有超过 3 个的自行车组织会员身份<br>我骑自行车的总花费超过 2 万元 | 王苏（2013） |

基于概念及维度界定、研究假设和上述已有量表所涉及的因素，本研究将行为参与的测量变量归纳参与频率、参与时长和物资投入三项内容。量表问项编号及表述设计如下：

LPBP01：我每天都会参与这项休闲活动。

LPBP02：我每天投入这项休闲活动的时间很长。

LPBP03：我为参与这项休闲活动投入的费用不菲。

（2）情感涉入量表

---

① 吴波. 温泉休闲者的休闲涉入与休闲体验研究——以张家界江垭温泉度假村为例 [D]. 硕士学位论文，湖南师范大学，2012.

② 余勇，田金霞. 骑乘者休闲涉入、休闲效益与幸福感结构关系研究——以肇庆星湖自行车绿道为例 [J]. 旅游学刊，2013，28（2）：67－76.

③ 王苏. 自行车休闲活动的休闲阻碍、休闲涉入与休闲利益的关系研究——以四川省德阳市自行车大联盟为例 [J]. 西部经济管理论坛，2013，24（1）：92－96.

在情感涉入方面,吸引力、中心性和自我表现为休闲涉入实证研究中应用最为广泛的维度,重要性和愉悦价值的考量也较为常见。相关测量问项归纳如表5-2所示。

表5-2　情感涉入相关题项归纳参考

| 潜变量 | 衡量指标/题项设计 | 研究来源 |
|---|---|---|
| 吸引力 | 我很喜欢这样的休闲活动<br>这样的休闲活动对我来说很重要<br>生活有压力时,参与这样的休闲活动可使我放松<br>这样的休闲活动是我感到最满意的活动之一<br>我对这样的休闲活动实在没什么兴趣 | 金海水(2009)① |
| | 来安平古堡旅游,对我十分重要<br>我十分喜欢安平古堡旅游<br>我有兴趣参加安平古堡旅游<br>安平古堡旅游很愉快 | 曾诗馨和李明聪(2010)② |
| | 划船对我来说很重要<br>划船是我最喜欢做的事情之一<br>划船是最能让我感到满意的事情之一<br>我对划船没什么兴趣<br>划船让我在压力增加的时候感到放松 | Chang和Gibson(2011)③ |
| | 泡温泉是我喜爱的休闲方式<br>泡温泉是我感到最满意的活动形式之一 | 吴波(2012) |

① 金海水.东北地区农村居民休闲行为研究[D].博士学位论文.东北财经大学,2009.
② 曾诗馨,李明聪.古迹旅游之地方依附、休闲涉入与满意度关系之研究——台南市安平古堡游客为例[J].稻江学报,2010,4(2):198-210.
③ Chang, S., Gibson, H. J.. Physically Active Leisure and Tourism Connection: Leisure Involvement and Choice of Tourism Activities Among Paddlers[J]. *Leisure Sciences*,2011,33(2):162-181.

续表 5 - 2

| 潜变量 | 衡量指标/题项设计 | 研究来源 |
|---|---|---|
| 中心性 | 我发现我的生活与这项休闲活动息息相关<br>我大部分的朋友都与这项休闲活动有关<br>这项休闲活动在我的生活中是一个重心<br>我喜欢与朋友讨论这项休闲活动<br>当我从事这项休闲活动时,那就是一个真正的我<br>看到别人从事这一休闲活动时,我可以告诉他们许多关于这一休闲活动的东西<br>从事此项休闲活动的我是希望别人所看到的我 | 金海水(2009) |
| | 我发现我的生活和安平古堡息息相关<br>从事安平古堡旅游,是我的生活重心<br>我喜欢和朋友讨论安平古堡旅游<br>我和朋友均喜欢从事安平古堡旅游 | 曾诗馨和李明聪(2010) |
| | 我发现我的大部分生活是围绕划船来安排的<br>我喜欢和我的朋友讨论划船<br>我大多数的朋友都通过划船或相关方式相互联系 | Chang 和 Gibson (2011) |
| | 我经常与朋友一起泡温泉<br>我认为泡温泉是不可缺少的康体活动 | 吴波(2012) |
| | 骑乘自行车是生活中不可缺少的业余活动 | 余勇和田金霞(2013) |
| 自我表现 | 我能为别人提供安平古堡的旅游信息<br>通过安平古堡旅游,可以表达自我风格<br>从事安平古堡旅游时,乐于别人看到我 | 曾诗馨和李明聪(2010) |
| | 当我参与划船时才能感受到真实的自我<br>看到别人划船时能说得头头是道<br>当我参与划船时,才是希望别人所看到的我<br>划船让我深深了解自我 | Chang 和 Gibson (2011) |
| | 我经常向朋友宣传泡温泉的益处<br>我乐于与他人共享泡温泉的快乐 | 吴波(2012) |
| | 骑乘自行车体现了我的精神面貌 | 余勇和田金霞(2013) |

基于概念及维度界定、研究假设和上述已有量表所涉及的因素,本研究将情感涉及的测量变量归纳为吸引力、中心性和自我表现三个方面共六项内容。量表问项编号及表述设计如下:

LPMI01:我发现我的生活是围绕这项休闲活动来安排的。

LPMI02:这项休闲活动是最能让我感到满足的事情之一。

LPMI03:我喜欢和我的亲友讨论这项休闲活动。

LPMI04:我与大多数朋友都通过这项休闲活动联系彼此。

LPMI05:当我参与这项休闲活动时才能感受到最真实的自我。

LPMI06:当我参与这项休闲活动时,我乐意被他人看到(知道)。

上述两个维度的问项测量均采用李克特 5 分量制(Likert-5 Points),最低赋值为 1 分,最高赋值为 5 分,预测试时只对两极进行了描述,为"非常不同意"和"非常同意",基于预测试受访者的反应和意见,正式量表中将 1~5 分的程度具体描述分别为"非常不同意""不同意""一般""同意""非常同意"。完整量表参见附录正式问卷Ⅱ。

### 5.1.3 社会融入量表

根据前文研究界定,本研究中的结果变量社会融入包含经济融入和行为适应两个维度。在理论界定和研究假设中,本研究主要借鉴了国外 Barnes 等(2006)和 Levitas 等(2007)以及国内杨黎源(2007)、张文宏和雷开春(2008)、杨菊华(2010)、刘建娥(2010)、王胜今和许世存(2013)等学者的观点和成果。上述研究中,部分研究已开发并应用了较为成熟的量表,现将量表中部分与本研究密切相关的题项设计予以归纳。

(1)经济融入量表

基于前文界定,经济融入是指残障人士在居住环境、劳动就业、职业声望、经济收入、社会福利、教育培训等方面以居住地非残障人士(普通居民)为参照对象的融入状况,现将已有量表中与上述因素有密切关系的问项归纳如下,如表 5 – 3 所示。

表5-3 经济融入相关题项归纳参考

| 原研究维度 | 衡量指标/题项设计 | 研究来源 |
|---|---|---|
| 基础服务排斥 | 对于去往/获取银行、现金兑换点、邮局、手足病诊疗师、牙医、全科医师、医院、配镜师、本地商铺、购物中心、超市等资源的难易度感知 | Barnes 等(2006)① |
| 居住情况 | 居住区域、住房类型 | 刘建娥(2010)② |
| 社会支出 | 城镇五险总缴费水平 | 同上 |
| 公共服务排斥 | 至少有三项以上的基础服务无法获取 | Phillipson(2011)③ |
| 经济职业整合融入度 | 职业身份及声望(目前工作、目前工作身份、是否签订合同)<br>月平均收入<br>工作条件环境(工作天数、每天工作时间)<br>职业教育培训(是否拥有职业等级证书、培训费用来源、参加培训种类)<br>就业机会及渠道(获取工作渠道、换工作频率) | 张振宇等(2013)④ |

基于概念及维度界定、研究假设和上述已有量表所涉及的因素,本研究将经济融入的测量变量归纳为居住、交通、就业、收入、职位、社会保障、教育培训等七个方面共九项内容。量表问项编号及表述设计如下:

SIEI01 我对目前的居住条件和环境感到满意。

① Barnes, M., Blom, A., Cox, K., Lessof, C. & Walker, A. The Social Exclusion of Older People:Evidence from the first wave of the English Longitudinal Study of Ageing(ELSA)[R]. *Office of the Deputy Prime Minister*,2006:64-79.

② 刘建娥. 乡—城移民(农民工)社会融入的实证研究——基于五大城市的调查[J]. 人口研究,2010,34(4):62-75.

③ Phillipson, C.. Challenging Social Exclusion in Old Age:National Policies and Global Pressures[R]. *Centre for Social Gerontology, Keele University*,2011:23-27.

④ 张振宇,陈岱云,高功敬. 流动人口城市融入度及其影响因素的实证分析——基于济南市的调查[J]. 山东社会科学,2013(1):28-40.

SIEI02 我的日常生活交通出行很方便。

SIEI03 我对目前自己的就业状况和收入感到满意。

SIEI04 我认为政府和社会提供的就业机会和渠道较多。

SIEI05 我对目前自己的职位感到满意。

SIEI06 我在单位有职位晋升和职业发展的机会。

SIEI07 我有完善的社会保障(失业、工伤、医疗、养老、生育等)。

SIEI08 我认为政府和社会提供的受教育和培训的机会较多。

SIEI09 我在日常生活中到公共场所(银行、邮局、医院、政府部门等)办事方便。

(2)行为适应量表

基于前文界定,行为适应指残障人士在行为上能够按照居住地认可的规矩和习俗办事,行为规范与非残障群体没有本质差异,主要包括在人际交往、社会网络、生活习惯、社区参与等方面的行为融入状况。现将已有量表中与上述因素有密切关系的问项归纳如下,如表 5-4 所示。

表 5-4　行为适应相关题项归纳参考

| 原研究维度 | 衡量指标/题项设计 | 研究来源 |
|---|---|---|
| 社会关系排斥 | 和同伴关系的亲密程度<br>和子女、家人、朋友联系见面或电话的频率<br>保持密切联系的子女、家人、朋友数量 | Barnes 等(2006) |
| 文化活动排斥 | 去电影院、艺术馆/博物馆、剧院/音乐会/歌剧、餐厅/咖啡馆/酒吧、一日游/国内游/海外游等活动的频率 | 同上 |
| 公共活动排斥 | 是否是政党、贸易联盟、环境组织、租户群体、居民群体、邻居看护、教堂或其他宗教组织、慈善协会等的成员<br>一年内参与志愿活动一次以上<br>是否参与狭义/广义的公民行动<br>是否参与上一次大选 | 同上 |

| 原研究维度 | 衡量指标/题项设计 | 研究来源 |
|---|---|---|
| 社会支持网络 | 参与社区活动、会议与其他行动<br>对社区活动相关信息的了解渠道和程度 | 刘建娥(2010) |
| 社会服务 | 职业介绍、职业培训、身体检查、法律服务、纠纷调解、子女照料、老人照料等服务获取情况 | 同上 |
| 公共活动排斥 | 从不参与公共活动 | Phillipson(2011) |
| 生活行为适应融入度 | 居住条件(居住种类)<br>基本生活言行、健康状况(主要交通方式、语言环境融入、身体健康状况)<br>消费支出情况(消费习惯/偏好指标体系)<br>闲暇休闲生活(工作之外的时间怎么过、休闲时间和谁在一起) | 张振宇等(2013) |
| 城市社会制度融入度 | 社会支持融入(近一年得到支持的社会群体量表、工作权益维权方式)<br>城市社会参与融入(政治参与、日常社会活动参与、经济参与、文化参与、慈善参与)<br>城市公共服务融入(是否了解政府提供的务工人员培训、去过的城市公共设施和服务的数目)<br>社会保障和福利融入(参加的社会保险量表、单位提供的社会福利数目) | 同上 |

基于概念及维度界定、研究假设和上述已有量表所涉及的因素,本研究将行为适应的测量因素归纳为公共服务、通过网络获取信息、信息渠道、社交范围、生活方式、公共事务参与共六项内容。量表问项编号及表述设计如下:

SIBA01 我经常通过上网了解和掌握外界信息。

SIBA02 我了解外界信息的渠道较多。

SIBA03 我平时的社会交际圈子广泛。

SIBA04 我平时的生活方式和消费习惯跟周围的人差异不大。

SIBA05 我结婚成家的过程比较顺利。

SIBA06 我经常参与公共活动、社区管理或各种选举。

上述两个维度的问项测量均采用李克特 5 分量制（Likert-5 Points），最低赋值为 1 分，最高赋值为 5 分，预测试时只对两极进行了描述，为"非常不同意"和"非常同意"，基于预测试受访者的反应和意见，正式量表中将 1~5 分的程度具体描述分别为"非常不同意""不同意""一般""同意""非常同意"。完整量表参见附录正式问卷Ⅱ。

### 5.1.4 心理距离量表

基于前文界定，心理距离指残障人士与非残障人士之间的心理距离感知及后者对主流社会的归属感、受排斥感以及人际信任感的认知。现将已有量表中与上述因素有密切关系的问项归纳如下，如表 5－5 所示。

表 5－5　心理距离相关题项归纳参考

| 原研究维度 | 衡量指标/题项设计 | 研究来源 |
|---|---|---|
| 邻里排斥 | 对于自己是居住所在地区的一员的认同程度<br>居住在这里感到孤独的程度<br>周围大多数人值得信任的感知<br>人们对于晚间独自在周围散步感到安全/恐惧<br>对于周围大多数人的友善感知<br>周围的人会利用自己/公平对待自己<br>如果遇到困难，很多人/没有人会帮助自己 | Barnes 等（2006） |
| 社区支持网络 | 与本地居民交往<br>获得邻里的帮助<br>向居委会社区组织求助 | 刘建娥（2010） |
| 社会关系排斥 | 是否有严重的孤独感 | Phillipson（2011） |

| 原研究维度 | 衡量指标/题项设计 | 研究来源 |
|---|---|---|
| 邻里排斥 | 对邻里持有消极印象<br>晚间独自行走是否感到不安全<br>贴身物品/包被偷盗的频率<br>被骗取财物的频率<br>遭到身体袭击的频率<br>相信邻居会在危急时帮助自己<br>遇到邻居会停下来交谈<br>感到自己和周围居住的邻居是同样的人<br>周围邻里值得信任<br>居住所在区域值得养老<br>过去两年居所区域变得更宜居 | Phillipson(2011) |
| 心理身份<br>认同 | 主管城市身份认同(自我社会身份评价)<br>心理距离(与城里人的心理距离和关系、与城里<br>邻居的关系)<br>城市生活认同感(城市生活满意度量表) | 张振宇等(2013) |

　　基于概念及维度界定、研究假设和上述已有量表所涉及的因素,本研究将心理距离的测量因素归纳为人际关系感知、归属感、人际信任等共四项内容。量表问项编号及表述设计如下:

SIPD01 我与亲友、邻里和同事关系融洽。

SIPD02 我认为在居住的小区/工作单位很有归属感。

SIPD03 我认为我居住的小区/工作单位的人值得信任。

SIPD04 我遇到困难时,邻居/同事都愿意帮助我。

　　心理距离的问项测量采用李克特 5 分量制(Likert-5 Points),最低赋值为 1 分,最高赋值为 5 分,预测试时只对两极进行了描述,为"非常不同意"和"非常同意",基于预测试受访者的反应和意见,正式量表中将 1 ~ 5 分的程度具体描述分别为"非常不同意""不同意""一般""同意""非常同意"。本研究在概念模型和结构方程模型中将心理距离作为中介变量独立分析与考察,但通过问卷调查残障人士社会融入状况时,将同时反映客观层面的经济融入和行为适应以及主观层面的心理距离感知状况,因此心理距离与社会融入的测量和检验通过同一量表完成。完整量表参见附录正式问卷Ⅱ。

## 5.2  问卷的形成与数据分析方法

### 5.2.1  问卷预测试与修订

为使问卷更为完善,减少对量表问项理解造成的误差,使操作变量更为准确、客观地反映受访残障人士的真实情况,研究者通过成都市残疾人联合会渠道联系受访对象。预测试于2014年1月进行,样本选择分为两部分:第一部分共15人,受访者全部为肢体障碍者,均为来自四川省各地、市、州残联的残障人士代表,调研于四川省残联系统工作会议现场进行(会议地点:四川阆中),由研究者利用会议间隙,现场向受访者发放并简单介绍研究主题、目的和问卷各问项;第二部分共15人,受访者为成年听障者和视障者,预测试问卷由残联工作人员和志愿者通过邮件发放和语音辅助填写。上述群体大部分成员在残联系统或相关企业工作,兼有创业者,具备相对较好的社会背景和教育程度,对研究主题能够较为准确地理解。部分受访者对量表的措辞、语义和问项提出意见与建议,为正式问卷的形成提供了参考性信息。预测试共发放了30份问卷,回收30份,有效30份,有效率100%。预测试在于对各量表的可靠性进行初步检验和修订。

量表信度检验方法和标准与第3章残障人士休闲活动参与状况与制约因素调查一致,即采用SPSS20.0统计软件和SmartPLS2.0软件,信度检验主要通过问项与总体的相关系数(CITC)和Cronbach's Alpha系数进行检验。

效度检验主要通过内容效度和结构效度两个方面评价量表的效度。内容效度方面,本研究量表的设计基于较为充分的文献来源,多数指标已经研究者采用和验证,另一方面经过与相关旅游休闲研究者和残联工作人员、受访对象沟通,对问项表达和措辞进行了深入讨论和修正,因此能够保证内容的有效性。结构效度方面,一般通过验证性因子分析和平均萃取方差(AVE)两个分析结果来衡量。各测量变量的 AVE 值通常要求大于 0.5,且 AVE 的平方根都大于该变量与其他变量的相关系数(Fornell &Larker,1981);验证性因子分析方面,根据统计学家 Kaiser 给出的标准,KMO 取值大于 0.6 时适合作因子分析,Bartlett 球度检验的 P 值应小于显著水平 0.05,因子载荷应大于 0.5,累积解释方差大于 50%[①]。本节将运用因子分析方法对休闲参与量表和社会融入量表进行效度检验和分析。

(1)休闲参与量表的信度与效度检验

休闲参与量表信度检验结果如表 5 - 6 所示。结果显示了对休闲制约的两个维度共九个项目的信度分析。首先,绝大多数问项与总体的相关系数(CITC)都高于 0.5;其次,休闲参与两个维度的 Alpha 系数分别为 0.823 和 0.787,均高于 0.7;第三,就量表总体而言,删除任何一个问项之后的 Alpha 系数均低于量表的总体信度;最后,量表总体信度达到 0.825。以上表明,休闲参与量表对行为参与和情感涉入维度及其测量变量的测量是合理可信的。

表 5 - 6 残障人士休闲参与量表信度检验( n = 30)

| 潜变量 | 测量变量 | 问项与总体相关系数 | 删除该项后的 Alpha 系数 | 组合信度 |
|--------|----------|------------------|------------------------|----------|
| 行为参与 | LPBP01 | 0.683 | 0.754 | 0.823 |
| | LPBP02 | 0.649 | 0.788 | |
| | LPBP03 | 0.714 | 0.730 | |
| 情感涉入 | LPMI01 | 0.459 | 0.720 | 0.787 |
| | LPMI02 | 0.707 | 0.738 | |
| | LPMI03 | 0.536 | 0.786 | |
| | LPMI04 | 0.417 | 0.720 | |
| | LPMI05 | 0.537 | 0.784 | |
| | LPMI06 | 0.549 | 0.717 | |
| 量表总体信度 | | | | 0.825 |

---

① 郭涛.高校教师敬业度影响因素及其与工作绩效的关系研究[D].博士学位论文.天津大学,2012:60.

休闲参与量表效度检验结果如表5－7、表5－8所示。结果显示,行为参与三个测量变量的因子载荷均大于0.5;KMO值为0.716,大于0.7;Bartlett球度检验统计量为98.015,显著性水平小于0.001;累积解释方差为88.715%,大于50%;AVE值为0.735,大于0.5,且其平方根大于相关系数。情感涉入六个测量变量的因子载荷均大于0.5;KMO值为0.738,大于0.7;Bartlett球度检验统计量为105.486,显著性水平小于0.001;累积解释方差为64.561%,大于50%;AVE值为0.593,大于0.5,且其平方根大于相关系数。以上表明,休闲参与量表结构效度良好。

**表5－7　残障人士休闲参与量表效度检验($n=30$)**

| 潜变量 | 测量变量 | 因子载荷 | KMO | Bartlett球度检验 | 累积解释方差(%) | AVE |
|---|---|---|---|---|---|---|
| 行为参与 | LPBP01 | 0.897 | 0.716 | 98.015 | 88.715 | 0.735 |
| | LPBP02 | 0.778 | | | | |
| | LPBP03 | 0.892 | | | | |
| 情感涉入 | LPMI01 | 0.585 | 0.738 | 105.486 | 64.561 | 0.593 |
| | LPMI02 | 0.923 | | | | |
| | LPMI03 | 0.553 | | | | |
| | LPMI04 | 0.550 | | | | |
| | LPMI05 | 0.565 | | | | |
| | LPMI06 | 0.558 | | | | |

**表5－8　残障人士休闲参与量表2个潜变量相关系数($n=30$)**

| 潜变量 | 行为参与 | 情感涉入 |
|---|---|---|
| 行为参与 | 1 | |
| 情感涉入 | 0.499 | 1 |

(2)社会融入与心理距离量表信度与效度检验

社会融入与心理距离量表信度测试结果如表5－9所示。结果显示了对经济融入、行为适应和心理距离三个潜变量共十九个项目的信度分析。首先,部分问项CITC值低于0.5,包括SIEI02、SIEI04、SIEI05、SIEI06、SIBA01、SIBA02和SIBA05;其次,三个潜变量的Alpha系数分别为0.736、0.709和0.719,均高于0.7;第三,就量表总体而言,删除上述CITC值低于0.5问项之后的Alpha系数高于量表的总体信度;最后,量表总体信度为 0.784。以上表明,社会融入量表对休闲参与的制约因素测量总体上是合理可信的,部分问项可做删除处理。

表 5 - 9 残障人士社会融入与心理距离量表信度检验( $n = 30$ )

| 潜变量 | 测量变量 | 问项与总体相关系数 | 删除该项后的 Alpha 系数 | 组合信度 |
|---|---|---|---|---|
| 经济融入 | SIEI01 | 0.579 | 0.726 | 0.736 |
| | SIEI02 | 0.481 | 0.846 | |
| | SIEI03 | 0.532 | 0.721 | |
| | SIEI04 | 0.493 | 0.856 | |
| | SIEI05 | 0.454 | 0.827 | |
| | SIEI06 | 0.379 | 0.838 | |
| | SIEI07 | 0.529 | 0.721 | |
| | SIEI08 | 0.790 | 0.769 | |
| | SIEI09 | 0.604 | 0.713 | |
| 行为适应 | SIBA01 | 0.311 | 0.785 | 0.709 |
| | SIBA02 | 0.413 | 0.776 | |
| | SIBA03 | 0.552 | 0.683 | |
| | SIBA04 | 0.548 | 0.673 | |
| | SIBA05 | 0.155 | 0.782 | |
| | SIBA06 | 0.516 | 0.728 | |
| 心理距离 | SIPD01 | 0.650 | 0.728 | 0.719 |
| | SIPD02 | 0.523 | 0.749 | |
| | SIPD03 | 0.665 | 0.754 | |
| | SIPD04 | 0.513 | 0.731 | |
| 量表总体信度 | | | | 0.774 |

社会融入与心理距离量表效度检验结果如表 5 - 10、表 5 - 11 所示。经济融入九个测量变量的因子载荷中,SIEI02、SIEI04、SIEI06 共三项值低于 0.5;KMO 值为 0.713,大于 0.7;Bartlett 球度检验统计量为 102.439,显著性水平小于 0.001;累积解释方差为 70.771%,大于 50%;AVE 值为 0.519,大于 0.5,且其平方根大于相关系数。行为适应六个测量变量的因子载荷当中,SIBA01 和 SIBA 共两项的值低于 0.5;KMO 值为 0.703,大于 0.7;Bartlett 球度检验统计量为 93.948,显著性水平小于 0.001;累积解释方差为 61.368%,大于 50%;AVE 值为

0.513,大于 0.5,且其平方根大于相关系数。心理距离四个测量变量的因子载荷值均大于 0.5;KMO 值为 0.801,大于 0.7;Bartlett 球度检验统计量为 121.805,显著性水平小于 0.001;累积解释方差为 77.367%,大于 50%;AVE 值为 0.547,大于 0.5,且其平方根大于相关系数。以上表明量表结构效度良好。

表 5 - 10　残障人士社会融入与心理距离量表效度检验( $n = 30$ )

| 潜变量 | 测量变量 | 因子载荷 | KMO | Bartlett 球度检验 | 累积解释方差(%) | AVE |
|---|---|---|---|---|---|---|
| 经济融入 | SIEI01 | 0.527 | 0.713 | 102.439 | 70.771 | 0.519 |
| | SIEI02 | 0.139 | | | | |
| | SIEI03 | 0.560 | | | | |
| | SIEI04 | 0.493 | | | | |
| | SIEI05 | 0.591 | | | | |
| | SIEI06 | 0.457 | | | | |
| | SIEI07 | 0.895 | | | | |
| | SIEI08 | 0.646 | | | | |
| | SIEI09 | 0.797 | | | | |
| 行为适应 | SIBA01 | 0.188 | 0.703 | 93.948 | 61.368 | 0.513 |
| | SIBA02 | 0.550 | | | | |
| | SIBA03 | 0.768 | | | | |
| | SIBA04 | 0.844 | | | | |
| | SIBA05 | 0.325 | | | | |
| | SIBA06 | 0.893 | | | | |
| 心理距离 | SIPD01 | 0.704 | 0.801 | 121.805 | 77.367 | 0.547 |
| | SIPD02 | 0.670 | | | | |
| | SIPD03 | 0.971 | | | | |
| | SIPD04 | 0.664 | | | | |

表 5 - 11　残障人士社会融入与心理距离量表三个潜变量相关系数( $n = 30$ )

| 潜变量 | 经济融入 | 行为适应 | 心理距离 |
|---|---|---|---|
| 经济融入 | 1 | | |
| 行为适应 | 0.437 | 1 | |
| 心理距离 | 0.372 | 0.393 | 1 |

（3）量表修订

经过上述测试和分析，以及预测试过程中就问卷语义等与受访者的沟通，问卷修订情况如下：

一是休闲参与量表，量表整体信度和效度都较高，因此所有问项予以保留。

二是社会融入和心理距离量表部分，从信度检验和效度检验来看，部分问项的 CITC 值和因子载荷系数较低，删除后可显著提高效度，因此对 CITC 值或因子载荷系数小于 0.5 的问项予以删除，包括经济融入维度中的 SIEI02、SIEI04、SIEI05 和 SIEI06，以及行为适应维度中的 SIBA01、SIBA02 和 SIBA05，并对剩余问项进行调整，最终保留了十二个问项，修正后社会融入与心理距离三个潜变量的测量变量如下：

SIEI01 我对目前的居住条件和环境感到满意。

SIEI02 我对目前自己的就业状况和收入感到满意。

SIEI03 我认为政府和社会提供的受教育和培训的机会较多。

SIEI04 我有完善的社会保障（失业、工伤、医疗、养老、生育等）。

SIEI05 我在日常生活中到公共场所（银行、邮局、医院、政府部门等）办事方便。

SIBA01 我平时的社会交际圈子广泛。

SIBA02 我平时的生活方式和消费习惯跟周围的人差异不人。

SIBA03 我经常参与公共活动、社区管理或各种选举。

SIPD01 我与亲友、邻里和同事关系融洽。

SIPD02 我认为在居住的小区/工作单位很有归属感。

SIPD03 我认为我居住的小区/工作单位的人值得信任。

SIPD04 我遇到困难时，邻居/同事都愿意帮助我。

（4）正式问卷的形成、发放与回收

本研究问卷基于国内外学者已开发和应用的量表，结合本研究目的、内容和研究对象特征，对已有量表进行总结、修改而生成的自主测度量表，并进行了预测试，对量表进行了信度、效度检验和问项修订。基于上述修订，最终形成正式问卷，内容包括三部分：

第一部分为基本信息，主要了解受访者的性别、年龄、婚姻状况、家庭经济状况、教育水平、就业状况、残障类型和程度等研究对象主体基本特征。具体信息参见"5.1.1 变量操作性定义"部分。

第二部分为不同类型活动的休闲参与状况,根据第3章残障人士休闲活动参与状况和制约因素调研的结果,问卷分别就居家消遣类、文化社交类和户外运动与游憩类三类活动提供了3~5项具体活动的选择(依据上述调研中参与程度最高的活动项目),主要了解受访者在不同类型活动中的行为参与和情感涉入两个方面共九个测量问项的参与状况。

第三部分为社会融入状况,主要了解受访者对经济融入、行为适应和心理距离三个方面共十二项社会融入指标的感知程度。

### 5.2.2　样本选择与样本特征

关于残障人士休闲参与与社会融入调查的正式问卷确定后,基于前期关于残障人士休闲活动参与现状及制约因素调查的经验和信息有效性的反馈,由于智力障碍、精神障碍和多重障碍受访者填写问卷困难较大,由其家人帮助填写的结果会因非本人填写和家人对问项理解的偏差而影响结果的有效性和准确性,因此本次调查选取了听障(包括言语障碍)、视障和肢体障碍三类残障人士,根据理论模型构建与相应研究方法的要求,研究者确定样本数量为200人。样本选择和问卷发放由成都市残疾人联合会协助,随机选取成都市成华区、武侯区、青羊区、锦江区和金牛区五个市区内居住的残障人士,以现场填写、电子邮件、在线即时通讯等方式进行调查。其中,现场填写场所主要为成都市残联、成都市各区县残联的残障人士活动中心(如阳光工场、职业培训中心)或成都市区其他残障服务机构;电子邮件和在线访问主要通过成都市残联及专门协会(如成都市肢体残疾人协会、盲人协会、听力残疾人协会等)的工作人员和志愿者,向他们服务的残障人士发放问卷并辅助填写。问卷调查于2014年1月进行,历时两周,共收回185份问卷,去除填写不合要求或数据缺失的问卷,最终获得170份有效样本,作为本研究进行数据分析的原始数据。

在对数据进行分析处理前,本研究对回收问卷通过非统计方法进行筛选,对于答案呈现明显规律性、同一问项选择多个答案和漏答题项数目超过三个的问卷进行剔除,最终获得有效问卷。本研究共回收问卷 185 份,经过剔除无效问卷,获得 170 份有效问卷,占回收问卷总数的 91.9%。

本研究调查样本的基本特征分为九个方面:性别、年龄、婚姻状况、家庭经济状况、教育水平、就业状况、就业单位性质、残障类型、残障程度。具体的样本分布情况如表 5 – 12 所示。

表 5 –12　样本分布情况($n = 170$)

| 问项 | 类别 | 频次 人数 | 频次 百分比（%） | 问项 | 类别 | 频次 人数 | 频次 百分比（%） |
|---|---|---|---|---|---|---|---|
| 性别 | 女 | 64 | 37.6 | 就业现状 | 一般分散就业 | 45 | 26.5 |
| | 男 | 106 | 62.4 | | 福利性集中就业 | 18 | 10.6 |
| 年龄 | 16～25 岁 | 28 | 16.5 | | 自主创业 | 36 | 21.2 |
| | 26～35 岁 | 63 | 37.1 | | 社区或居家灵活就业 | 21 | 12.4 |
| | 36～45 岁 | 39 | 22.9 | | 未就业 | 15 | 8.8 |
| | 46～60 岁 | 30 | 17.6 | | 其他 | 35 | 20.6 |
| | 60 岁以上 | 10 | 5.9 | 就业单位性质 | 党政机关、事业单位 | 42 | 24.7 |
| 婚姻状况 | 未婚 | 65 | 38.2 | | 一般企业 | 28 | 16.5 |
| | 初婚有配偶 | 66 | 38.8 | | 非营利机构或组织 | 9 | 5.3 |
| | 再婚有配偶 | 17 | 10.0 | | 个体工商户 | 40 | 23.5 |
| | 离婚 | 18 | 10.6 | | 其他 | 51 | 30.0 |
| | 丧偶 | 4 | 2.4 | 教育背景 | 小学及以下 | 20 | 11.8 |
| 家庭月收入 | 3000 元以下 | 77 | 45.3 | | 初中 | 35 | 20.6 |
| | 3000～4999 元 | 53 | 31.2 | | 高中(包括职高、中专、技校) | 43 | 25.3 |
| | 5000～9999 元 | 27 | 15.9 | | 大专及高职 | 29 | 17.1 |
| | 10000 元及以上 | 13 | 7.6 | | 本科 | 41 | 24.1 |
| 残障程度 | 一级 | 77 | 45.3 | | 硕士(包括双学位)及以上 | 2 | 1.2 |
| | 二级 | 47 | 27.6 | 残障类型 | 听力障碍 | 42 | 24.7 |
| | 三级 | 32 | 18.8 | | 视力障碍 | 74 | 43.5 |
| | 四级 | 14 | 8.2 | | 肢体障碍 | 54 | 31.8 |

### 5.2.3 数据分析方法

根据研究目的和研究假设,本研究将运用 SPSS20.0 和 Smart PLS 2.0 软件对调查数据进行分析。采用的数据分析方法主要包括描述性统计、信度分析、效度分析和结构方程模型分析。

(1)描述性统计分析

本研究描述性统计分析主要包括:一是对研究样本进行分布结构的频数分析,归纳样本特征;二是对研究样本的休闲参与和社会融入各维度和指标进行频数分析,归纳其休闲生活和社会融入的总体特征。

(2)信度分析

信度表示测量结果的重复性,信度分析主要用于检验量表对潜变量的测量是否具有稳定性和一致性,经过反复测量,信度越高,表示测量结果越可靠。此外,结构方程模型中的测量模型即包括潜变量及相应的测量变量,这些问项之间的内部一致性是有待检验的指标,对变量设计进行信度检验也是 SEM 模型评价的重要方面。本研究中将使用 Cronbach's Alpha 系数来检验各个量表各维度的信度及量表的总体信度,除此之外,在结构方程模型中也将通过组合信度进一步检验量表的信度。

(3)效度分析

效度分析总体上包括内容效度和结构效度的检验,内容效度主要反映量表内容切合主题的程度,由相关专家和业内人士就问项是否恰当进行评价;结构效度则主要反映量表是否能够度量出理论设计中的潜变量,可用因子分析等方法进行评价。本研究中的休闲参与量表和社会融入量表问项均借鉴了较为成熟的量表,并经过与相关专业人员和受访对象的沟通,因此内容效度能够得到保障;在结构效度上将运用通过验证性因子分析进行检验;在结构方程模型分析中运用平均变异萃取量(AVE)分析和潜变量交叉因子载荷分析来进一步检验量表的收敛效度和区别效度。

(4)结构方程模型分析

结构方程模型(Structure Equation Modeling,SEM)是应用线性方程

系统表示观测变量与潜变量之间,以及潜变量之间关系的一种多元建模统计分析方法,SEM 方法应用非常广泛,是解决复杂的社会科学数据多元关系的强有力工具,国内社科领域实证研究对 SEM 方法的应用于近年来逐步兴起,在心理学、经济学、组织管理、营销学等领域均有涉及。

常用的 SEM 方法包括基于协方差的结构方程模型(CB-SEM)和偏最小二乘结构方程模型(PLS-SEM)。CB-SEM 通过最大似然法优化理论模型导出的协方差与实际观测协方差的差异,其目的是复制出理论模型的协方差矩阵;PLS-SEM 结合了路径分析和偏最小二乘回归两种方法,其测量模型可称为外层模型,可处理效果测量模型(表示潜在变量是观测变量的原因)和构成测量模型(表示潜在变量由观测变量组成)①。

Hair 等(2011)曾归纳过模型选择经验规则,其中包括如构成型构念是概念模型的一部分、如结构模型复杂(构念和测量指标较多)、如样本较少且数据非正态分布、如需使用潜变量数值等条件下,都适宜选择 PLS-SEM 方法。鉴于本书实证研究的模型是用于理论探索,样本量较少,不符合正态分布,并需要获得潜变量数值,因此选择 PLS-SEM 模型来构建实证模型。

在模型分析与检验中主要会运用组合信度和 AVE 值及潜变量交叉因子载荷分析来进一步检验量表的信度和效度,进行外部模型估计;通过 PLS 运行计算出主模型路径关系并进行模型拟合优度分析;再通过 Bootstrapping 检验方法对模型进行检验,包括外部模型权重检验、因子载荷系数检验和潜变量路径系数检验,根据检验结果对原模型进行修正,再对修正模型进行检验,最后对研究假设进行判断。

① 冯荣凯.产业创新网络中的大企业知识溢出研究[D].博士学位论文.辽宁大学,2012:59 – 60.

# 5.3  量表的信度与效度检验

### 5.3.1  休闲参与量表信度与效度检验

本研究正式问卷信度与效度检验和预测试检验方法及标准一致。信度检验主要通过 CITC 系数和 Cronbach's Alpha 系数进行检验。效度检验主要通过内容效度和结构效度两个方面予以评价。

(1)信度检验

休闲参与量表信度分析结果如表 5 – 13、表 5 – 14、表 5 – 15 所示(三类活动参与)。表 5 – 13 显示了对居家消遣类活动的休闲参与构念的两个维度共九个项目的信度分析结果。首先,所有问项与总体的相关系数(CITC)都高于 0.5;其次,休闲参与两个维度的 Alpha 系数分别为 0.851 和 0.881,均高于 0.7;第三,就量表总体而言,删除任何一个问项之后的 Alpha 系数均低于量表的总体信度;最后,量表总体信度达到 0.897。

表 5 – 13  残障人士休闲参与量表(居家消遣类活动)信度检验(n = 170)

| 潜变量 | 测量变量 | 问项与总体的相关系数 | 删除该项后的 Alpha 系数 | 组合信度 |
|---|---|---|---|---|
| 行为参与 | FaLPBP01 | 0.576 | 0.893 | 0.851 |
| | FaLPBP02 | 0.630 | 0.887 | |
| | FaLPBP03 | 0.679 | 0.884 | |
| 情感涉入 | FaLPMI01 | 0.587 | 0.890 | 0.881 |
| | FaLPMI02 | 0.688 | 0.883 | |
| | FaLPMI03 | 0.658 | 0.885 | |
| | FaLPMI04 | 0.736 | 0.879 | |
| | FaLPMI05 | 0.682 | 0.883 | |
| | FaLPMI06 | 0.718 | 0.880 | |
| 量表总体信度 | | | | 0.897 |

表 5 - 14 显示了对文化社交类活动的休闲参与构念的两个维度共九个项目的信度分析结果。首先,所有问项与总体的相关系数(CITC)都高于 0. 5;其次,休闲参与两个维度的 Alpha 系数分别为 0. 819 和 0. 812,均高于 0. 7;第三,就量表总体而言,删除任何一个问项之后的 Alpha 系数均低于量表的总体信度;最后,量表总体信度达到 0. 858。

表 5 - 14　残障人士休闲参与量表(文化社交类活动)信度检验( n = 170 )

| 潜变量 | 测量变量 | 问项与总体的相关系数 | 删除该项后的 Alpha 系数 | 组合信度 |
|---|---|---|---|---|
| 行为参与 | CuLPBP01 | 0. 541 | 0. 847 | 0. 819 |
| | CuLPBP02 | 0. 577 | 0. 844 | |
| | CuLPBP03 | 0. 616 | 0. 840 | |
| 情感涉入 | CuLPMI01 | 0. 574 | 0. 844 | 0. 812 |
| | CuLPMI02 | 0. 580 | 0. 844 | |
| | CuLPMI03 | 0. 576 | 0. 844 | |
| | CuLPMI04 | 0. 593 | 0. 843 | |
| | CuLPMI05 | 0. 630 | 0. 839 | |
| | CuLPMI06 | 0. 559 | 0. 846 | |
| 量表总体信度 | | | | 0. 858 |

表 5 - 15 显示了对户外运动与游憩类活动的休闲参与构念的两个维度共九个项目的信度分析结果。首先,所有问项与总体的相关系数(CITC)都高于 0. 5;其次,休闲参与两个维度的 Alpha 系数分别为 0. 803 和 0. 880,均高于 0. 7;第三,就量表总体而言,删除任何一个问项之后的 Alpha 系数均低于量表的总体信度;最后,量表总体信度达到 0. 908。

以上三类活动的信度检验结果均表明,休闲参与量表对休闲参与的行为参与和情感涉入程度的测量是合理可信的。

表 5 - 15　残障人士休闲参与量表(户外运动与游憩类活动)信度检验( n = 170 )

| 潜变量 | 测量变量 | 问项与总体的相关系数 | 删除该项后的 Alpha 系数 | 组合信度 |
|---|---|---|---|---|
| 行为参与 | OutLPBP01 | 0. 615 | 0. 903 | 0. 803 |
| | OutLPBP02 | 0. 758 | 0. 893 | |
| | OutLPBP03 | 0. 597 | 0. 904 | |

续表 5 – 15

| 潜变量 | 测量变量 | 问项与总体的相关系数 | 删除该项后的 Alpha 系数 | 组合信度 |
|---|---|---|---|---|
| 情感涉入 | OutLPMI01 | 0.750 | 0.893 | 0.880 |
| | OutLPMI02 | 0.622 | 0.903 | |
| | OutLPMI03 | 0.672 | 0.899 | |
| | OutLPMI04 | 0.764 | 0.892 | |
| | OutLPMI05 | 0.792 | 0.890 | |
| | OutLPMI06 | 0.615 | 0.904 | |
| 量表总体信度 | | | | 0.908 |

（2）效度检验

三类活动的休闲参与量表效度检验结果如表 5 – 16 至表 5 – 21 所示。

表 5 – 16、表 5 – 17 显示了居家消遣类活动的休闲参与效度检验结果。其中行为参与三个测量变量的因子载荷均大于 0.5；KMO 值为 0.791，大于 0.7；Bartlett 球度检验统计量为 168.850，显著性水平小于 0.001；累积解释方差为 71.822%，大于 50%；AVE 值为 0.715，大于 0.5，且其平方根大于相关系数。情感涉入六个测量变量的因子载荷均大于 0.5；KMO 值为 0.850，大于 0.7；Bartlett 球度检验统计量为 499.253，显著性水平小于 0.001；累积解释方差为 62.703%，大于 50%；AVE 值为 0.626，大于 0.5，且其平方根大于相关系数。

表 5 – 16　残障人士休闲参与量表（居家消遣类活动）效度检验（$n = 170$）

| 潜变量 | 测量变量 | 因子载荷 | KMO | Bartlett 球度检验 | 累积解释方差（%） | AVE |
|---|---|---|---|---|---|---|
| 行为参与 | FaLPBP01 | 0.849 | 0.791 | 168.850 | 71.822 | 0.715 |
| | FaLPBP02 | 0.853 | | | | |
| | FaLPBP03 | 0.836 | | | | |
| 情感涉入 | FaLPMI01 | 0.699 | 0.850 | 499.253 | 62.703 | 0.626 |
| | FaLPMI02 | 0.799 | | | | |
| | FaLPMI03 | 0.780 | | | | |
| | FaLPMI04 | 0.812 | | | | |
| | FaLPMI05 | 0.813 | | | | |
| | FaLPMI06 | 0.839 | | | | |

**表 5 - 17　残障人士休闲参与量表(居家消遣类活动)两个潜变量相关系数(n = 170)**

| 潜变量 | 行为参与 | 情感涉入 |
|---|---|---|
| 行为参与 | 1 | |
| 情感涉入 | 0.661 | 1 |

表 5 - 18、表 5 - 19 显示了文化社交类活动的休闲参与效度检验结果。其中行为参与三个测量变量的因子载荷均大于 0.5;KMO 值为 0.714,大于 0.7;Bartlett 球度检验统计量为 99.771,显著性水平小于 0.001;累积解释方差为 64.151%,大于 50%;AVE 值为 0.639,大于 0.5,且其平方根大于相关系数。情感涉入六个测量变量的因子载荷均大于 0.5;KMO 值为 0.838,大于 0.7;Bartlett 球度检验统计量为 285.927,显著性水平小于 0.001;累积解释方差为 61.700%,大于 50%;AVE 值为 0.515,大于 0.5,且其平方根大于相关系数。

**表 5 - 18　残障人士休闲参与量表(文化社交类活动)效度检验(n = 170)**

| 潜变量 | 测量变量 | 因子载荷 | KMO | Bartlett 球度检验 | 累积解释方差(%) | AVE |
|---|---|---|---|---|---|---|
| 行为参与 | CuLPBP01 | 0.792 | 0.714 | 99.771 | 64.151 | 0.639 |
| | CuLPBP02 | 0.806 | | | | |
| | CuLPBP03 | 0.801 | | | | |
| 情感涉入 | CuLPMI01 | 0.686 | 0.838 | 285.927 | 61.700 | 0.515 |
| | CuLPMI02 | 0.703 | | | | |
| | CuLPMI03 | 0.725 | | | | |
| | CuLPMI04 | 0.726 | | | | |
| | CuLPMI05 | 0.760 | | | | |
| | CuLPMI06 | 0.702 | | | | |

**表 5 - 19　残障人士休闲参与量表(文化社交类活动)两个潜变量相关系数(n = 170)**

| 潜变量 | 行为参与 | 情感涉入 |
|---|---|---|
| 行为参与 | 1 | |
| 情感涉入 | 0.677 | 1 |

表5-20、表5-21显示了户外运动与游憩类活动的休闲参与效度检验结果。其中行为参与三个测量变量的因子载荷均大于0.5;KMO值为0.762,大于0.7;Bartlett球度检验统计量为124.057,显著性水平小于0.001;累积解释方差为66.552%,大于50%;AVE值为0.665,大于0.5,且其平方根大于相关系数。情感涉入六个测量变量的因子载荷均大于0.5;KMO值为0.887,大于0.7;Bartlett球度检验统计量为502.751,显著性水平小于0.001;累积解释方差为63.037%,大于50%;AVE值为0.630,大于0.5,且其平方根大于相关系数。以上结果表明,三类休闲活动的休闲参与量表结构效度均为良好。

表5-20　残障人士休闲参与量表(户外运动与游憩类活动)效度检验($n=170$)

| 潜变量 | 测量变量 | 因子载荷 | KMO | Bartlett球度检验 | 累积解释方差(%) | AVE |
|---|---|---|---|---|---|---|
| 行为参与 | OutLPBP01 | 0.821 | 0.762 | 124.057 | 66.552 | 0.665 |
| | OutLPBP02 | 0.872 | | | | |
| | OutLPBP03 | 0.748 | | | | |
| 情感涉入 | OutLPMI01 | 0.829 | 0.887 | 502.751 | 63.037 | 0.630 |
| | OutLPMI02 | 0.715 | | | | |
| | OutLPMI03 | 0.770 | | | | |
| | OutLPMI04 | 0.850 | | | | |
| | OutLPMI05 | 0.875 | | | | |
| | OutLPMI06 | 0.709 | | | | |

表5-21　残障人士休闲参与量表(户外运动与游憩类活动)
两个潜变量相关系数($n=170$)

| 潜变量 | 行为参与 | 情感涉入 |
|---|---|---|
| 行为参与 | 1 | |
| 情感涉入 | 0.792 | 1 |

### 5.3.2 社会融入与心理距离量表信度与效度检验

（1）信度检验

社会融入与心理距离量表信度测试结果如表 5 – 22 所示。

表 5 – 22 残障人士社会融入与心理距离量表信度检验（$n = 170$）

| 潜变量 | 测量变量 | 问项与总体的相关系数 | 删除该项后的 Alpha 系数 | 组合信度 |
|---|---|---|---|---|
| 经济融入 | SIEI01 | 0.569 | 0.864 | 0.802 |
| | SIEI02 | 0.626 | 0.860 | |
| | SIEI03 | 0.530 | 0.866 | |
| | SIEI04 | 0.641 | 0.860 | |
| | SIEI05 | 0.658 | 0.858 | |
| 行为适应 | SIBA01 | 0.665 | 0.858 | 0.806 |
| | SIBA02 | 0.522 | 0.867 | |
| | SIBA03 | 0.565 | 0.865 | |
| 心理距离 | SIPD01 | 0.542 | 0.866 | 0.789 |
| | SIPD02 | 0.653 | 0.859 | |
| | SIPD03 | 0.554 | 0.870 | |
| | SIPD04 | 0.556 | 0.873 | |
| 量表总体信度 | | | | 0.874 |

表 5 – 22 的结果显示了对社会融入与心理距离的三个潜变量共十二个项目的信度分析。首先，所有问项与总体的相关系数（CITC）都高于 0.5；其次，三个潜变量的 Alpha 系数分别为 0.802、0.806 和 0.789，均高于 0.7；第三，就量表总体而言，删除任何一个问项之后的 Alpha 系数均低于量表的总体信度；最后，量表总体信度为 0.874。以上表明，量表对经济融入、行为适应和中介变量心理距离的测量是合理可信的。

（2）效度检验

社会融入与心理距离量表（预测试）效度检验结果如表 5 – 23、表 5 – 24所示。经济融入的五个测量变量的因子载荷均大于 0.5；KMO 值为 0.785,大于 0.7;Bartlett 球度检验统计量为 267.484,显著性水平小于 0.001;累积解释方差为 66.385%,大于 50%;AVE 值为 0.563,大于 0.5,且其平方根大于相关系数。行为适应的三个测量变量的因子载荷均大于 0.5;KMO 值为 0.708,大于 0.7;Bartlett 球度检验统计量为 92.762,显著性水平小于 0.001;累积解释方差为 66.575%,大于 50%;AVE 值为 0.563,大于 0.5,且其平方根大于相关系数。心理距离的四个测量变量的因子载荷均大于 0.5;KMO 值为 0.754,大于 0.7;Bartlett 球度检验统计量为 190.522,显著性水平小于 0.001;累积解释方差为 61.245%,大于 50%;AVE 值为 0.611,大于 0.5,且其平方根大于相关系数。以上结果表明,量表结构效度良好。

表 5 - 23　残障人士社会融入与心理距离量表效度检验( $n = 170$ )

| 潜变量 | 测量变量 | 因子载荷 | KMO | Bartlett 球度检验 | 累积解释方差(%) | AVE 值 |
|---|---|---|---|---|---|---|
| 经济融入 | SIEI01 | 0.797 | 0.785 | 267.484 | 66.385 | 0.563 |
| | SIEI02 | 0.829 | | | | |
| | SIEI03 | 0.699 | | | | |
| | SIEI04 | 0.695 | | | | |
| | SIEI05 | 0.720 | | | | |
| 行为适应 | SIBA01 | 0.877 | 0.708 | 92.762 | 66.575 | 0.563 |
| | SIBA02 | 0.741 | | | | |
| | SIBA03 | 0.608 | | | | |
| 心理距离 | SIPD01 | 0.765 | 0.754 | 190.522 | 61.245 | 0.611 |
| | SIPD02 | 0.783 | | | | |
| | SIPD03 | 0.770 | | | | |
| | SIPD04 | 0.808 | | | | |

表 5 - 24　残障人士社会融入与心理距离量表三个潜变量相关系数( $n = 170$ )

| 潜变量 | 经济融入 | 行为适应 | 心理距离 |
|---|---|---|---|
| 经济融入 | 1 | | |
| 行为适应 | 0.579 | 1 | |
| 心理距离 | 0.334 | 0.577 | 1 |

# 5.4  描述性统计分析

本节数据分析旨在分析残障人士休闲参与与社会融入的状况,通过描述性统计,以平均值和标准差来反映样本休闲生活与社会融入的基本特征。

## 5.4.1  残障人士休闲参与状况分析

基于残障人士休闲参与调查问卷的样本数据,残障人士对于不同活动类型的休闲参与统计结果如表 5 – 25、表 5 – 26、表 5 – 27 所示。

根据表 5 – 25 的数据来看,居家消遣类活动的休闲参与中,行为参与方面,频率参与度最高($M = 2.877, SD = 1.188$),时长投入度相对最低($M = 2.588, SD = 1.006$);情感涉入方面,与朋友通过该项休闲活动联系彼此的程度最高($M = 2.741, SD = 1.050$),相对最低的是生活围绕该项活动来安排($M = 2.435, SD = 0.954$)。行为参与的总体程度($M = 2.737$)略高于情感涉入($M = 2.577$)。结果表明,残障人士在居家消遣活动中实际行动的投入更高,这也反映出残障人士在家庭空间内更容易实际参与休闲活动。

根据表 5 – 26 的数据来看,文化社交类活动的休闲参与中,行为参与方面,费用投入度最高($M = 2.953, SD = 0.922$),时长投入度相对最低($M = 2.806, SD = 0.865$);情感涉入方面,与居家类活动一致,与朋友通过该项休闲活动联系彼此的程度最高($M = 3.018, SD = 0.818$),相对最低的也是生活围绕该项活动来安排($M = 2.618, SD = 0.857$)。行为参与的总体程度($M = 2.878$)与情感涉入基本相同($M = 2.880$)。结果表明,残障人士在文化社交类活动中的行为参与和情感涉入程度几乎没有差异,亦即在半封闭的公共空间内参与活动时,其实际行动和态度投入上都予以重视。

根据表 5 – 27 的数据来看,户外运动与游憩类活动的休闲参与中,行为参与方面,与文化社交类活动一致,费用投入度最高($M = 2.835, SD = 0.934$),时长投入度同样相对最低($M = 2.647, SD = 0.951$);情感涉入方面,参与活动的满足感体验程度最高($M = 2.729, SD = 1.019$),相对最低的仍然是生活围绕该项活动来安排($M = 2.577, SD = 1.042$)。行为参与的总体程度($M = 2.718$)略高于情感涉入($M = 2.638$)。结果表明,残障人士在户外活动中实际行动的投入程度比态度投入更高,这也反映出残障人士在开放空间内并未受到太多局限,行动投入更胜于积极的态度。

将三类活动的两个维度进行横向比较可发现,行为参与方面,文化社交类活动的参与程度最高,户外运动与游憩类活动相对最低;情感涉入方面,同样是文化社交类活动参与程度最高,而居家消遣类活动相对最低。这在一定程度上说明残障人士的休闲参与并未太多受到空间限制,并且在对人际关系要求较高的文化社交类活动中参与度更高,这也反映出其积极与外界保持联系的心态。且上述结果还发现,三类活动的行为参与中,时长投入度都最低,这在一定程度上反映出残障人士可能因其身体条件限制,不能在某种特定活动中投入过长的时间。

表5-25　残障人士休闲参与(居家消遣类)描述性统计($n = 170$)

| 测量维度 | 变量名 | 测量问项 | 平均值 | 标准差 |
|---|---|---|---|---|
| 行为参与 | FaLPBP01 | 我每天都会参与这项休闲活动 | 2.877 | 1.188 |
| | FaLPBP02 | 我每天投入这项休闲活动的时间很长 | 2.588 | 1.006 |
| | FaLPBP03 | 我为参与这项休闲活动投入的费用不菲 | 2.747 | 0.967 |
| | FaLPBP | | 2.737 | |
| 情感涉入 | FaLPMI01 | 我发现我的生活是围绕这项休闲活动来安排的 | 2.435 | 0.954 |
| | FaLPMI02 | 这项休闲活动是最能让我感到满足的事情之一 | 2.629 | 1.019 |
| | FaLPMI03 | 我喜欢和我的亲友讨论这项休闲活动 | 2.582 | 0.989 |
| | FaLPMI04 | 我与大多数朋友都通过这项休闲活动联系彼此 | 2.741 | 1.050 |
| | FaLPMI05 | 当我参与这项休闲活动时才能感受到最真实的自我 | 2.529 | 1.004 |
| | FaLPMI06 | 当我参与这项休闲活动时,我乐意被他人看到(知道) | 2.547 | 1.038 |
| | FaLPMI | | 2.577 | |

表 5 – 26　残障人士休闲参与(文化社交类)描述性统计( $n = 170$ )

| 测量维度 | 变量名 | 测量问项 | 平均值 | 标准差 |
|---|---|---|---|---|
| 行为参与 | CuLPBP01 | 我每天都会参与这项休闲活动 | 2.877 | 0.872 |
| | CuLPBP02 | 我每天投入这项休闲活动的时间很长 | 2.806 | 0.865 |
| | CuLPBP03 | 我为参与这项休闲活动投入的费用不菲 | 2.953 | 0.922 |
| | CuLPBP | | 2.878 | |
| 情感涉入 | CuLPMI01 | 我发现我的生活是围绕这项休闲活动来安排的 | 2.618 | 0.857 |
| | CuLPMI02 | 这项休闲活动是最能让我感到满足的事情之一 | 2.971 | 0.887 |
| | CuLPMI03 | 我喜欢和我的亲友讨论这项休闲活动 | 2.882 | 0.862 |
| | CuLPMI04 | 我与大多数朋友都通过这项休闲活动联系彼此 | 3.018 | 0.818 |
| | CuLPMI05 | 当我参与这项休闲活动时才能感受到最真实的自我 | 2.924 | 0.929 |
| | CuLPMI06 | 当我参与这项休闲活动时,我乐意被他人看到(知道) | 2.871 | 0.920 |
| | CuLPMI | | 2.880 | |

表 5 – 27　残障人士休闲参与(户外运动与游憩类)描述性统计( $n = 170$ )

| 测量维度 | 变量名 | 测量问项 | 平均值 | 标准差 |
|---|---|---|---|---|
| 行为参与 | OutLPBP01 | 我每天都会参与这项休闲活动 | 2.671 | 0.928 |
| | OutLPBP02 | 我每天投入这项休闲活动的时间很长 | 2.647 | 0.951 |
| | OutLPBP03 | 我为参与这项休闲活动投入的费用不菲 | 2.835 | 0.934 |
| | OutLPBP | | 2.718 | |

续表 5 – 27

| 测量维度 | 变量名 | 测量问项 | 平均值 | 标准差 |
|---|---|---|---|---|
| 情感涉入 | OutLPMI01 | 我发现我的生活是围绕这项休闲活动来安排的 | 2.577 | 1.042 |
| | OutLPMI02 | 这项休闲活动是最能让我感到满足的事情之一 | 2.729 | 1.019 |
| | OutLPMI03 | 我喜欢和我的亲友讨论这项休闲活动 | 2.612 | 0.905 |
| | OutLPMI04 | 我与大多数朋友都通过这项休闲活动联系彼此 | 2.653 | 1.062 |
| | OutLPMI05 | 当我参与这项休闲活动时才能感受到最真实的自我 | 2.641 | 0.982 |
| | OutLPMI06 | 当我参与这项休闲活动时,我乐意被他人看到(知道) | 2.618 | 1.083 |
| | OutLPMI | | 2.638 | |

## 5.4.2 残障人士社会融入状况分析

基于残障人士社会融入状况调查问卷的样本数据,统计结果如表5 – 28所示。

表5 – 28 残障人士社会融入与心理距离量表描述性统计( $n = 170$ )

| 测量维度 | 变量名 | 测量问项 | 平均值 | 标准差 |
|---|---|---|---|---|
| 经济融入 | SIEI01 | 我对目前的居住条件和环境感到满意 | 2.918 | 1.023 |
| | SIEI02 | 我对目前自己的就业状况和收入感到满意 | 2.853 | 0.946 |
| | SIEI03 | 我认为政府和社会提供的受教育和培训的机会较多 | 2.994 | 0.976 |
| | SIEI04 | 我有完善的社会保障(失业、工伤、医疗、养老、生育等) | 3.006 | 1.091 |
| | SIEI05 | 我在日常生活中到公共场所(银行、邮局、医院、政府部门等)办事方便 | 3.059 | 1.001 |
| | SIEI | | 2.966 | |

续表 5 - 28

| 测量维度 | 变量名 | 测量问项 | 平均值 | 标准差 |
|---|---|---|---|---|
| 行为适应 | SIBA01 | 我平时社会交际非常频繁 | 3.035 | 0.896 |
| | SIBA02 | 我平时的生活方式和消费习惯跟周围的人差异不大 | 3.141 | 0.787 |
| | SIBA03 | 我经常参与公共活动、社区管理或各种选举 | 2.724 | 0.961 |
| | SIBA | | 2.967 | |
| 心理距离 | SIPD01 | 我与亲友、邻里、同事关系融洽 | 3.353 | 0.880 |
| | SIPD02 | 我认为在居住的小区/工作单位很有归属感 | 3.141 | 0.925 |
| | SIPD03 | 我认为我居住的小区/工作单位的人值得信任 | 3.212 | 0.858 |
| | SIPD04 | 我遇到困难时,邻居/同事都愿意帮助我 | 3.371 | 0.922 |
| | SIPD | | 3.269 | |

从融入的总体状况来看,心理距离更高(M = 3.269),经济融入(M = 2.966)与行为适应(M = 2.967)相对较低且感知程度接近。从 12 个具体问项来看,获得帮助的可能性感知(M = 3.371,SD = 0.922)、人际关系融洽(M = 3.353,SD = 0.880)以及对周围人员的信任程度(M = 3.212,SD = 0.858)分列融入程度最高的前三位,而经常参与公共活动等(M = 2.724,SD = 0.961)、对就业与收入水平的满意程度(M = 2.853,SD = 0.946)以及对居住条件和环境的满意程度(M = 2.918,SD = 1.023)分列融入程度最低的前三位。总体而言,残障人士的社会融入感知更多体现在心理距离和行为适应方面,而经济层面的资源性支持程度相对较差。

从不同层面的融入状况分别来看:

经济融入方面,到公共场所办事的方便程度感知(M = 3.059,SD = 1.001)和社会保障的完善程度感知(M = 3.006,SD = 1.091)的融入感知最高,而对就业与收入水平的满意程度(M = 2.853,SD = 0.946)的融入感知相对最低。可见残障人士在基本生活条件和环境、社会保障方面所能获得的社会支持相对较高,而要拓展到就业、提升收入和职业发展方面则还相对较差。

行为适应方面,生活方式、消费习惯以及周围的差异(M = 3. 141, SD = 0. 787)的融入感知较高,而参与选举和社区管理(M = 2. 724, SD = 0. 961)的融入程度较低。这表明残障人士在基本生活和消费习惯等行为规范中并未反映出较大的差异,但是参与公共活动的程度较低,该数据与第 3 章对于残障人士休闲活动参与状况的调研结果较为一致,前期调查表明文化社交类活动中参与志愿服务(M = 2. 358, SD = 1. 160)一项的频率也是低于中值的,这在一定意义上也反映出残障人士在行为适应方面的社会生活参与度还处在较低水平。

心理距离方面,获得帮助的可能性感知(M = 3. 371, SD = 0. 922)排在最高,而对于居住地或单位的归属感(M = 3. 141, SD = 0. 925)排在最低,并且分值和行为适应维度下分值最高的问项(生活方式与消费习惯与周围的人没有差异)接近。这表明残障人士总体上处在较好的人际关系氛围中,旁人态度上的社会排斥表现不明显,这和前期对休闲制约因素调研中人际制约因素的影响相对最低也较为契合。

## 5. 5　结构方程模型分析与假设检验

本研究使用 SmartPLS 2. 0 软件对样本数据进行结构方程模型分析和假设检验。本节将通过外部模型估计、主模型分析、模型拟合优度分析和模型检验来完成数据分析。所分析的关系包括对总体的休闲参与程度(依据为三类活动同一选项的得分均值)与社会融入的关系,以及活动类型调节下,三类活动分别的参与程度与社会融入的关系。

### 5. 5. 1　外部模型估计

(1)潜变量信度与效度分析

在 PLS 结构方程模型估计中,使用组合信度来度量,其中组合信度值应大于 0.70(Bagozzi 和 Yi,1988)。效度分析方面通过收敛效度和区别效度予以判断,当同一潜变量的平均变异萃取量(AVE)值高于 0.5 时,表明收敛效度良好;AVE 平方根大于该潜变量与其他所有潜变量的相关系数(绝对值)时,表明区别效度良好。本研究模型中的潜变量信度与效度分析结果如表 5 - 29 至表 5 - 36 所示。分析结果显示,从休闲参与与社会融入的总体关系以及三类休闲活动参与与社会融入关系模型中分别来看,所有五个潜变量的组合信度均高于 0.7,说明潜变量信度可靠;所有测量变量的因子载荷均大于 0.5 且 T 值高于 1.98;五个潜变量的 AVE 值均高于 0.5,且其平方根均高于其他潜变量的相关系数,因此潜变量的收敛效度和区别效度均为良好。

表 5 - 29  组合信度与收敛效度分析(休闲参与与社会融入)

| 潜变量 | 测量问项 | 载荷系数 | $T$ 值 | 组合信度 | AVE |
|---|---|---|---|---|---|
| 行为参与<br>(LPBP) | LPBP01 | 0.787 | 2.581 | 0.730 | 0.595 |
| | LPBP02 | 0.900 | 3.48 | | |
| | LPBP03 | 0.597 | 2.354 | | |
| 情感涉入<br>(LPMI) | LPMI01 | 0.739 | 2.187 | 0.805 | 0.638 |
| | LPMI02 | 0.779 | 3.208 | | |
| | LPMI03 | 0.500 | 2.768 | | |
| | LPMI04 | 0.591 | 2.808 | | |
| | LPMI05 | 0.580 | 1.998 | | |
| | LPMI06 | 0.862 | 2.272 | | |
| 经济融入<br>(SIEI) | SIEI01 | 0.829 | 3.319 | 0.774 | 0.863 |
| | SIEI02 | 0.914 | 4.081 | | |
| | SIEI03 | 0.818 | 2.567 | | |
| | SIEI04 | 0.565 | 2.482 | | |
| | SIEI05 | 0.823 | 2.258 | | |

续表 5 – 29

| 潜变量 | 测量问项 | 载荷系数 | $T$值 | 组合信度 | AVE |
|---|---|---|---|---|---|
| 行为适应<br>（SIBA） | SIBA01 | 0.625 | 3.827 | 0.814 | 0.730 |
| | SIBA02 | 0.518 | 2.668 | | |
| | SIBA03 | 0.705 | 2.614 | | |
| 心理距离<br>（SIPD） | SIPD01 | 0.724 | 4.088 | 0.751 | 0.600 |
| | SIPD02 | 0.577 | 2.275 | | |
| | SIPD03 | 0.552 | 3.099 | | |
| | SIPD04 | 0.920 | 4.160 | | |

表 5 – 30　区别效度分析（休闲参与与社会融入）

| 潜变量 | LPBP | LPMI | SIBA | SIEI | SIPD |
|---|---|---|---|---|---|
| LPBP | 0.771 | | | | |
| LPMI | 0.375 | 0.799 | | | |
| SIBA | 0.246 | 0.254 | 0.929 | | |
| SIEI | 0.671 | 0.239 | 0.547 | 0.854 | |
| SIPD | 0.448 | 0.426 | 0.561 | 0.678 | 0.775 |

表 5 – 31　组合信度与收敛效度分析（居家消遣类活动参与与社会融入）

| 潜变量 | 测量问项 | 载荷系数 | $T$值 | 组合信度 | AVE |
|---|---|---|---|---|---|
| 行为参与<br>（FaLPBP） | FaLPBP01 | 0.920 | 40.032 | 0.877 | 0.801 |
| | FaLPBP02 | 0.870 | 26.220 | | |
| | FaLPBP03 | 0.725 | 7.435 | | |
| 情感涉入<br>（FaLPMI） | FaLPMI01 | 0.744 | 4.000 | 0.774 | 0.610 |
| | FaLPMI02 | 0.703 | 3.823 | | |
| | FaLPMI03 | 0.803 | 4.618 | | |
| | FaLPMI04 | 0.824 | 4.602 | | |
| | FaLPMI05 | 0.794 | 4.326 | | |
| | FaLPMI06 | 0.812 | 4.639 | | |

续表 5 – 31

| 潜变量 | 测量问项 | 载荷系数 | $T$ 值 | 组合信度 | AVE |
|--------|----------|----------|--------|----------|-----|
| 经济融入<br>（SIEI） | SIEI01 | 0.871 | 7.845 | 0.804 | 0.555 |
| | SIEI02 | 0.848 | 7.863 | | |
| | SIEI03 | 0.703 | 5.343 | | |
| | SIEI04 | 0.644 | 3.885 | | |
| | SIEI05 | 0.623 | 4.467 | | |
| 行为适应<br>（SIBA） | SIBA01 | 0.835 | 2.406 | 0.814 | 0.550 |
| | SIBA02 | 0.849 | 2.553 | | |
| | SIBA03 | 0.579 | 2.431 | | |
| 心理距离<br>（SIPD） | SIPD01 | 0.767 | 10.315 | 0.789 | 0.730 |
| | SIPD02 | 0.787 | 11.159 | | |
| | SIPD03 | 0.788 | 13.180 | | |
| | SIPD04 | 0.787 | 11.220 | | |

表 5 – 32 区别效度分析（居家消遣类活动参与与社会融入）

| 潜变量 | FaLPBP | FaLPMI | SIBA | SIEI | SIPD |
|--------|--------|--------|------|------|------|
| FaLPBP | 0.894 | | | | |
| FaLPMI | 0.622 | 0.781 | | | |
| SIBA | 0.236 | 0.479 | 0.742 | | |
| SIEI | 0.659 | 0.386 | 0.534 | 0.745 | |
| SIPD | 0.549 | 0.505 | 0.573 | 0.631 | 0.854 |

表 5 – 33 组合信度与收敛效度分析（文化社交类活动参与与社会融入）

| 潜变量 | 测量问项 | 载荷系数 | $T$ 值 | 组合信度 | AVE |
|--------|----------|----------|--------|----------|-----|
| 行为参与<br>（CuLPBP） | CuLPBP01 | 0.890 | 22.507 | 0.720 | 0.632 |
| | CuLPBP02 | 0.791 | 12.751 | | |
| | CuLPBP03 | 0.693 | 9.495 | | |

| 潜变量 | 测量问项 | 载荷系数 | T 值 | 组合信度 | AVE |
|---|---|---|---|---|---|
| 情感涉入<br>（CuLPMI） | CuLPMI01 | 0.632 | 5.395 | 0.812 | 0.512 |
| | CuLPMI02 | 0.622 | 8.061 | | |
| | CuLPMI03 | 0.761 | 15.595 | | |
| | CuLPMI04 | 0.738 | 14.406 | | |
| | CuLPMI05 | 0.822 | 19.558 | | |
| | CuLPMI06 | 0.699 | 11.208 | | |
| 经济融入<br>（SIEI） | SIEI01 | 0.824 | 4.378 | 0.804 | 0.554 |
| | SIEI02 | 0.835 | 4.463 | | |
| | SIEI03 | 0.682 | 2.523 | | |
| | SIEI04 | 0.720 | 3.713 | | |
| | SIEI05 | 0.667 | 3.424 | | |
| 行为适应<br>（SIBA） | SIBA01 | 0.760 | 8.867 | 0.714 | 0.561 |
| | SIBA02 | 0.674 | 5.901 | | |
| | SIBA03 | 0.794 | 10.297 | | |
| 心理距离<br>（SIPD） | SIPD01 | 0.725 | 10.480 | 0.789 | 0.611 |
| | SIPD02 | 0.824 | 16.583 | | |
| | SIPD03 | 0.807 | 15.419 | | |
| | SIPD04 | 0.767 | 11.110 | | |

表 5 - 34　区别效度分析（文化社交类活动参与与社会融入）

| 潜变量 | CuLPBP | CuLPMI | SIBA | SIEI | SIPD |
|---|---|---|---|---|---|
| CuLPBP | 0.794 | | | | |
| CuLPMI | 0.622 | 0.716 | | | |
| SIBA | 0.353 | 0.329 | 0.749 | | |
| SIEI | 0.591 | 0.337 | 0.526 | 0.744 | |
| SIPD | 0.286 | 0.480 | 0.523 | 0.633 | 0.782 |

表5－35　组合信度与收敛效度分析（户外运动与游憩类活动参与与社会融入）

| 潜变量 | 测量问项 | 载荷系数 | $T$ 值 | 组合信度 | AVE |
|---|---|---|---|---|---|
| 行为参与<br>（LPBP） | OutLPBP01 | 0.845 | 2.739 | 0.747 | 0.600 |
| | OutLPBP02 | 0.939 | 2.745 | | |
| | OutLPBP03 | 0.555 | 2.510 | | |
| 情感涉入<br>（LPMI） | OutLPMI01 | 0.854 | 5.312 | 0.881 | 0.627 |
| | OutLPMI02 | 0.691 | 4.551 | | |
| | OutLPMI03 | 0.779 | 4.524 | | |
| | OutLPMI04 | 0.828 | 5.132 | | |
| | OutLPMI05 | 0.889 | 5.093 | | |
| | OutLPMI06 | 0.690 | 4.411 | | |
| 经济融入<br>（SIEI） | SIEI01 | 0.813 | 2.344 | 0.804 | 0.594 |
| | SIEI02 | 0.610 | 2.766 | | |
| | SIEI03 | 0.657 | 2.960 | | |
| | SIEI04 | 0.573 | 2.914 | | |
| | SIEI05 | 0.824 | 2.397 | | |
| 行为适应<br>（SIBA） | SIBA01 | 0.579 | 2.297 | 0.714 | 0.561 |
| | SIBA02 | 0.588 | 3.009 | | |
| | SIBA03 | 0.958 | 2.034 | | |
| 心理距离<br>（SIPD） | SIPD01 | 0.694 | 3.140 | 0.789 | 0.527 |
| | SIPD02 | 0.892 | 2.143 | | |
| | SIPD03 | 0.764 | 4.973 | | |
| | SIPD04 | 0.757 | 2.021 | | |

表5－36　区别效度分析（户外运动与游憩类活动参与与社会融入）

| 潜变量 | OutLPBP | OutLPMI | SIBA | SIEI | SIPD |
|---|---|---|---|---|---|
| OutLPBP | 0.775 | | | | |
| OutLPMI | 0.751 | 0.792 | | | |
| SIBA | 0.194 | 0.245 | 0.749 | | |
| SIEI | 0.373 | 0.538 | 0.326 | 0.771 | |
| SIPD | 0.558 | 0.470 | 0.388 | 0.510 | 0.726 |

（2）潜变量交叉因子载荷分析

测量模型的交叉因子载荷系数表示潜变量对其所对应的测量变量

的解释能力与其他测量变量的解释能力的比较,每个测量变量在其目标潜变量中的载荷量应大于该测量变量在所有其他潜变量中的载荷量(Chin,1998)。本研究的潜变量交叉因子载荷分析结果如表5-37至表5-40所示。结果显示,从休闲参与与社会融入总体关系及三类休闲活动参与分别与社会融入关系来看,所有五个潜变量的测量变量均满足该要求,因此模型各个潜变量对相应的测量变量的解释能力良好。

表5-37 潜变量交叉因子载荷分析(休闲参与与社会融入)

| 测量变量 | LPBP | LPMI | SIBA | SIEI | SIPD |
|---|---|---|---|---|---|
| LPBP01 | 0.787 | 0.113 | 0.342 | 0.441 | 0.295 |
| LPBP02 | 0.900 | 0.199 | 0.176 | 0.684 | 0.466 |
| LPBP03 | 0.697 | 0.539 | 0.212 | 0.212 | 0.062 |
| LPMI01 | 0.367 | 0.740 | 0.141 | 0.348 | 0.135 |
| LPMI02 | 0.088 | 0.779 | 0.261 | 0.252 | 0.309 |
| LPMI03 | 0.107 | 0.600 | 0.141 | 0.088 | 0.013 |
| LPMI04 | 0.031 | 0.591 | 0.204 | 0.063 | 0.095 |
| LPMI05 | 0.068 | 0.580 | 0.391 | 0.130 | 0.080 |
| LPMI06 | 0.003 | 0.862 | 0.060 | 0.015 | 0.302 |
| SIBA01 | 0.306 | 0.255 | 0.829 | 0.498 | 0.472 |
| SIBA02 | 0.084 | 0.162 | 0.914 | 0.367 | 0.478 |
| SIBA03 | 0.241 | 0.235 | 0.818 | 0.534 | 0.486 |
| SIEI01 | 0.402 | 0.284 | 0.267 | 0.765 | 0.232 |
| SIEI02 | 0.616 | 0.301 | 0.307 | 0.823 | 0.544 |
| SIEI03 | 0.513 | 0.085 | 0.092 | 0.725 | 0.285 |
| SIEI04 | 0.337 | 0.274 | 0.254 | 0.820 | 0.135 |
| SIEI05 | 0.470 | 0.216 | 0.614 | 0.705 | 0.615 |
| SIPD01 | 0.271 | 0.191 | 0.349 | 0.460 | 0.724 |
| SIPD02 | 0.102 | 0.170 | 0.418 | 0.314 | 0.877 |
| SIPD03 | 0.213 | 0.482 | 0.052 | 0.155 | 0.645 |
| SIPD04 | 0.522 | 0.325 | 0.513 | 0.605 | 0.920 |

表5-38  潜变量交叉因子载荷分析（居家消遣类活动参与与社会融入）

| 测量变量 | FaLPBP | FaLPMI | SIBA | SIEI | SIPD |
|---|---|---|---|---|---|
| FaLPBP01 | 0.920 | 0.495 | 0.243 | 0.239 | 0.304 |
| FaLPBP02 | 0.870 | 0.555 | 0.179 | 0.166 | 0.228 |
| FaLPBP03 | 0.725 | 0.601 | 0.111 | 0.065 | 0.169 |
| FaLPMI01 | 0.444 | 0.744 | 0.234 | 0.157 | 0.087 |
| FaLPMI02 | 0.482 | 0.703 | 0.017 | 0.050 | 0.033 |
| FaLPMI03 | 0.449 | 0.803 | 0.099 | 0.086 | 0.174 |
| FaLPMI04 | 0.611 | 0.824 | 0.172 | 0.064 | 0.224 |
| FaLPMI05 | 0.433 | 0.794 | 0.130 | 0.025 | 0.127 |
| FaLPMI06 | 0.490 | 0.812 | 0.125 | 0.022 | 0.068 |
| SIBA01 | 0.215 | 0.111 | 0.835 | 0.582 | 0.523 |
| SIBA02 | 0.199 | 0.201 | 0.849 | 0.327 | 0.445 |
| SIBA03 | 0.001 | 0.158 | 0.579 | 0.276 | 0.283 |
| SIEI01 | 0.226 | 0.082 | 0.429 | 0.871 | 0.573 |
| SIEI02 | 0.162 | 0.088 | 0.451 | 0.848 | 0.494 |
| SIEI03 | 0.137 | 0.083 | 0.329 | 0.703 | 0.396 |
| SIEI04 | 0.099 | 0.027 | 0.403 | 0.644 | 0.483 |
| SIEI05 | 0.078 | 0.048 | 0.446 | 0.623 | 0.387 |
| SIPD01 | 0.241 | 0.104 | 0.491 | 0.463 | 0.767 |
| SIPD02 | 0.220 | 0.141 | 0.417 | 0.575 | 0.787 |
| SIPD03 | 0.218 | 0.175 | 0.389 | 0.424 | 0.788 |
| SIPD04 | 0.226 | 0.150 | 0.490 | 0.514 | 0.787 |

表5-39  潜变量交叉因子载荷分析（文化社交类活动参与与社会融入）

| 测量变量 | CuLPBP | CuLPMI | SIBA | SIEI | SIPD |
|---|---|---|---|---|---|
| CuLPBP01 | 0.890 | 0.480 | 0.336 | 0.231 | 0.312 |
| CuLPBP02 | 0.791 | 0.501 | 0.297 | 0.049 | 0.177 |
| CuLPBP03 | 0.693 | 0.567 | 0.178 | 0.100 | 0.146 |

续表 5 - 39

| 测量变量 | CuLPBP | CuLPMI | SIBA | SIEI | SIPD |
|---|---|---|---|---|---|
| CuLPMI01 | 0.542 | 0.632 | 0.349 | 0.084 | 0.083 |
| CuLPMI02 | 0.473 | 0.622 | 0.116 | 0.033 | 0.167 |
| CuLPMI03 | 0.399 | 0.761 | 0.263 | 0.144 | 0.252 |
| CuLPMI04 | 0.456 | 0.738 | 0.218 | 0.130 | 0.252 |
| CuLPMI05 | 0.478 | 0.822 | 0.274 | 0.308 | 0.329 |
| CuLPMI06 | 0.382 | 0.699 | 0.146 | 0.143 | 0.230 |
| SIBA01 | 0.226 | 0.193 | 0.760 | 0.594 | 0.514 |
| SIBA02 | 0.231 | 0.179 | 0.674 | 0.335 | 0.434 |
| SIBA03 | 0.314 | 0.327 | 0.794 | 0.302 | 0.285 |
| SIEI01 | 0.167 | 0.187 | 0.357 | 0.824 | 0.583 |
| SIEI02 | 0.201 | 0.164 | 0.451 | 0.835 | 0.496 |
| SIEI03 | 0.025 | 0.173 | 0.338 | 0.682 | 0.391 |
| SIEI04 | 0.193 | 0.174 | 0.409 | 0.720 | 0.488 |
| SIEI05 | 0.063 | 0.135 | 0.429 | 0.667 | 0.367 |
| SIPD01 | 0.181 | 0.221 | 0.398 | 0.469 | 0.725 |
| SIPD02 | 0.268 | 0.289 | 0.407 | 0.564 | 0.824 |
| SIPD03 | 0.260 | 0.247 | 0.360 | 0.422 | 0.807 |
| SIPD04 | 0.166 | 0.238 | 0.490 | 0.526 | 0.767 |

表 5 - 40　潜变量交叉因子载荷分析(户外运动与游憩类活动参与与社会融入)

| 测量变量 | OutLPBP | OutLPMI | SIBA | SIEI | SIPD |
|---|---|---|---|---|---|
| OutLPBP01 | 0.845 | 0.589 | 0.149 | 0.114 | 0.038 |
| OutLPBP02 | 0.939 | 0.749 | 0.186 | 0.197 | 0.115 |
| OutLPBP03 | 0.855 | 0.579 | 0.004 | 0.029 | 0.099 |
| OutLPMI01 | 0.686 | 0.854 | 0.210 | 0.130 | 0.093 |
| OutLPMI02 | 0.449 | 0.691 | 0.058 | 0.119 | 0.019 |
| OutLPMI03 | 0.561 | 0.779 | 0.208 | 0.073 | 0.073 |

续表 5－40

| 测量变量 | OutLPBP | OutLPMI | SIBA | SIEI | SIPD |
|---|---|---|---|---|---|
| OutLPMI04 | 0.611 | 0.828 | 0.132 | 0.067 | 0.068 |
| OutLPMI05 | 0.651 | 0.889 | 0.075 | 0.256 | 0.114 |
| OutLPMI06 | 0.566 | 0.690 | 0.122 | 0.095 | 0.010 |
| SIBA01 | 0.009 | 0.001 | 0.479 | 0.536 | 0.431 |
| SIBA02 | 0.099 | 0.020 | 0.488 | 0.359 | 0.344 |
| SIBA03 | 0.187 | 0.204 | 0.958 | 0.235 | 0.314 |
| SIEI01 | 0.152 | 0.146 | 0.194 | 0.813 | 0.553 |
| SIEI02 | 0.042 | 0.036 | 0.342 | 0.610 | 0.472 |
| SIEI03 | 0.080 | 0.009 | 0.272 | 0.657 | 0.357 |
| SIEI04 | 0.028 | 0.030 | 0.309 | 0.573 | 0.466 |
| SIEI05 | 0.140 | 0.142 | 0.336 | 0.824 | 0.274 |
| SIPD01 | 0.030 | 0.009 | 0.240 | 0.480 | 0.694 |
| SIPD02 | 0.098 | 0.049 | 0.320 | 0.492 | 0.892 |
| SIPD03 | 0.052 | 0.008 | 0.266 | 0.372 | 0.764 |
| SIPD04 | 0.053 | 0.004 | 0.403 | 0.491 | 0.757 |

## 5.5.2　主模型分析

通过 SmartPLS2.0 运算,本研究的主模型分析结果如图 5－1 至图 5－4 所示。

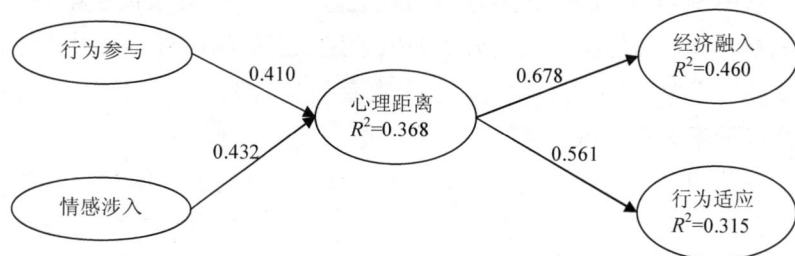

**图 5－1　休闲参与与社会融入总体关系模型分析结果**

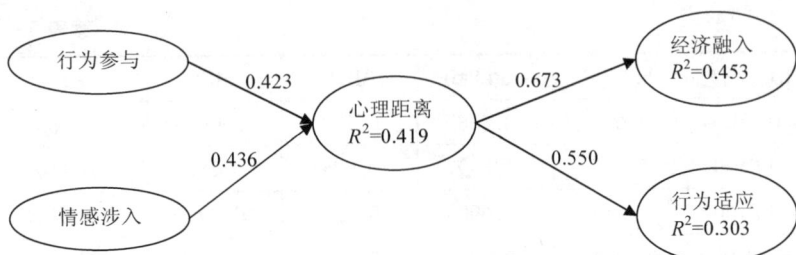

**图 5 - 2　休闲参与(居家消遣类)与社会融入关系模型分析结果**

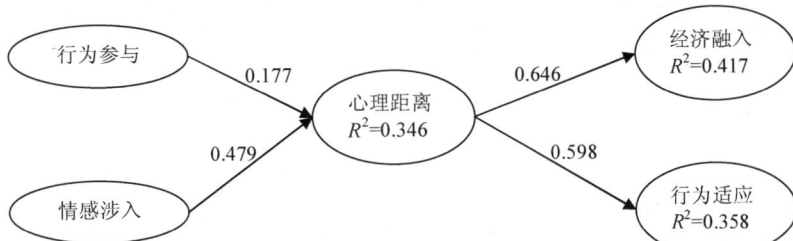

**图 5 - 3　休闲参与(文化社交类)与社会融入关系模型分析结果**

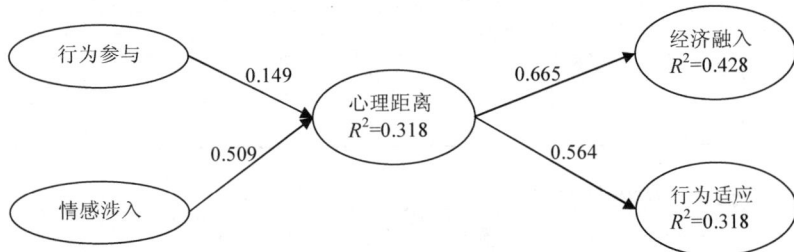

**图 5 - 4　休闲参与(户外运动与游憩类)与社会融入关系模型分析结果**

从图 5 - 1 中可见,休闲参与与社会融入的总体关系模型中,行为参与对心理距离的路径系数为 0.410,这说明当休闲参与的行为参与变量变化 1 个单位时,将会促进心理距离变量变化 0.410 个单位,其余变量之间的系数含义以此类推。

从休闲参与与社会融入的总体关系及三类活动的休闲参与与社会融入的关系来看,休闲参与的两个维度对心理距离影响的路径系数均为正,心理距离对经济融入和行为适应影响的路径系数也均为正,即休闲参与对社会融入总体上有正向的影响作用,且休闲参与的两个维度首先通过对心理距离的正向影响,进而影响到经济融入和行为适应。

### 5.5.3　模型拟合优度分析

拟合优度是评价模型总体预测效果的指标,综合考虑测量模型和结构模型。在 PLS 结构方程模型分析中,一般采用 GoF(Goodness-of-Fit)对整体模型的拟合优度进行检验。GoF 指标数值在 0 到 1 之间,数值越大表明模型构建的效果越好。GoF 指标计算公式为:

$$GoF = \sqrt{communality \times \overline{R^2}}$$
5.1

其中,$communality$ 是概念模型中所有潜变量的公因子方差共同度的平均值,$R^2$ 是概念模型中所有潜变量可解释方差的平均值。当 $R^2 = 0.02$ 时,表示路径关系较弱;当 $R^2 = 0.13$ 时,表示路径关系为中等;当 $R^2 = 0.26$ 时,表明路径关系很强根据(Cohen,1988)。本研究的模型拟合优度分析结果如表 5-41 所示。结果表明,总体模型与三类活动的模型中,内生潜变量 $R^2$ 均大于 0.26,说明潜变量之间路径关系较强。通过上述公式计算,得到休闲参与与社会融入总体关系模型的 GoF 值为 0.510,三类休闲活动的参与-融入模型 GoF 值分别为 0.517、0.501 和 0.498,说明总体模型与三类活动的模型拟合优度均较好。

表 5-41　模型拟合优度分析

| 活动类型 | 变量名称 | 变量类型 | 测量方式 | 共同度 | $R^2$ |
|---|---|---|---|---|---|
| 总体关系模型 | 行为参与(LPBP) | 外生潜变量 | 反应型 | 0.595 | |
| | 情感涉入(LPMI) | 外生潜变量 | 反应型 | 0.636 | |
| | 经济融入(SIEI) | 内生潜变量 | 反应型 | 0.860 | 0.460 |
| | 行为适应(SIBA) | 内生潜变量 | 反应型 | 0.730 | 0.315 |
| | 心理距离(SIPD) | 内生潜变量 | 反应型 | 0.600 | 0.368 |
| 平均值 | | | | 0.684 | 0.381 |

续表 5 - 41

| 活动类型 | 变量名称 | 变量类型 | 测量方式 | 共同度 | $R^2$ |
|---|---|---|---|---|---|
| 居家消遣类 | 行为参与（FaLPBP） | 外生潜变量 | 反应型 | 0.801 | — |
| | 情感涉入（FaLPMI） | 外生潜变量 | 反应型 | 0.601 | — |
| | 经济融入（SIEI） | 内生潜变量 | 反应型 | 0.715 | 0.453 |
| | 行为适应（SIBA） | 内生潜变量 | 反应型 | 0.557 | 0.303 |
| | 心理距离（SIPD） | 内生潜变量 | 反应型 | 0.730 | 0.419 |
| 平均值 | | | | 0.681 | 0.392 |
| 文化社交类 | 行为参与（CuLPBP） | 外生潜变量 | 反应型 | 0.633 | — |
| | 情感涉入（CuLPMI） | 外生潜变量 | 反应型 | 0.797 | — |
| | 经济融入（SIEI） | 内生潜变量 | 反应型 | 0.561 | 0.417 |
| | 行为适应（SIBA） | 内生潜变量 | 反应型 | 0.754 | 0.358 |
| | 心理距离（SIPD） | 内生潜变量 | 反应型 | 0.612 | 0.346 |
| 平均值 | | | | 0.671 | 0.374 |
| 户外运动与游憩类 | 行为参与（OutLPBP） | 外生潜变量 | 反应型 | 0.801 | — |
| | 情感涉入（OutLPMI） | 外生潜变量 | 反应型 | 0.728 | — |
| | 经济融入（SIEI） | 内生潜变量 | 反应型 | 0.677 | 0.428 |
| | 行为适应（SIBA） | 内生潜变量 | 反应型 | 0.561 | 0.318 |
| | 心理距离（SIPD） | 内生潜变量 | 反应型 | 0.727 | 0.318 |
| 平均值 | | | | 0.699 | 0.355 |

### 5.5.4 模型检验

本研究主要通过 SmartPLS2.0 软件中的 Bootstrapping 方法进行模型检验。Bootstrapping 检验方法的基本思想为，从给定的样本数据中再次随机抽取一定数量的观测数值组成新的样本，利用新样本计算出估计值，然后重复上述步骤，反复抽取样本和进行估计，由计算的所有估计值组成新的数据集，通过其反映抽样分布状况，以便开展进一步分析。以下将对外部模型权重、因子载荷系数、潜变量路径系数等指标及其显著性进行检验,并对心理距离的中介效应和活动类型的调节效应进行检验。

(1)外部模型权重与因子载荷系数检验

模型的外部模型权重与因子载荷系数检验结果如表 5 - 42 至表 5 - 45 所示。结果显示,在总体关系模型和三类活动的模型中,原始样本值与重新抽取的样本值在检验中差异不大,这表明 Bootstrapping 检验抽取的新样本集合与原始样本数据所携带的信息具有一致性。一般情况下,检验结果中 $T$ 值大于 1.98 则表明通过显著性检验。检验结果中,大部分外部模型权重与因子载荷系数的 $T$ 值数值都较大,个别系数的 $T$ 值低于 1.98,证明两者总体上是显著的,这进一步证明整个模型中所有潜变量对其测量变量具备较好的解释能力,可以通过整体检验。

表 5 - 42　外部权重与因子载荷系数检验(休闲参与与社会融入总体关系)

| 测量指标 | 外部权重 | | | 因子载荷 | | |
|---|---|---|---|---|---|---|
| 测量变量与潜变量 | 原始值 | 抽样值 | $T$ 值 | 原始值 | 抽样值 | $T$ 值 |
| LPBP01　< - LPBP | 0.428 | 0.362 | 2.240 | 0.787 | 0.612 | 2.581 |
| LPBP02　< - LPBP | 0.677 | 0.614 | 3.281 | 0.900 | 0.842 | 3.48 |
| LPBP03　< - LPBP | 0.490 | 0.444 | 3.319 | 0.597 | 0.479 | 2.354 |
| LPMI01　< - LPMI | 0.261 | 0.271 | 2.971 | 0.739 | 0.787 | 2.187 |
| LPMI02　< - LPMI | 0.597 | 0.552 | 3.483 | 0.779 | 0.731 | 3.208 |
| LPMI03　< - LPMI | 0.225 | 0.240 | 2.073 | 0.500 | 0.444 | 2.768 |
| LPMI04　< - LPMI | 0.184 | 0.162 | 2.720 | 0.591 | 0.526 | 2.808 |
| LPMI05　< - LPMI | 0.255 | 0.217 | 2.620 | 0.580 | 0.504 | 1.998 |
| LPMI06　< - LPMI | 0.584 | 0.518 | 4.643 | 0.862 | 0.882 | 2.272 |
| SIBA01　< - SIBA | 0.385 | 0.387 | 2.030 | 0.829 | 0.796 | 3.319 |
| SIBA02　< - SIBA | 0.390 | 0.373 | 2.510 | 0.914 | 0.852 | 4.081 |
| SIBA03　< - SIBA | 0.396 | 0.334 | 3.546 | 0.818 | 0.727 | 2.567 |
| SIEI01　< - SIEI | 0.490 | 0.429 | 3.858 | 0.565 | 0.507 | 2.482 |
| SIEI02　< - SIEI | 0.446 | 0.338 | 2.733 | 0.823 | 0.771 | 2.258 |
| SIEI03　< - SIEI | 0.234 | 0.270 | 2.520 | 0.625 | 0.582 | 3.827 |
| SIEI04　< - SIEI | 0.310 | 0.343 | 2.512 | 0.518 | 0.564 | 2.668 |
| SIEI05　< - SIEI | 0.504 | 0.477 | 2.549 | 0.705 | 0.700 | 2.614 |

| 测量指标 | 外部权重 | | | 因子载荷 | | |
|---|---|---|---|---|---|---|
| 测量变量与潜变量 | 原始值 | 抽样值 | T 值 | 原始值 | 抽样值 | T 值 |
| SIPD01  < - SIPD | 0.408 | 0.358 | 3.664 | 0.724 | 0.708 | 4.088 |
| SIPD02  < - SIPD | 0.274 | 0.273 | 3.215 | 0.577 | 0.434 | 2.275 |
| SIPD03  < - SIPD | 0.212 | 0.225 | 2.691 | 0.552 | 0.538 | 3.099 |
| SIPD04  < - SIPD | 0.613 | 0.465 | 3.821 | 0.920 | 0.820 | 4.160 |

表 5 - 43　外部权重与因子载荷系数检验（居家消遣类活动）

| 测量指标 | 外部权重 | | | 因子载荷 | | |
|---|---|---|---|---|---|---|
| 测量变量与潜变量 | 原始值 | 抽样值 | T 值 | 原始值 | 抽样值 | T 值 |
| FaLPBP01  < - FaLPBP | 0.530 | 0.527 | 7.580 | 0.920 | 0.917 | 22.635 |
| FaLPBP02  < - FaLPBP | 0.388 | 0.393 | 5.853 | 0.870 | 0.868 | 18.003 |
| FaLPBP03  < - FaLPBP | 0.241 | 0.229 | 2.168 | 0.725 | 0.712 | 7.376 |
| FaLPMI01  < - FaLPMI | 0.315 | 0.266 | 2.431 | 0.744 | 0.689 | 3.614 |
| FaLPMI02  < - FaLPMI | 0.219 | 0.264 | 1.110 | 0.703 | 0.682 | 3.665 |
| FaLPMI03  < - FaLPMI | 0.243 | 0.223 | 2.199 | 0.803 | 0.755 | 4.214 |
| FaLPMI04  < - FaLPMI | 0.331 | 0.286 | 2.011 | 0.824 | 0.774 | 4.349 |
| FaLPMI05  < - FaLPMI | 0.211 | 0.200 | 2.071 | 0.794 | 0.756 | 4.088 |
| FaLPMI06  < - FaLPMI | 0.144 | 0.153 | 3.295 | 0.812 | 0.772 | 4.351 |
| SIBA01  < - SIBA | 0.511 | 0.365 | 2.495 | 0.835 | 0.674 | 2.401 |
| SIBA02  < - SIBA | 0.580 | 0.467 | 2.283 | 0.849 | 0.694 | 2.526 |
| SIBA03  < - SIBA | 0.169 | 0.263 | 0.445 | 0.579 | 0.597 | 2.506 |
| SIEI01  < - SIEI | 0.427 | 0.401 | 3.575 | 0.871 | 0.842 | 8.104 |
| SIEI02  < - SIEI | 0.292 | 0.285 | 3.096 | 0.848 | 0.820 | 7.753 |
| SIEI03  < - SIEI | 0.243 | 0.232 | 2.009 | 0.703 | 0.680 | 5.138 |
| SIEI04  < - SIEI | 0.191 | 0.187 | 3.296 | 0.644 | 0.621 | 4.096 |
| SIEI05  < - SIEI | 0.139 | 0.149 | 2.050 | 0.623 | 0.610 | 4.176 |
| SIPD01  < - SIPD | 0.340 | 0.332 | 3.589 | 0.767 | 0.756 | 10.520 |
| SIPD02  < - SIPD | 0.311 | 0.313 | 3.750 | 0.787 | 0.780 | 10.147 |
| SIPD03  < - SIPD | 0.308 | 0.311 | 3.707 | 0.788 | 0.784 | 11.957 |
| SIPD04  < - SIPD | 0.320 | 0.313 | 4.384 | 0.787 | 0.776 | 11.487 |

### 表 5 – 44　外部权重与因子载荷系数检验(文化社交类活动)

| 测量指标 | 外部权重 | | | 因子载荷 | | |
|---|---|---|---|---|---|---|
| 测量变量与潜变量 | 原始值 | 抽样值 | $T$ 值 | 原始值 | 抽样值 | $T$ 值 |
| CuLPBP01 < – CuLPBP | 0.571 | 0.558 | 6.386 | 0.890 | 0.880 | 17.688 |
| CuLPBP02 < – CuLPBP | 0.376 | 0.379 | 4.321 | 0.791 | 0.787 | 11.339 |
| CuLPBP03 < – CuLPBP | 0.281 | 0.285 | 3.259 | 0.693 | 0.691 | 8.712 |
| CuLPMI01 < – CuLPMI | 0.207 | 0.202 | 2.548 | 0.632 | 0.622 | 5.611 |
| CuLPMI02 < – CuLPMI | 0.128 | 0.131 | 2.374 | 0.622 | 0.618 | 8.353 |
| CuLPMI03 < – CuLPMI | 0.258 | 0.259 | 5.501 | 0.761 | 0.757 | 16.352 |
| CuLPMI04 < – CuLPMI | 0.235 | 0.232 | 4.502 | 0.738 | 0.733 | 15.011 |
| CuLPMI05 < – CuLPMI | 0.342 | 0.334 | 7.037 | 0.822 | 0.816 | 20.088 |
| CuLPMI06 < – CuLPMI | 0.199 | 0.198 | 3.517 | 0.699 | 0.695 | 10.928 |
| SIBA01 < – SIBA | 0.381 | 0.378 | 4.356 | 0.760 | 0.750 | 9.076 |
| SIBA02 < – SIBA | 0.377 | 0.375 | 3.800 | 0.674 | 0.666 | 6.150 |
| SIBA03 < – SIBA | 0.575 | 0.567 | 5.362 | 0.794 | 0.785 | 10.387 |
| SIEI01 < – SIEI | 0.311 | 0.288 | 2.812 | 0.824 | 0.763 | 4.635 |
| SIEI02 < – SIEI | 0.298 | 0.276 | 1.773 | 0.835 | 0.774 | 4.679 |
| SIEI03 < – SIEI | 0.209 | 0.192 | 0.740 | 0.682 | 0.631 | 2.793 |
| SIEI04 < – SIEI | 0.307 | 0.382 | 2.863 | 0.720 | 0.668 | 3.849 |
| SIEI05 < – SIEI | 0.299 | 0.289 | 2.478 | 0.667 | 0.621 | 3.859 |
| SIPD01 < – SIPD | 0.276 | 0.271 | 3.747 | 0.725 | 0.718 | 9.412 |
| SIPD02 < – SIPD | 0.377 | 0.376 | 5.089 | 0.824 | 0.820 | 14.588 |
| SIPD03 < – SIPD | 0.338 | 0.332 | 5.024 | 0.807 | 0.799 | 13.477 |
| SIPD04 < – SIPD | 0.283 | 0.286 | 3.995 | 0.767 | 0.764 | 10.173 |

### 表 5 – 45　外部权重与因子载荷系数检验(户外运动与游憩类活动)

| 测量指标 | 外部权重 | | | 因子载荷 | | |
|---|---|---|---|---|---|---|
| 测量变量与潜变量 | 原始值 | 抽样值 | $T$ 值 | 原始值 | 抽样值 | $T$ 值 |
| OutLPBP01 < – OutLPBP | 0.442 | 0.376 | 2.071 | 0.845 | 0.753 | 2.739 |
| OutLPBP02 < – OutLPBP | 0.689 | 0.471 | 2.030 | 0.939 | 0.794 | 2.745 |
| OutLPBP03 < – OutLPBP | 0.441 | 0.368 | 3.129 | 0.555 | 0.545 | 2.510 |

续表 5 - 45

| 测量指标 | 外部权重 | | | 因子载荷 | | |
|---|---|---|---|---|---|---|
| 测量变量与潜变量 | 原始值 | 抽样值 | T 值 | 原始值 | 抽样值 | T 值 |
| OutLPMI01 < - OutLPMI | 0.287 | 0.242 | 2.737 | 0.854 | 0.802 | 5.312 |
| OutLPMI02 < - OutLPMI | 0.428 | 0.457 | 3.330 | 0.691 | 0.672 | 4.551 |
| OutLPMI03 < - OutLPMI | 0.521 | 0.69 | 4.182 | 0.779 | 0.735 | 4.524 |
| OutLPMI04 < - OutLPMI | 0.496 | 0.380 | 2.242 | 0.828 | 0.804 | 5.132 |
| OutLPMI05 < - OutLPMI | 0.574 | 0.616 | 2.352 | 0.889 | 0.850 | 5.093 |
| OutLPMI06 < - OutLPMI | 0.516 | 0.159 | 1.405 | 0.690 | 0.660 | 4.411 |
| SIBA01 < - SIBA | 0.030 | 0.185 | 0.095 | 0.813 | 0.764 | 2.344 |
| SIBA02 < - SIBA | 0.283 | 0.274 | 2.617 | 0.610 | 0.654 | 2.766 |
| SIBA03 < - SIBA | 0.486 | 0.430 | 3.652 | 0.657 | 0.575 | 2.960 |
| SIEI01 < - SIEI | 0.561 | 0.336 | 2.102 | 0.573 | 0.682 | 2.914 |
| SIEI02 < - SIEI | 0.150 | 0.114 | 0.490 | 0.824 | 0.838 | 2.397 |
| SIEI03 < - SIEI | 0.214 | 0.172 | 3.768 | 0.579 | 0.564 | 2.297 |
| SIEI04 < - SIEI | 0.157 | 0.165 | 2.476 | 0.588 | 0.543 | 3.009 |
| SIEI05 < - SIEI | 0.526 | 0.297 | 2.641 | 0.958 | 0.906 | 2.034 |
| SIPD01 < - SIPD | 0.397 | 0.347 | 4.586 | 0.694 | 0.605 | 3.140 |
| SIPD02 < - SIPD | 0.553 | 0.573 | 2.710 | 0.892 | 0.846 | 2.143 |
| SIPD03 < - SIPD | 0.373 | 0.267 | 3.536 | 0.764 | 0.747 | 4.973 |
| SIPD04 < - SIPD | 0.395 | 0.259 | 2.494 | 0.757 | 0.734 | 2.021 |

（2）潜变量路径系数检验

总体关系模型与三类活动模型的潜变量路径系数检验结果如表 5 - 46所示。

表 5 - 46　潜变量路径系数检验

| 活动类型 | 潜变量关系 | 原始值 | 抽样值 | T 值 | 检验结果 |
|---|---|---|---|---|---|
| 总体关系 模型 | LPBP - > SIPD | 0.410 | 0.426 | 3.230 | 接受 |
| | LPMI - > SIPD | 0.432 | 0.427 | 2.863 | 接受 |
| | SIPD - > SIBA | 0.561 | 0.624 | 2.983 | 接受 |
| | SIPD - > SIEI | 0.678 | 0.725 | 5.713 | 接受 |

| 活动类型 | 潜变量关系 | 原始值 | 抽样值 | $T$ 值 | 检验结果 |
|---|---|---|---|---|---|
| 居家消遣类 | FaLPBP – > SIPD | 0.423 | 0.373 | 2.080 | 接受 |
| | FaLPMI – > SIPD | 0.436 | 0.397 | 2.880 | 接受 |
| | SIPD – > SIBA | 0.550 | 0.612 | 3.109 | 接受 |
| | SIPD – > SIEI | 0.673 | 0.729 | 5.785 | 接受 |
| 文化社交类 | CuLPBP – > SIPD | 0.177 | 0.166 | 2.412 | 接受 |
| | CuLPMI – > SIPD | 0.479 | 0.413 | 3.274 | 接受 |
| | SIPD – > SIBA | 0.598 | 0.652 | 4.025 | 接受 |
| | SIPD – > SIEI | 0.646 | 0.721 | 7.407 | 接受 |
| 户外运动与游憩类 | OutLPBP – > SIPD | 0.149 | 0.139 | 2.540 | 接受 |
| | OutLPMI – > SIPD | 0.509 | 0.567 | 3.868 | 接受 |
| | SIPD – > SIBA | 0.564 | 0.609 | 2.626 | 接受 |
| | SIPD – > SIEI | 0.655 | 0.717 | 4.679 | 接受 |

（3）心理距离的中介效应检验

本研究中构建的概念模型包含以下假设：心理距离对休闲参与中行为参与与情感涉入两个维度与社会融入之间的关系有中介作用，本研究将进一步检验其中介效应。首先，在 PLS-SEM 中构建一个只有行为参与和情感涉入与经济融入和行为适应构成的直接路径简单模型，即排除心理距离这一中介变量。经数据分析发现，行为参与和情感涉入与经济融入和行为适应的路径系数较大且显著。其次，将心理距离构念加入上述简单模型作为中介变量，数据分析及检验结果是行为参与和情感涉入与经济融入和行为适应路径系数均变为不显著。最后，比较两个模型中结果变量的可解释方差 $R^2$ 值的变化，数据分析结果如表 5 – 47 所示。结果表明，与简单模型中经济融入和行为适应的 $R^2$ 值 0.256 和 0.124 相比较，加入心理距离中介变量后的拓展模型中上述 2 个维度的 $R^2$ 值变为 0.644 和 0.367，均高于简单模型 1 倍以上，因此心理距离维度在概念模型中表现出显著的中介效应。

表5-47　心理距离的中介效应检验

| 模型类型 | 潜变量关系 | 路径系数 | T 值 | $R^2$ |
|---|---|---|---|---|
| 无中介变量模型 | LPBP - > SIBA | 0.313 | 2.020 | 0.124 |
| | LPMI - > SIBA | 0.104 | 3.353 | |
| | LPBP - > SIEI | 0.717 | 2.830 | 0.256 |
| | LPMI - > SIEI | 0.446 | 2.995 | |
| 有中介变量模型 | LPBP - > SIBA | 0.041 | 0.154 | 0.367 |
| | LPMI - > SIBA | 0.264 | 0.916 | |
| | LPBP - > SIEI | 0.569 | 1.845 | 0.644 |
| | LPMI - > SIEI | 0.099 | 0.349 | |

（4）活动类型的调节效应检验

从三类活动的参与与融入的关系路径可见,行为参与方面,居家消遣类、文化社交类和户外运动与游憩类活动的参与对心理距离的影响系数分别为0.423、0.177和0.149;情感涉入方面,三类活动的参与对心理距离的影响系数分别为0.436、0.479和0.509。在行为参与和情感涉入两个维度上,三类活动的参与对心理距离的影响均存在差异。为保证三类活动影响系数的差异具备统计意义,以下即对上述路径关系分别进行了回归分析和检验,分析结果如表5-48所示。从表格数据可以看出,居家消遣类活动的回归方程解释了因变量42.0%的方差变异,文化社交类活动的回归方程解释了因变量35.5%的方差变异,户外运动与游憩类活动的回归方程解释了因变量31.5%的方差变异,三类活动的3组回归方程均具有显著效应($P < 0.05$),表明活动类型这一变量具有显著的调节效应。

表5-48　三类活动路径系数调节效应检验

| Type | | $R$ | $R^2$ | 调整 $R^2$ | 标准估计的误差 | 更改统计量 | | | | |
|---|---|---|---|---|---|---|---|---|---|---|
| | | | | | | $R^2$ 更改 | F 更改 | df1 | df2 | Sig. F 更改 |
| 1 | 1 | .647[a] | .422 | .420 | .477 | .420 | 17.770 | 2 | 168 | .000 |
| 2 | 1 | .588[a] | .341 | .345 | .487 | .345 | 20.295 | 2 | 168 | .000 |

续表 5 - 48

| Type | | $R$ | $R^2$ | 调整 $R^2$ | 标准估计的误差 | 更改统计量 | | | | |
|---|---|---|---|---|---|---|---|---|---|---|
| | | | | | | $R^2$ 更改 | $F$ 更改 | $df1$ | $df2$ | Sig. F 更改 |
| 3 | 1 | .564ᵃ | .325 | .322 | .457 | .322 | 12.764 | 2 | 168 | .000 |

预测变量:(常量),LPBP(行为参与),LPMI(情感涉入)。

Type1、2、3 分别代表居家消遣类、文化社交类和户外运动与游憩类活动。

### 5.5.5 研究假设验证结果

以上通过运行 SmartPLS2.0 得到概念模型与研究假设的计算结果,并对模型潜变量的信度和效度、主模型路径及拟合优度进行了分析,结果表明概念模型总体上是通过验证的,具备理论与实证的合理性。

结果显示,从影响关系和影响程度来看,在总体关系模型和三类活动关系模型中,一是休闲参与与心理距离的关系:休闲参与的两个维度对心理距离总体上存在显著正向影响;三类活动的两个维度均对心理距离存在显著正向影响;而行为参与与情感涉入对心理距离的影响均存在差异性,在总体关系和三类活动中均体现为行为参与对心理距离影响系数低于情感涉入。二是心理距离与经济融入和行为适应的关系:心理距离对经济融入和行为适应均存在显著正向影响;同时,心理距离对经济融入和行为适应的影响均存在差异性,在总体关系和三类活动中,心理距离对经济融入的影响系数均高于对行为适应的影响。

根据本节模型分析及检验结果,本研究的各项假设得到的验证情况如下。

(1)关于休闲参与促进社会融入的假设验证

总体关系模型和三类活动的关系模型中,行为参与和情感涉入两个维度与心理距离的路径系数均通过了显著性检验并存在差异,且行为参与对心理距离的影响系数均低于情感涉入的影响系数,因此 H1 和 H2 通过检验。

(2)关于休闲参与通过缩短心理距离进而促进社会融入的假设验证

总体关系模型和三类活动的关系模型中,心理距离作为中介变量的中介效应通过了显著性检验,心理距离对经济融入和行为适应两个维度的路径系数为正且通过检验,但总体关系模型和三类活动关系模型中,心理距离对经济融入的影响系数均高于对行为适应的影响系数,因此,H3、H3a 和 H3b 通过检验,而 H3c 未通过检验。

(3)关于不同活动类型对休闲参与影响社会融入的调节作用的假设验证

三类活动的关系模型中,休闲参与的两个维度对心理距离的影响均分别存在差异且调节效应通过了显著性检验,行为参与方面,居家消遣类活动的参与对心理距离的影响系数 0.423 高于其他两类;情感涉入方面,户外运动与游憩类活动的参与对心理距离的影响系数 0.509 高于其他两类,因此,H4 通过检验,而 H4a 和 H4b 未通过检验。

# 6 研究结论与建议

本章将对整个研究进行总结,主要内容包括:对第 5 章数据分析与检验结果进行讨论,总结本研究的主要结论;结合本研究的实践价值,对休闲服务供给体系的建设提出建议;分析和总结本研究的不足;对相关领域未来的研究提出展望。

## 6.1 研究结论

### 6.1.1 残障人士休闲参与促进其社会融入

一方面,休闲活动参与对个体的社交效益与对社会的效益在休闲效益研究中已被证实;另一方面,社会融入研究中社会参与、文化活动参与往往会被纳入衡量指标体系。本研究基于上述研究,将休闲研究和社会融入研究相结合,提出休闲参与正向影响社会融入的研究假设,这一假设得到了验证。数据分析结果表明,不同维度和不同类型的休闲活动参与对社会融入分别具备显著的正向影响,亦即休闲参与总体上能够促进残障人士的社会融入。因此,第一,除了居住与生活、职业、教育、社会保障等基本途径之外,休闲参与也是社会融入的重要途径;第二,对于残障人士这一特殊群体而言,休闲参与不仅具备促进身体健康和心灵康复的价值,还具备重要的社会融入价值。

### 6.1.2 残障人士的休闲参与通过缩短心理距离促进社会融入

本研究以经济融入和行为适应两个客观维度和主观层面的心理距离共同衡量残障人士个体的社会融入状况,并选择了心理距离作为中介变量。在休闲参与与社会融入关系中,结构方程模型分析表明,不论从总体关系来看还是不同活动类型来看,休闲活动参与的两个维度均对心理距离产生了显著的正向影响,并通过心理距离的中介效应对经济融入和行为适应也产生显著的正向影响。就三个潜变量所构建的融入结构来看,经济融入代表了客观的资源享有状况,行为适应是基于客观资源状况且由主观价值所决定的、联结外在客观行为和内在态度的体现,心理距离则代表了主观的心理与价值融入。因此,休闲参与通过行为和情感两方面首先影响到了残障人士对融入的主观感知,其次延伸到外在的行为适应,并进而增进客观上的休闲资源享有,促进经济融入。

尽管在国内和国外研究中暂未出现将社会融入作为休闲行为的结果变量的研究,但在休闲参与效益、休闲参与与生活质量或幸福感等研究中,学者的结论也体现了相应的观点。Patterson 和 Pegg(2009)对智力残障人士的深度休闲研究结果表明,深度休闲能够帮助残障人士结交朋友,拓展社会网络,加入休闲组织,参加志愿性质的休闲活动,这在事实上也就促进了残障人士的心理距离[①]。全纳休闲研究中亦有大量研究证实,残障人士的休闲参与通过促进社会接纳来增进融入,其社会接纳程度反映的正是残障人士与非残障人士之间的心理距离感知和相互认同程度。相关研究及本研究的结果均反映出,不同类型活动的参与过程使残障人士不断熟悉主流社会的行为规范,在与他人共处或共同参与中拉近自己与外界的心理距离,这种改变将进而延伸到日常生活的其他方面,使其不仅在休闲生活中,更在常规作息甚至工作中的社会融入程度得到提升。

① Patterson,I. & Pegg,S.. Serious leisure and people with intellectual disabilities:benefits and opportunities[J]. *Leisure Studies*,2009,28(4):387-402.

### 6.1.3 残障人士休闲参与包括行为参与和情感涉入两个方面，其中情感涉入比行为参与对社会融入的影响更大

在残障人士休闲参与问卷调查的描述性统计中，各类型活动的行为参与和情感涉入并未呈现明显差异，并且在行为层面的时间投入度上各类活动的得分都最低；而结构方程模型分析结果则显示出情感涉入与行为参与同样影响社会融入，从对心理距离的影响来看，总体关系模型和三类活动的关系模型的分析结果均显示，情感涉入的影响程度全部高于行为参与的影响程度。研究结果表明，即使在不同类型的活动中，残障人士也要受制于其内在因素和结构性因素的影响，残障人士的休闲参与都体现在了行为参与和情感涉入两个方面。一方面，实际行为的投入能够使其与外界互动性增强，残障人士对自身与非残障人士的心理距离感知更近，归属感更强，受排斥感更弱，而这种心理感知的改善反映到日常社会生活中，则促进了残障人士与邻里、同事等的常规人际关系的改善和融入感的增强；另一方面，情感涉入亦即残障人士对休闲活动在态度、情感、自我认知等方面的投入和感知显得更为重要，延伸到通过心理距离最终要达到整体上的社会融入，则需要残障人士的态度和情感投入比行为投入更多，不仅在行动上参与，更要在心态上对休闲活动抱以关注和投入的姿态，才能更好地感受和获得其融入价值。本研究的发现表明，对于残障人士的休闲参与研究，除了要对行为层面投入关注外，还应从情感涉入层面对其休闲行为予以深度剖析。

### 6.1.4 行为参与方面，活动空间越封闭的活动对残障人士社会融入的影响程度越高

本研究以行为参与和情感涉入两个维度来衡量休闲参与程度，并将活动类型作为调节变量。研究结果发现，除了不同维度对社会融入的影响存在差异性之外，活动类型也体现出调节效应。从行为参与方面来看，三类活动的关系模型结果显示，居家消遣类、文化社交类和户外运动与游憩类活动的参与对心理距离的影响系数分别为 0. 423、0. 177 和 0. 149，依次降低。本研究的休闲参与活动分类中，居家消遣

类活动包括了看电视、上网、听音乐或广播、个人爱好、家庭游憩等活动;文化社交类活动包括了去电影院、图书馆、博物馆文化场所及购物、聚餐和美容等消费活动,以及拜访亲友、参与志愿服务等社交活动;户外运动与游憩类活动则主要包括了户外的个人及团体运动,以及各类游憩和旅行活动。从上述类型活动参与的空间来看,居家消遣类活动以家庭为核心,空间较为封闭;文化社交类活动以公共场所为核心,空间相对开放,但仍以室内为主;户外运动与游憩类活动则以户外空间为范围,空间最为开放。对于残障人士而言,就其休闲制约现状来看,空间越封闭,意味着他们实际参与活动的可能性越高,通过行为参与影响其社会融入的可能性就越高。而家庭和非户外的公共空间相对封闭,均能够较集中地反映出社会提供的基础生活资源及文化资源的共享情况,残障人士能够更好地通过行为参与促进心理距离感知,在一定程度上说明,休闲资源向特殊群体的开放和共享程度越高,其社会融入程度越强;而通过对家庭和文化社交类空间的休闲设施和资源的改善,则能更好地推动残障人士的实际行为参与,有助于提升其个体能力、社会网络和社会支持,继而在职业、教育等方面拓展新的机会。

### 6.1.5 情感涉入方面,活动空间越开放的休闲参与对残障人士社会融入的影响程度越高

从情感涉入方面来,三类活动的参与对心理距离的影响系数分别为0.436、0.479和0.509,依次增加。本研究原假设为文化社交类的情感涉入影响程度最高,而实证结果则反映出在活动半径越大、空间越开放、动态性越强的活动中,残障人士在态度和情感上的投入更能促进心理距离,进而促进社会融入。与行为参与维度的研究结果相比较可发现,当休闲活动作为促进残障人士社会融入的重要途径时,活动空间的变化带来的影响效应一方面反映出残障人士休闲参与的现实障碍,空间越封闭、越偏静态的活动能够投入更多的实际行为,如时间和费用,而空间越开放、越偏动态的活动则对实际行为的限制越强,要实现社会融入价值则更需要情感涉入;另一方面则反映出残障人士在不同类型

的休闲资源中还存在行为参与与情感涉入不对等的状况,行为和情感共同投入的休闲参与才能更好地促进社会融入,如户外运动与游憩类活动并非只能停留在让残障人士仅以态度层面参与,而应予以更大的空间完善服务,促进其情感和行为的双重参与。

### 6.1.6 休闲参与语境下的社会融入主观维度能促进客观维度的融入且存在差异性

数据分析结果首先表明,心理距离对经济融入和行为适应均存在显著的正向影响,这表明了社会融入各个维度之间的紧密联系。在以往移民视角下的社会融入研究中,一般将客观维度的经济融入、行为适应等作为首要考虑的显性指标,而将主观维度的文化认同、价值融入、心理距离等作为社会融入的最终目标。本研究对社会融入的考察则是基于将休闲参与作为前置条件,发现经由休闲参与产生的对主观层面的心理距离的积极效应,能够反过来促进客观层面的经济融入和行为适应,这一结论可为社会融入研究和政策制定提供新的参考,亦即对于被排斥群体而言,客观上的资源共享、权利平等固然非常重要,但营造良好的社会氛围来促进主观的融入感知则更应纳入思考。此外,在影响关系的差异性上,本研究原假设为心理距离对行为适应的影响程度更高,但总体关系模型和三类活动的关系模型均体现出相悖的结果,这反映出心理距离对休闲参与与社会融入关系所起到的中介作用,心理距离的拉近,更有利于残障人士实现客观资源的共享和融入,有利于其对社会支持的感知,其次才是促进其行为规范的适应和融入。

## 6.2  管理启示

基于上述研究结论,结合全纳休闲的基本理念,本着促进残障人士社会融入的目标,本研究将从思路和措施两方面对我国休闲服务体系的建设提出如下建议。

### 6.2.1 全社会应高度重视休闲参与对残障人士社会融入的促进作用

本研究的核心结论在于休闲参与能够显著促进残障人士的社会融入,因此,在未来的休闲服务体系建设中,一方面应将残障人士等特殊群体纳入服务体系,并作为重要的服务对象,在思想观念和政策推动上应重视全纳休闲的价值,借鉴西方发达国家全纳休闲服务的理念和实践经验,逐步在我国建设全纳服务环境,营造"全纳"的氛围。另一方面,应在促进残障人士的社会融入实践中,重视休闲参与对这一特殊群体社会参与和融入的促进作用,并且应尤其重视休闲参与的情感涉入层面对于残障人士社会融入的重要性,从宏观的环境建设和观念倡导,到微观的休闲服务设计和实践,都应弥补残障人士因内部和外部制约而无法完全以行为投入各类休闲活动的局限。不仅在休闲环境上纳入残障人士的身体,更要在休闲服务中改变其态度和情感的投入,让残障人士能在休闲参与中获得愉悦的体验,进而实现其社会融入的价值。

### 6.2.2 基于全纳思想构建休闲服务体系

首先,推动全纳休闲环境与设施建设。从研究结论来看,结构制约仍然很大程度上影响残障人士的休闲参与,因此在我国的特定背景下首要解决的是基础环境与设施问题。我国《国民旅游休闲纲要(2013—2020年)》关于"推进国民旅游休闲基础设施建设"部分特别提出要"加快公共场所无障碍设施建设,逐步完善街区、景区等场所语音提示、盲文提示等无障碍信息服务"。这体现出我国政府已经开始关注特殊群体的休闲问题,要落实纲要,则首先应当解决基础环境障碍,具体而言:

一是扩大无障碍设施建设覆盖的区域和范围。在区域上覆盖更多城市偏远社区或老旧社区、欠发达地区的生活社区、城镇郊区和农村社区;在范围上覆盖更广泛的公共场所(尤其是公共交通、一般商业机构、文化教育机构、休闲娱乐场所、旅游景区等)和家庭空间,为残障人士的家庭生活、社区生活和正常出行营造更为便捷的基础环境。

二是完善和落实全纳休闲环境与设施的标准和规范。基于现有的

《无障碍环境建设条例》，在施工和建设方面提高质量标准，充分考虑材料的特殊性与残障人士使用细节的便捷性、安全性和舒适性；在使用和管理方面，既要保证残障人士在特定情境下能够"无障碍"地享有无障碍资源（如保证休闲场所无障碍电梯、卫生间等的正常开放和清洁维护），更要针对占用无障碍资源的行为（如占用盲道、无障碍停车位等）制定法规并严格执行。

三是大力促进全纳式的无障碍信息环境建设。互联网技术的发展对残障人士融入社会而言无疑是很大的福音，在信息沟通环节上，更须细分不同类型残障人士的需求，重点研发针对听障、视障和肢体障碍者无障碍使用信息技术的产品，包括公共信息媒介、公共场所语音系统、个人电脑与移动终端等在休闲参与方面的无障碍信息服务，促进残障人士在信息沟通层面的心理距离。

其次，构建专业化的全纳休闲服务体系。

一是服务机构专业化。就机构性质而言，除现有的民政、妇联、残联等系统开设的公立机构外，应当积极拓展可提供全纳休闲服务的商业机构（如户外、娱乐、休闲技能培训等），以及专业化的非营利组织和社会企业（如农疗、艺术设计、青少年社交等），基于资源互补和整合的原则形成政府、商业机构和非营利组织三方协作而各具特色的专业化全纳休闲服务机构体系。

二是服务项目专业化。借鉴北美、欧洲等发达地区在全纳休闲服务方面的经验，鼓励业界和学界休闲专业人员针对不同类型和程度的残障人士，在推进残障人士实现全纳休闲的过程中，将活动类型作为配置休闲资源和设计休闲服务的重要参考，广泛设计全纳休闲活动项目，在家庭活动、运动健身、文化艺术与娱乐、社区活动、户外游憩与旅行等方面提供残障人士与非残障人士共同参与和互动的全纳项目，基于休闲参与过程来营造社会融入氛围。

三是服务人员专业化。从事残障人士休闲服务的专业人员，一方面应具备专业的服务知识和技能，从服务项目策划人员到服务过程辅助与引导人员，从专职服务者到志愿者，都不仅需要公益服务精神，更需要针对特定残障人士的特定休闲项目的特定服务技能(如手语、唇读辅助、肢体辅助、心理康复辅助等);另一方面则应具备专业的服务意识、心态和认知,充分理解休闲活动对于残障人士的特殊意义,继而在服务过程中能够尊重服务对象,并以平等互动的心态与残障人士共同参与。

四是服务管理专业化。在过程管理方面建立参与者评估(从残障人士自身、家庭成员、服务者等角度评估残障人士的特殊需求、能力和偏好)、项目策划(基于评估信息制定活动参与目标、服务者角色和责任、场所规划等)、项目实施(注重休闲活动的特殊设备配备、人员配备、同伴陪同和同伴互动)和项目评价(用规范文档记录和评价活动过程、重要事件、目标完成状况、参与者体验与收获、社会接纳程度等);在机构管理方面重视机构使命、员工聘用与培训、资金支持、项目营销等环节的专业化运作。

最后,倡导和普及全纳休闲观。

全纳休闲精神的内核不仅是身体上的融合,而要求活动参与各方更深层次的理解和更为理性的承诺,因此除了物理环境意义上的无障碍设施、项目与服务之外,改变全社会对残障的刻板印象、推动社会接纳、倡导全纳休闲观应是整个休闲服务供给体系构建的深层要求。

一是普及休闲教育。首要普及的对象应是残障人士自身,为他们开辟新的认知领域,使其了解休闲活动的效益,形成自主选择乃至自主策划休闲活动的意识和技能;其次是对休闲活动共同参与者的普及,关系最为密切的家庭成员应当给予残障人士最大的支持(包括支持的意识、态度和技能),专业服务人员也应以热情、尊重和专业精神来辅助参与,而共同参与的非残障人士更应以平等的姿态对待残障人士。伴随在残障人士休闲活动各个环节的人员,应当改变残障是休闲的最大阻碍这一固有观点,共同认同和接纳残障与非残障共存互动的休闲活动。

二是形成正确的舆论氛围。在与残障人士日常生活与休闲相关的话题表述中,如正式文件、政策表述、媒体报道和广宣用语等,应当逐步改变对残障人士的区别对待、特殊照顾乃至施与同情的表达方式,代之以平等包容、理性接纳、鼓励融入的态度,从文化氛围与价值导向上认同全纳休闲。

三是拓宽宣传渠道。除了传统的自上而下由政府部门主导宣传,在各级政策与文件中补充和加强对全纳休闲的重视之外,更需要积极运用社会渠道和现代信息技术,如微博、微信等信息终端营销方式或社会企业等社会创新途径来推动全纳休闲观普及的广度和深度。

# 6.3  研究不足与展望

## 6.3.1  研究不足

本研究的主要不足与局限体现在:

一是研究内容不足。

由于研究篇幅限制,本研究在内容上的不足主要体现在:①仅研究了休闲制约因素的单向影响,而未深入研究对残障人士而言休闲制约的协商模型;②对休闲参与的衡量只选用了主观分析法划分出的三个类型,以及通过语义差异衡量参与频次,而未能采用时间分析法更客观地记录残障人士在各类细分活动中的参与程度;③在社会融入的衡量上只选取了三个维度,并且在最终测量变量中,更适宜测量的主观层面维度的问项涵盖面较窄、较抽象,未能全面而具体地反映出残障人士在主观的心理距离上对融入度的感知;④未能研究主体变量内部各个维度之间的关系,因而不能更好地反映出休闲参与对社会融入的影响机制。

二是研究方法不足。

本研究采用较为常规的统计分析方法和结构方程模型方法进行定量研究。因此首先在量表设计上,局限于无法收集大量样本以及调研对象填写问卷的障碍,而在量表问项内容设计上必须有所取舍,这样会导致某些变量维度所涵盖的测量变量不够完善和精准,如休闲参与的活动类型并未按照一项活动设立一个问项的办法,而是较为主观地将某些相近的活动设计到一个问项中,这样会造成受访者出现选择性困惑,而在后期的效度分析中也有一定影响;又如尽管在国内外都有社会融入衡量指标体系,但这些指标与残障人士的结合不够密切,这使得社会融入量表也具有一定实验性质,对数据结果可能造成影响。此外,鉴于残障人士的特殊性,深度访谈方法可能会获取到更多有质量的信息,但限于研究安排并未采用,使得本研究在整体上不够深入。

三是实证研究样本选择的局限性。

本研究中,休闲主体对象是残障人士这一特殊群体,在样本寻找、选择上就存在较大困难,除了残联、各类专门残障的协会等渠道可较为集中地选择样本之外,无法采用常规渠道零散、均匀地筛选样本,这就造成所选样本在人口学上的特征分布不够均匀和规范,一定程度也会影响最终研究结果的代表性。此外,在各类残障中,除部分程度较轻的肢体残障人士之外,几乎所有调研对象都需要志愿者辅助完成问卷,这也会带来调研样本本身可能因辅助者的解释不同而对问项的理解发生偏差,进而带来填写质量和最终研究结果的偏差。

### 6.3.2　研究展望

基于本研究对残障人士休闲制约、休闲参与与社会融入关系研究的初步框架和结论,又鉴于研究中的诸多不足之处和对现有相关研究趋势的分析,本研究提出以下未来研究方向上的展望:

一是休闲参与与社会融入关系的深度研究。

本研究以残障人士作为研究对象,且对休闲参与与社会融入的研究建立了初步的理论框架和较小规模样本的实证。与生活质量、生活满意度、幸福感等较为主观和直观的休闲效益相比,社会融入的理论视角更加多维,而对不同群体的社会融入的衡量也有较大差异。因此,从研究广度来看,休闲参与对于社会融入的促进作用是否普遍适用于各类群体,如对高危青少年、老年人、城市新移民、农民工子女、跨文化移民等群体而言,休闲活动的促进作用如何体现,社会融合、社会公平与移民视角下的社会融入在休闲活动中所能受益的方面和程度的差异等问题,值得进一步探讨。而从研究深度上而言,休闲参与对于社会融入的促进机制也是其关系研究中有待深入的一个方向,包括以休闲参与为核心变量,加入休闲制约、休闲动机、休闲满意度、幸福感等前置变量或调节变量,以及通过自我决策理论、自我效能理论等心理学的理论视角和方法来探讨,是否能更好地解释休闲活动如何促进融入将值得关注。

二是残障人士休闲制约与休闲参与的关系研究。

从制约研究来看,在现有研究尤其是国内残障人士休闲研究中,对休闲制约因素的研究焦点放在结构性因素中,如时间、交通、环境与设施等方面,从本研究结果来看,结构制约的影响的确很大,值得长期关注。但本研究及类似研究则发现,内在制约、个人因素的影响也较强,那么除了残障原因之外,其他的一般内在制约因素,如恐惧感、怕嘲笑、技能、知识等对残障人士的影响与其对非残障人士的影响是否有显著差异;而人际制约方面,值得深入探究的则是,除了可能涉及残障的因素之外,一般人际制约因素对残障人士的影响与对非残障人士的影响是否有显著差异,上述两类因素的比较研究如得出差异结论则会指向协商中采取不同策略。

在以往研究中,制约与参与的关系研究,参与是以频率来测量的;而制约与涉入的关系研究,涉入则一般是以吸引力、中心性和自我表现来考察的。本研究则以行为参与和情感涉入两个维度来考察休闲参与,对参与理论和涉入理论有所结合。尽管基于研究主题和设计,未在本书中建立制约与参与的关系模型,但从行为和态度(情感)两个维度来考察不同维度的制约因素的影响,能够更加深入揭示休闲主体受到制约的机制特征。

此外,本研究重点在于探讨参与—融入的关系,但人口学特征、残障类型、残障程度的差异带来的制约因素的影响,以及参与程度对融入程度是否有显著差异却限于主题和篇幅未能涉及。这类研究应当能更具体地指向残障群体内部的差异性,进而为全纳休闲服务提供更为准确和完善的指导。

三是残障人士休闲制约协商模型研究。

国内的休闲制约协商模型研究尚属空白,包括本研究在内的绝大多数研究关注的是制约因素及针对这些因素可能实施的外部解决途径,但对休闲制约的过程和协商机制还未涉及。以残障人士为切入点,可深入探讨其不同维度下制约因素的影响机制和各维度的内部等级关系,以及休闲参与过程中采取的协商策略和最终的影响结果。Hubbard和Mannell(2001)在动机—制约—协商—参与的关系上提出的协商模型①值得参照和突破,休闲制约研究的目的并不在于制约本身,而应当是在了解制约机制的基础上通过协商策略来解决制约,或者说,通过休闲主体本身在动机、偏好和参与的过程中自身的调整来克服制约的负面影响,发挥协商机制的正面影响,提高休闲参与的自信程度和畅爽体验。

四是结合中国国情的全纳休闲服务研究。

本研究从理论上较多借鉴和参考了全纳研究的思想,而全纳休闲的研究和实践在我国几乎都处于空白,这当然本质上根源于我国社会经济水平的发展程度。但随着政府和社会越来越重视公平与和谐,国民生活水平逐步向发达国家水平靠近,残障人士等特殊群体的休闲生活必然将步入主流视野。而除了客观上的无障碍环境建设和主观上的全纳休闲观倡导之外,能广泛落实残障人士休闲生活的全纳休闲服务必然会成为未来休闲服务业的重要领域。因此,基于全纳休闲实践活动的相应的理论研究将成为国内休闲研究不容忽视的方向,包括对全纳休闲服务机构、服务项目设计与策划、服务营销、专业员工管理等一系列问题的研究。这类研究也将成为提升特殊群体休闲生活质量的重要参考和福音。

---

① Hubbard,J.,& Mannell,R.C.. Testing competing models of the leisure constraint negotiation process in a corporate employee recreation setting[J]. *Leisure Sciences*,2001,23(3):145 – 163.

# 参考文献

[1][加]埃德加·杰克逊编;凌平,刘晓杰,刘慧梅译.休闲的制约[M].杭州:浙江大学出版社,2009.

[2][美]奥萨利文(O'Sullivan,E.)等,著,张梦,主译.休闲与游憩:一个多层级的供递系统[M].北京:中国旅游出版社,2010.

[3][美]杜维明著,刘德斌译.文明对话的语境全球化与多样性[J].史学集刊,2002(1):1-13.

[4]别江侠.社会排斥视角下城市残疾人休闲娱乐贫乏原因探究——仅以武汉市为例[J].劳动保障世界,2012(8):50-53.

[5]蔡文慈.台湾南投县小学行政人员休闲态度与休闲效益体验对国民旅游卡使用行为影响之研究[D].硕士学位论文.台湾师范大学运动与休闲管理研究所,2006.

[6]残障人士城乡分布比例数据来源于《2006年第二次全国残疾人抽样调查主要数据公报》.

[7]曹正,李瑞琼.观光地区游憩活动设施规划设计准则研究报告[R].台北:交通部观光局,1989.

[8]陈成文,孙嘉悦.社会融入:一个概念的社会学意义[J].湖南师范大学社会科学学报,2012(6):66-71.

[9]陈冠慧.青少年生活形态、休闲态度与休闲参与之相关研究[D].硕士学位论文.台湾云林科技大学休闲运动研究所,2003.

[10]陈玫陵,李明荣.家庭露营者休闲参与动机、休闲效益与生活满足感之研究[C].2012年国际体育运动与健康休闲发展趋势研讨会专刊,2012:481-493.

[11]陈楠.中韩都市女性休闲阻碍因素比较研究——以北京市与首尔市为例[J].现代商贸工业,2010(21):134-136.

[12]陈思伦.休闲游憩参与阻碍区隔之研究[J].户外游憩研究,1993,6(3):25-32.

[13]陈文力.网络时代听力有障碍年轻群体娱乐休闲研究[J].旅游学刊,2012,27(7):91-97.

[14]陈雪燕.视觉障碍成人参与休闲社团活动之研究[D].硕士学位论文.台湾彰化师范大学特殊教育学系,2003.

[15]陈彰仪.休闲的社会心理学[J].户外游憩研究,1990,3(3):21-34.

[16]陈中云.台湾小学教师休闲参与、休闲效益与工作满意之关系研究[D].硕士学位论文.台湾师范大学运动休闲与管理研究所,2001.

[17]邓建中.综合高中教师休闲需求及参与之研究[D].硕士学位论文.私立朝阳科技大学休闲事业管理系,2002.

[18]方美玉,陈镒明.台湾小学实施运动会之效益分析[J].休闲运动期刊,2005(4):1-6.

[19]风笑天."落地生根"?——三峡农村移民的社会适应[J].社会学研究,2004(5):19-27.

[20]冯荣凯.产业创新网络中的大企业知识溢出研究[D].博士学位论文.辽宁大学,2012:59-60.

[21]冯晓英.香港新移民社会融入的经验与借鉴[J].人口与经济,2013(2):29-34.

[22]冯笑炜,李建英.休闲体育对残疾人的社会化价值探讨[J].搏击·体育论坛,2011,3(11):34-36.

[23]付善民.体育休闲学研究主体领域分析——西方社会学视角下休闲学研究的启示[J].武汉体育学院学报,2009,43(6):72-75

[24]高俊雄.休闲概念面面观[J].台湾体育学院论丛,1996,6(1).

[25]高俊雄.运动员休闲参与、休闲利益与自觉训练效果之比较研究[J].户外游憩研究,1999,12(3):43-61.

[26]耿仕荣.肢体障碍者休闲参与、休闲阻碍与生活质量之研究[D].硕士学位论文.美和技术学院健康照护研究所,2007.

[27]关德才,吴升光.台中县肢体障碍运动发展概况[J].大专体育双月刊,2002,59(4):68-72.

[28]郭孟瑜.一位视觉障碍成人参与休闲社团活动之个案研究[J].人文与社会学报,2007,1(10):215-241.

[29]郭涛.高校教师敬业度影响因素及其与工作绩效的关系研究[D].博士学位论文.天津大学,2012:60.

[30]国务院残疾人工作委员会.中国残疾人事业"十二五"发展纲要[R],2011.

[31]洪煌佳.突破休闲活动之休闲效益研究[D].硕士学位论文.台湾师范大学运动休闲与管理研究所,2002.

[32]洪荣照.在特殊学校、教养机构休闲教育及智障学生休闲活动之研究[J].台湾体育学院学刊,1995(13):31－49.

[33]侯晓晖,万宇,陈耿,吴成亮.我国残障人休闲体育现状与对策[J].广州体育学院学报,2009,29(4):6－13.

[34]黄匡时,嘎日达.西方社会融合概念探析及其启发[J].理论视野,2008(1):47－49.

[35]黄彦慈,黄柏瀚,李寿展.运动中心使用者休闲效益之初探[J].2011年国际体育运动与健康休闲发展趋势研讨会专刊,2011:715－730.

[36]黄振红.大专生参与休闲运动行为模式之研究[J].圣约翰学报,2008(25):181－200.

[37]黄志成,洪文卿,钟政伟.身心障碍学生参与休闲活动之研究——以南投县中小学为例[C].观光休闲暨餐旅产业永续经营学术研讨会,2003(3):1－11.

[38]金海水.东北地区农村居民休闲行为研究[D].博士学位论文.东北财经大学,2009.

[39]康键.顾客抱怨行为与顾客满意度、顾客忠诚的关联性研究[D].博士学位论文.天津大学,2007:48.

[40]柯丞佩.民众前往台中文化创意园区之生活形态、休闲动机与其休闲效益之研究[D].硕士学位论文.大叶大学管理学院,2013.

[41]可妍.休闲服务供给的中外比较研究[D].硕士学位论文.北京第二外国语学院,2006.

[42]李果.视力障碍儿童生态化休闲教育模式的个案研究[D].硕士学位论文.重庆师范大学,2010.

[43]李群力.城市残疾人休闲活动满意度调查研究——以长沙、武汉、南昌三地为例[J].中国特殊教育,2009(5):69－75.

[44]李群力.湖南省特教学校学生休闲活动参与特征研究[J].中国特殊教育,2009(2):91－96.

[45]李树苗,任义科,靳小怡,费尔德曼.中国农民工的社会融合及其影响因素研究——基于社会支持网络的分析[J].人口与经济,2008(2):1－8.

[46]连婷治.台北县小学教师休闲态度与休闲参与之相关研究[D].硕士学位论文.台湾新竹师范学院国民教育研究所,1998.

[47]梁波,王海英.国外移民社会融入研究综述[J].甘肃行政学院学报,2010(2):18－27.

[48]梁修,胡青梅,王立利,韩明霞,王丽水.农村老年人从事运动休闲的动机、参与

因素与休闲效益的探究——以巢湖市半汤力寺村老年学校为个案[J].巢湖学院学报,2012,14(3):107-113.

[49]林岚,施林颖.国外休闲制约研究进展及启示[J].地理科学进展,2012,31(10).

[50]林瑞华.阶级不同不相为谋:大陆台湾人社会融入状况之研究[J].东吴政治学报,2012,30(2):128-167.

[51]林嵩.结构方程模型原理及 AMOS 应用[M].武汉:华中师范大学出版社,2008:4-5.

[52]林欣慧.解说成效对休闲效益体验之影响研究——以登山健行为例[D].硕士学位论文.台湾师范大学运动休闲与管理研究所,2002.

[53]林秀卿.大台北地区公立中等学校兼任行政教师休闲参与及其影响因素之研究[D].硕士学位论文.台湾师范大学公民教育与活动领导学系,2010.

[54]林晏州.区域性户外游憩资源规划方法之研究——兼论台湾地区游憩资源开发策略[J].都市与计划,1984(11):1-18.

[55]林元正.台北市退休警官从事运动休闲之动机、持续因素及休闲效益之探讨[D].硕士学位论文.台湾体育学院体育研究所,2007.

[56]刘春生.试论聋生社会交往障碍的成因及对策[J].新课程学习(上),2011(11):183.

[57]刘虹伶.深度休闲者之休闲效益[J].大专体育,2005(6):116-122.

[58]刘建娥.从欧盟社会融入政策视角看我国农民工的城市融入问题[J].城市发展研究,2010,17(11):106-112.

[59]刘建娥.乡—城移民(农民工)社会融入的实证研究——基于五大城市的调查[J].人口研究,2010,34(4):62-75.

[60]刘文璐.休闲教学方案对在家教育脑瘫学生休闲能力培养的个案研究[D].硕士学位论文.重庆师范大学,2012.

[61]马惠娣.休闲产业的历史、现状与未来——兼及社会生产力发展的新规律[N].中国休闲网,2005.5.12.

[62]马良.中国残疾人社会工作历史、现状与发展趋势分析[J].残疾人研究,2013,No.1:41-45.

[63][美]麦克林(Daniel D. Mclean),赫德(Amy R. Hurd),罗杰斯(Nancy Brattain Rogers),著,梁春媚,译.现代社会游憩与休闲[M].北京:中国旅游出版社,2010.

[64]邱仕杰.冲浪参与活动涉入对流畅经验及休闲觉知自由之相关研究[D].硕士

学位论文.台湾师范大学体育学系,2008.

[65]任远,邬民乐.城市流动人口的社会融合:文献述评[J].人口研究,2006,30
(3):87-94.

[66]施秀玉.家庭共学·亲子团体对亲子互动之影响研究[D].硕士学位论文.台
湾屏东师范学院教育心理与辅导学系,2002.

[67]世界卫生组织,世界银行.世界残疾报告[R].2011:5-9.

[68]宋瑞.休闲与生活质量关系的量化考察:国外研究进展及启示[J].旅游学刊,
2006,21(12):48-52.

[69]宋湘勤,戴昕,张志如.北京市视障人士参与体育休闲运动的现状、动机与存在
困难的调查分析[C].全民健身科学大会论文摘要集,2009:65.

[70]苏广华.忧郁倾向与休闲参与休闲阻碍及休闲满意之相关研究——以台南护
专为例[D].硕士学位论文.台湾体育学院体育研究所,2001.

[71]苏美玲,林晏州.都市公园使用者休闲态度之研究——以台北市大安森林公园
为例[J].户外游憩研究,1999,12(1):61-86.

[72]孙孟君.身体障碍青少年休闲自由、休闲偏好及休闲阻碍之研究[D].硕士学
位论文.台湾高雄师范大学教育学类研究所,1998.

[73]谭家伦,汤幸芬,宋金平.乡村旅游游客生活压力知觉、休闲调适策略与健康之
关系[J].旅游学刊,2010,25(2):66-71.

[74]唐征宇.美国全纳娱乐活动的发展及其启示[J].中国残疾人,2008(1):26-27.

[75]田凯.关于农民工的城市适应性的调查分析与思考[J].社会科学研究,1995
(5):90-95.

[76]田育绮.高雄县中学体育教师休闲认知、休闲参与及休闲满意度相关之研究
[D].硕士学位论文.树德科技大学经营管理研究所,2010.

[77]汪丽娟.听觉障碍高中生休闲生活现状及教育对策研究[D].硕士学位论文.
西南大学,2012.

[78]王苏.自行车休闲活动的休闲阻碍、休闲涉入与休闲利益的关系研究——以四
川省德阳市自行车大联盟为例[J].西部经济管理论坛,2013,24(1):92-96.

[79]王玮.南京市老年人休闲动机与休闲制约研究[D].硕士学位论文.南京师范
大学,2007.

[80]王玮.休闲制约研究综述[J].桂林旅游高等专科学校学报,2006,17(3):370-374.

[81]王晓楠.我国残疾人休闲体育的需求及社会支持系统的研究[C].全民健身科
学大会论文摘要集,2009:309.

[82]王雅蓉.休闲效益、体验价值与幸福感之研究——以台东市山海铁马道使用者为例[D].硕士学位论文.大仁科技大学休闲健康管理研究所,2012.

[83]王玉梅.心理契约对星级饭店知识型员工离职意图影响的实证研究[D].博士学位论文.西南交通大学,2008:76.

[84]吴波.温泉休闲者的休闲涉入与休闲体验研究——以张家界江垭温泉度假村为例[D].硕士学位论文,湖南师范大学,2012.

[85]吴文铭.人格特质、自我娱乐能力、休闲参与及休闲满意度线性关系结构之建构与验证[D].硕士学位论文.台湾体育学院体育研究所,2001.

[86]肖卫宏.困境与出路:对我国残疾人社会福利的思考[J].辽宁行政学院学报,2007,9(2):12-14.

[87]肖昕茹.上海市残疾人社会空间研究[D].博士学位论文.华东师范大学,2010.

[88]徐建.社会排斥视角的城市更新与弱势群体——以上海为例[D].博士学位论文.复旦大学,2008.

[89]徐丽敏.农民工随迁子女教育融入研究——一个发展主义的框架[D].博士学位论文.南开大学,2009.

[90]许成源.水域活动休闲参与行为——以基隆地区民众为例[M].台北:秀威资讯科技股份有限公司,2009.

[91]许惠玲.参与登山健行之高龄者其休闲涉入、休闲效益及幸福感关系之研究——以高雄县市郊山为例[D].硕士学位论文.台湾嘉义大学休闲事业管理研究所,2008.

[92]许巧仙.社会包容视角下残疾人社会融入的困境与出路[J].学海,2012(6):61-65.

[93]杨聪敏.农民工权利平等与社会融合[M].杭州:浙江工商大学出版社,2010.

[94]杨菊华.从隔离、选择融入到融合:流动人口社会融入问题的理论思考[J].人口研究,2009,Vol.33,No.1:17-29.

[95]杨菊华.流动人口在流入地社会融入的指标体系——基于社会融入理论的进一步研究[J].人口与经济,2010(2):64-70.

[96]杨黎源.外来人群社会融合进程中的八大问题探讨——基于对宁波市1053位居民社会调查的分析[J].宁波大学学报(人文科学版),2007,20(6):65-70.

[97]杨艳玲.高校教师工作压力、休闲需求、休闲阻碍及其关系的研究[D].硕士学位论文,西南大学,2008.

[98]叶晋嘉.ACG 迷涉入程度与休闲阻碍对其消费意愿之影响[J].高雄师大学报,2012,33:81－100.

[99]叶源镒,张伟雄.智能障碍青少年学生休闲活动与休闲教育之研究[J].旅游管理研究,2003,3(1):43－62.

[100]余勇,田金霞.骑乘者休闲涉入、休闲效益与幸福感结构关系研究——以肇庆星湖自行车绿道为例[J].旅游学刊,2013,28(2):67－76.

[101]悦中山,杜海峰,李树苗,费尔德曼.当代西方社会融合研究的概念、理论及应用[J].公共管理学报,2009,6(2):114－121.

[102]曾家球.台湾新竹县尖石乡小学原住民学生休闲参与、休闲态度与休闲需求之探讨研究[D].硕士学位论文.台湾新竹师范学院辅导教育研究所,2002.

[103]曾诗馨,李明聪.古迹旅游之地方依附、休闲涉入与满意度关系之研究——台南市安平古堡游客为例[J].稻江学报,2010,4(2):198－210.

[104]张华纹.剑湖山世界员工休闲参与、工作投入与工作满足之相关研究[D].硕士学位论文.台湾云林科技大学休闲运动研究所,2006.

[105]张玲.网络虚拟体验、休闲涉入对顾客行为意愿的影响研究——以休闲游戏为例[D].硕士学位论文.陕西师范大学,2010.

[106]张伟,项立敏.残疾人休闲体育的社会学视角及对策分析[J].和田师范专科学校学报(汉文综合版),2009,28(1):193－194.

[107]张文宏,雷开春.城市新移民社会融合的结构、现状与影响因素分析[J].社会学研究,2008(5):117－141.

[108]张照明.高职身心障碍学生休闲生活之研究[J].特殊教育学报,1999(13):239－279.

[109]张哲乐.对城市旅游景点无障碍环境问题的社会学思考——以成都市为例[J].特区经济,2006(11):238－240.

[110]张振宇,陈岱云,高功敬.流动人口城市融入度及其影响因素的实证分析——基于济南市的调查[J].山东社会科学,2013(1):28－40.

[111]张志铭,吕崇铭,翁旭升,詹正丰.休闲运动参与因素与社会心理涉入的关系——以典型相关分析[J].运动与游憩研究,2006,1(1):64－79.

[112]张良汉.休闲觉知自由、休闲无聊感及休闲利益之相关研究——以台湾联合技术学院学生为例[D].硕士学位论文.台湾体育学院体育研究所,2002.

[113]赵宏杰,吴必虎.大陆赴台自由行游客地方认同与休闲效益关系研究[J].旅游学刊,2013,28(12):54－63.

［114］钟琼珠. 大专运动员休闲行为之研究——以台湾体专长学生为例［D］. 硕士学位论文. 台湾体育学院体育研究所,1997:6 – 19.

［115］朱菁菁,徐炎章. 论休闲活动在弱势群体中的开展［J］. 自然辩证法研究,2005,21(12):91 – 94.

［116］朱力. 论农民工阶层的城市适应［J］. 江海学刊,2002(6):82 – 88.

［117］庄慧玲. 中部地区中学听觉障碍学生休闲活动调查之研究［D］. 硕士学位论文. 台湾花莲师范学院国民教育研究所,2001.

［118］梁振翎. 高职学生参与网络游戏休闲效益研究——以南英商工学生为例［D］. 硕士学位论文. 康宁大学休闲管理研究所,2012.

［119］Abells, D. , Burbidge, J. , & Minnes, P. . Involvement of Adolescents With Intellectual Disabilities in Social and Recreational Activities［J］. *Journal on Developmental Disabilities*,2008,14(2):88 – 94.

［120］Abraham, C. , Gregory, N. , Wolf, L. , & Pemberton, R. . Self esteem, stigma and community participation amongst people with learning difficulties living in the community［J］. *Journal of Community and Applied Social Psychology*, 2002, 12(6):430 – 443.

［121］Ajzen I. The theory of planned behavior［J］. *Organizational Behavior and Human Decision Processes*,1991,50(2):179 – 211.

［122］Ajzen,I. Benefits of Leisure:A Social Psychological Perspective［J］. In Driver,B. L. ,Brown, P. J. and Peterson, G. L. . Benefits of Leisure, *Stage College*, PA: Venture Publishing,1991:411 – 418.

［123］Alcock,P. *Understanding Poverty*［M］. Palgrave Macmillan Limited,2006.

［124］Alexandris,K. , Carroll, B. . An analysis of leisure constraints based on different recreational sport participation levels:results from a study in Greece［J］. *Leisure Sciences*,1997,19(1):1 – 15.

［125］Alexiadou, N. . Social inclusion and social exclusion in England:tensions in education policy［J］. *Journal of Educational Policy*,2002,17(1):71 – 86.

［126］Allison, M. T. , & Schneider, I. E. . *Diversity and the recreation profession: Organizational perspectives*［M］. Venture Publishing Inc. ,2000.

［127］Anderson, L. , & Kress, C. . *Inclusion: Strategies for including people with disabilities in parks and recreation opportunities*［M］. State College, PA:Venture Publishing. 2003.

［128］Anderson, L.. Why Leisure Matters: Facilitating Full Inclusion ［J］. *Social Advocacy and Systems Change Journal*, 2012, 3(1):1 – 13.

［129］Arai, S. M., & Pedlar, A. M.. Building communities through leisure: Citizen participation in a healthy communities initiative［J］. *Journal of Leisure Research*, 1997, 29(2):167 – 183.

［130］Askonas, P. & Stewart, A(Eds). *Social Inclusion: Possibilities and Tensions*［M］. New York: Palgrave, 2000.

［131］Badia, M., Orgaz, B. M., Verdugo, M. A., Ullán, A. M., & Martínez, M. M.. Personal factors and perceived barriers to participation in leisure activities for young and adults with developmental disabilities［J］. *Research in Developmental Disabilities*, 2011, 32(6):2055 – 2063.

［132］Bammel, G., & Burrus-Bammel, L. L.. Leisure and Human Behavior ［M］; Dubuque, IA: Wm. C. Brown. ; 1982.

［133］Barbara A. Hawkins, Joanne Peng, Chih-Mou Hsieh, & Susan J. Eklund. Leisure Constraints: A Replication and Extension of Construct Development［J］. *Leisure Sciences*, 1999, Vol. 21(3):179 – 192.

［134］Barnes, C. Disability and paid employment［J］. *Work, Employment and Society*, 1999, 13(1):147 – 149.

［135］Barnes, M., Blom, A., Cox, K., Lessof, C. & Walker, A. The Social Exclusion of Older People: Evidence from the first wave of the English Longitudinal Study of Ageing(ELSA)［R］. *Office of the Deputy Prime Minister*, 2006:64 – 79.

［136］Barnett, L. A. & Chick, G. E.. Chip off the ol'block: Parents' leisure and their children's play［J］. *Journal of Leisure Research*, 1986, 18(4):266 – 283.

［137］Becky L., Spivey, M. Ed.. Using Music and Art with Children with Autism or Other Learning Disabilities ［N］. Super Duper ® Publications, www. superduperinc. com, 2008.

［138］Bedini, L. & Henderson, K.. Women with disabilities and the challenges to leisure service providers［J］. *Journal of Park and Recreation Administration*, 1994, 12(1):17 – 34.

［139］Bedini, L. A. & Terri L. Phoenix. Perceptions of Leisure by Family Caregivers: A Profile［J］. *Therapeutic Recreation Journal*, 2004, 38(4):366 – 381.

［140］Bedini, L. A. (2000). Just sit down so we can talk: Perceived stigma and the pursuit of community recreation for people with disabilities [ J ]. *Therapeutic Recreation Journal* ,34 ( 1 ) ,55 − 68.

[ 141 ] Berger , B. C. , & McInman. . Exercise and the quality of life. In R. N. M. Singer , L. K. Murpuh , & Tennant ( Eds. ). *Handbook of research on sport psychology* [ M ]. New York : Macmillan Publishing. 1993 : 729 − 760.

[ 142 ] Berger , B. G. and Wankel , L. M. . *The personal and social benefits of sport and physical activity* [ M ]. State College , PA : Venture Publishing , 1991.

[ 143 ] Boardman , J. , Currie , A. , Killaspy , H. & Mezey , G. *Social Inclusion and Mental Health* [ M ]. Royal College of Psychiatrists , 2010.

[ 144 ] Bray , A. , & Gates , S. . Community participation for adults with an intellectual disability. Review of the literature prepared for the National Advisory Committee on Health and Disability to inform its project on services for adults with an intellectual disability [ R ]. Donald Beasley Institute , Dunedin , New Zealand. Available from : http : // www. nhc. govt. nz , 2003.

[ 145 ] Brayn , H. . Leisure value systems and recreational specialization : The case of trout fishermen [ J ]. *Journal of Leisure Research* , 1977 , 9 ( 3 ) : 174 − 187.

[ 146 ] Bright , A. D. . The role of social marketing in leisure and recreation management [ J ]. *Journal of Leisure Research* , 2000 , 32 ( 1 ) : 12 − 18.

[ 147 ] Brightbill , C. K. . *The Challenge of leisure* [ M ]. Englewood Cliffs , NJ : Prentice Hall , 1960.

[ 148 ] Brock , B. J. . Effect of therapeutic horseback riding on physically disabled adults [ J ]. *Therapeutic Recreation Journal* , 1988 , 22 ( 3 ) : 34 − 43.

[ 149 ] Brown , S. , & Macdonald , D. . Masculinities in Physical Recreation : the production of masculinist discourses in vocational education [ J ]. *Sport , Education and Society* , 2008 , 13 ( 1 ) : 19 − 37.

[ 150 ] Bullock , C. C , & Mahon , M. J. . *Introduction to recreation services for people with disabilities : A person-centered approach* [ M ]. Champaign , IL : Sagamore. 1997.

[ 151 ] Burchard-LeGrande-Piachaud. Social Exclusion in Britain 1991 − 1995 [ J ]. *Social Policy and Administration* , 1999 , 33 ( 3 ) : 227 − 244.

[ 152 ] Buttimer , J. , & Tierney , E. . Patterns of leisure participation among adolescents with a mild intellectual disability [ J ]. *Journal of Intellectual Disabilities* , 2005 , 9 ( 1 ).

[ 153 ] Carmack , C. L. , Boudreaux , E. , Amaral-Melendez , M. , Brantley , P. J. , & deMoor ,

C. . Aerobic fitness and leisure physical activity as moderators of the stress-illness relation[J]. *Annals of Behavioral Medicine*, 1999, 21(3):251 –257.

[154] Carter, M. J. & LeConey, S. P. *Therapeutic recreation in the community: an inclusive approach*[M]. Champaign, IL: Sagamore. 2004.

[155] Carter, M. J., & J. D. Kelley. Recreation programming for visually impaired children. In J. D. Kelley, Ed. Recreation Programming for Visually Impaired Children and Youth[M]. New York: American Foundation for the Blind, 1981. 63 – 79.

[156] Chang, S., Gibson, H. J.. Physically Active Leisure and Tourism Connection: Leisure Involvement and Choice of Tourism Activities Among Paddlers[J]. *Leisure Sciences*, 2011, 33(2):162 – 181.

[157] Chubb, M., Chubb, H. R.. *One third of our time? An introduction to recreation behavior and resources*[M]. New York: John Wiley & Sons, Inc., 1981.

[158] Cipani, E. & Spoone. *Curricular and instructional approaches for persons with severe disabilities*[M]. Boston: Allyn and Bacon, 1994.

[159] Conatser, P., Block, M., & Lepore, M.. Aquatic instructors' attitudes toward teaching students with disabilities[J]. *Adapted Physical Activity Quarterly*, 2000, 17(2):197 – 207.

[160] Crawford, C.. *Towards a Common Approach to Thinking about and Measuring Social Inclusion*[M]. Roeher Institute, 2003.

[161] Crawford, D. W., Jackson, E. L., & Godbey, G. A hierarchical model of leisure constraints[J]. *Leisure Sciences*, 1991, 13(4).

[162] Crawford, D. W., & Godbey, G.. Reconceptualizing barriers to family leisure[J]. *Leisure Sciences*, 1987, 9(2).

[163] Currier, J.. Motherhood, stress and the exercise experience: freedom or constraint? [J]. *Leisure Studies*, 2004, 23(3):225 – 242.

[164] Dattilo, J.. *Inclusive leisure services responding to the rights of people with disabilities*(2nd ed.)[M]. State College, PA: Venture Publishing, Inc. 2002.

[165] Davenport, J., Switalski, T. A.. Environmental impacts of transport, related to tourism and leisure activities[J]. *Environmental Pollution*, 2006, 10(6).

[166] Devine, M. A. & Datillo, J.. Social acceptance and leisure lifestyles of people with disabilities[J]. *Therapeutic Recreation Journal*, 2001, 34(4).

[167] Devine, M. A. & Kotowski L.. Inclusive leisure services: Results of a national

survey of park and recreation departments[J]. *Journal of Park and Recreation Administration*,1999,17(4):56-72.

[168] Devine,M. A. ,& Lashua,B. . Constructing social acceptance in inclusive leisure contexts:The role of individuals with disabilities[J]. *Therapeutic Recreation Journal*,2002,36(1).

[169] Devine,M. A. ,& Parr,M. G. . "Come on in,but not too far:" Social capital in an inclusive leisure setting[J]. *Leisure Science*. 2008,30(5):391-408.

[170] Devine,M. A. ,King,B. Research Update:The Inclusion Landscape[J]. Parks & Recreation,2006,41(5):22-25.

[171] Devine,M. A. . "Being a 'doer' instead of a 'viewer':" The role of inclusive leisure contexts in determining social acceptance for people with disabilities[J]. *Journal of Leisure Research*,2004,36(2):137-159.

[172] Devine,M. A. ,& Datillo,J. . Social acceptance and leisure lifestyle of people with disability[J]. *Therapeutic Recreation*,2000,34(4):306-322.

[173] Diener,E. . Subjective well-being[J]. *Psychological Bulletin*,1984,95(3):542-575.

[174] Donnelly,P. & Coakley,J. . *The role of recreation in promoting social inclusion (Perspectives on social inclusion)*[M]. The Laidlaw Foundation's Working Paper Series,2002.

[175] Driver,B. L. ,Brown,P. J. ,& Peterson,G. L. *Benefits of Leisure*[M]. PA,US: Venture Publishing,1991.

[176] Drodge,S. &Shiroma,E. . Social Inclusion in two Worlds:the Conceptualization of the Social Role of lifelong learning in the Education Policy of Brazil and the UK Since the mid 1990s[J]. *Compare*,2004,34(2):177-196.

[177] Eleftheriou,T. . Hole new world[J]. *Parks & Recreation*,2005,40(5):49-52.

[178] ESFP(European Structural Funds Program). Further Information:Social Inclusion [R]. *European Structural Funds Program*,2007-2013

[179] Francken,D. A. ,Van,R. F. . Satisfaction with leisure time activities[J]. *Journal of Leisure Research*,1981,13(4):337-352.

[180] Fullerton,A. ,Brandon,S. ,& Arick,J. . *The impact of camp programs on children with disabilities:opportunities for independence. In,Stringer,L. A. ,McAvoy,L. & Young,A. (Eds.)Coalition for Education in the Outdoors Fifth Biennial Research Symposium Proceedings* [M]. Cortland,NY:Coalition for Education in the

Outdoors,2000:89 – 99.

[181]Goodale T.. Park and recreation[J]. *Vital Speeches of the Day*,1993,59(20):632 – 637.

[182] Gordon, M. M.. *Assimilation in American Life: The Role of Race, Religion, and National Origins*[M]. New York:Oxford University Press,1964.

[183] Grenier, M.. A social constructionist perspective of teaching and learning in inclusive physical education [J]. *Adapted Physical Activity Quarterly*, 2006, 23(3):245 – 260.

[184]Gunter, B. G. ,Gunter, N. C.. Leisure style:A conceptual framework for, modern leisure[J]. *The Sociological Quarterly*,1980,21(3):361 –374.

[185]Gursoy,D. & Gavcar,E.. International Leisure Tourists' Involvement Profile[J]. *Annals of Tourism Research*,2003,30(4):906 – 926.

[186] Hallab, Z.. Catering to the healthy-living vacationer [J]. *Journal of Vacation Marketing*,2006,12(1):71 –91.

[187] Harrington, M. , Dawson, D. H.. Who has it best? Women's labor force participation,perceptions of Leisure and constraints to enjoyment of leisure[J]. *Journal of Leisure Research*,1995,27(1):4 –24.

[188]Harry,B.. Parental visions of "una vida normal/a normal life":Cultural variations on a theme. In L. Meyer,H. S. Park,M. Grenot-Scheyer,S. Schwartz,& B. Harry ( Eds. ) ,*Making friends:The influences of culture and development*[M]. Baltimore: Paul H. Brookes,1999:47 – 62.

[189]Havitz,M. E. ,Dimanche,F.. Propositions for testing the involvement construct in recreational and tourism contexts[J]. *Leisure Sciences*,1990,12(2):179 – 195.

[190]Hayes,A. ,Gray, M. & Edwards, b.. Social inclusion:Origins, concepts and key themes[D]. *Australian Institute of Family Studies*,2008:5.

[191]Hayes,G. A.. Leisure education and recreation counseling[C]. In D. M. Compton, & J. E. Goldstein ( Eds. ). Pespectives of Leisure Counseling. Arlington, VA: National Recreation andParks Association,1977.

[192] Heller, T.. Residential settings and outcomes for individuals with intellectual disabilities[J]. *Current Opinion in Psychiatry*,2002,15(5).

[193]Henderson,K. A. ,Ainsworth,B. E.. Enjoyment:A link to physical activity,leisure and health[J]. *Journal of Park and Recreation Administration*,2002,20(2):130 – 146.

［194］Henderson, K. A., Bedini, L. A., Hecht, L. & Schuler, R.. Women with physical disabilities and the negotiation of leisure constraints［J］. *Leisure Studies*, 1995, 14 (1):17 – 31.

［195］Henderson, K. A., Bialeschk, I. M. D.. A sense of entitlement to leisure as constraint and empowerment for women［J］. *Leisure Sciences*, 1991, 13(1):51 – 65.

［196］Henderson, K. A.. Researching diverse populations ［J］. *Journal of Leisure Research*, 1998, 30(1):157 – 170.

［197］Henderson, Karla A. Diversity, Differences and Leisure Services［J］. *Parks & Recreation*. 1997, 32(11):24 – 31.

［198］Higgins, P.. *Making disability: Exploring the social transformation of human variation*［M］. Charles C. Thomas Press. 1992

［199］Hills, P., & Argyle, M.. Positive moods derived from leisure and their relationship to happiness and personality［J］. *Personality and Individual Differences*, 1998, 25 (3):523 – 535.

［200］Holman T. B. & Epperson, A.. Family and leisure: A review of the literature with research recommendations［J］. *Journal of Leisure Research*, 1984, 16(4):277 – 294.

［201］Hsieh, Shwu-Ching; Spaulding, Angela; Riney, Mark. A Qualitative Look at Leisure Benefits for Taiwanese Nursing Students［J］. *The Qualitative Report*, 2004, 9(4):604 – 629.

［202］Hubbard, J., & Mannell, R. C.. Testing competing models of the leisure constraint negotiation process in a corporate employee recreation setting［J］. *Leisure Sciences*, 2001, 23(3).

［203］Hutchison, P., & McGill, J.. *Leisure, integration and community*［M］. Concord, Ontario: Leisurability Publications. 1992.

［204］Hwang, S. N., Lee, C., & Chen, H. J.. The relationship among tourists' involvement, place attachment and interpretation satisfaction in Taiwan's national parks［J］. *Tourism Management*, 2005, 26(2):143 – 156.

［205］Iso-Ahola, S. E., & Park, C. J.. Leiure-related social support and self-determination as buffers of stress-illness relationship ［J］. *Journal of Leisure Research*, 1996, 28(3):169 – 187.

［206］Iwasaki, Y. (2006). Leisure the quality of life and diversity: An international and multicultural perspective［C］. *Paper presented at the World Congress of Leisure*,

Hangzhou,Zheuang China,12.

[207]Jackson,A. & Scott,K.. Does Work Include Children? The Effects of the Labour Market on Family Income, Time and Stress [ R ]. *Toronto: Laidlaw Foundation*,2002.

[208]Jackson,E. L. In the eye of the beholder: A comment on Samdahl & Jekubovich, "Acritique of leisure constraints: Comparative analyses and understandings"[ J ]. *Journal of Leisure Research*,1997,29(4):458 – 468.

[209]Jackson,E. L. Leisure constraints: A survey of past research[ J ]. *Leisure Sciences*, 1988,10(3):203 – 215.

[210]Jackson,E. L. Recognizing patterns of leisure constraints: Results from alternative analyses[ J ]. *Journal of Leisure Research*,1993,25(2):129 – 149.

[211]Jackson,E. L. ,& Rucks,V. C.. Negotiation of leisure constraints by junior-high and high-school students: An exploratory study[ J ]. *Journal of Leisure Research*, 1995,27(1):85 – 105.

[212]Jackson,E. L.. Leisure constraints:a survey of past research[ J ]. *Leisure Sciences*. 1988,10(2):203 – 215.

[213]Karn,P. A.. Social development of handicapped and non-handicapped children in an integrated program[ R ]. *Dissertation Abstracts International*,1989,50/90B.

[214]Kelly,J. R. ,& Godbey,G.. *The sociology of leisure*[ M ]. PA:Venture Pub,1992.

[215]Kelly,J. R.. Family leisure in three communities[ J ]. *Journal of Leisure Research*, 1978,10(1):47 – 60.

[216]Kelly,J. R.. *Leisure*[ M ]. Englewood Cliffs,N. J:Prentice Hall,1990.

[217]Kelly,J. R.. Socialization toward leisure:A developmental approach[ J ]. *Journal of Leisure Research*,1974,6(3):181 – 193.

[218]Kim,S. ,Scott,D. ,Crompton,J. L.. An exploration of the relationships among social psychological involvement,behavioral involvement,commitment,and future intentions in the context of bird watching[ J ]. *Journal of Leisure Research*,1997,29 (3):320 – 341.

[219]Kleiber,D. A. ,McGuire,F. A. ,Aybar-Damali,B. ,et al.. Having more by doing less:The paradox of leisure constraints in later life [ J ]. *Journal of Leisure Research*,2008,40(3):343 – 359.

[220]Kraus,R. ,Barber E. ,& Shapiro I.. Leisure Services:Career Perspectives[ R ].

*Champaign*, Illinois: Sagamore Publishing Inc. ,2001:10.

[221] Kraus, R. . *Recreation and leisure in modern society* (4th ed. ) [ M ]. Englewood Cliffs, NJ: Prentice Hall, 1990.

[222] Lee, S. , Scott, D. The process of celebrity fan's constraint negotiation[ J ]. *Journal of Leisure Research*, 2009, 41(2): 137 – 155.

[223] Lieberman, L. J. & Houston-Wilson, C. . Overcoming the barriers to including students with visual impairments and deaf-blindess in to physical education[ J ]. *RE : view*, 1999, 31(3): 129 – 138.

[224] Liechty, T. , Yarnal, C. M. . The role of body image in older women's leisure[ J ]. *Journal of Leisure Research*, 2010, 40(1): 90 – 109.

[225] Lori Radun. The Benefits of Family Recreation [ N ]. *Chocolate Cake Moments*, 2010. 10. 25.

[226] Loucks-Atkinson, A. , Mannell, R. C. . Role of self-efficacy in the constraints negotiation process: The case of individuals with fibromyalgia syndrome[ J ]. *Leisure Sciences*, 2007, 29(4): 19 – 36.

[227] Lu, L. , & Argyle, M. . Leisure satisfaction and happiness as a function of leisure activity[ J ]. *Kaohsiung Journal Medicine Science*, 1994, 10(2): 89 – 96.

[228] Mactavish, J. , & Schleien, S. . Exploring family recreation activities in families that include children with developmental disabilities [ J ]. *Therapeutic Recreation Journal*, 2000, 34(2): 132 – 153.

[229] Mactavish, J. , & Schleien, S. . Playing together growing together: Parents' perspectives on the benefits of family recreation in families that include children with a developmental disability[ J ]. *Therapeutic Recreation Journal*, 1998, 32(3): 207 – 230.

[230] Mactavish, J. , Schleien, S. , & Tabourne, C. . Patterns of family recreation in families that include children with a developmental disability [ J ]. *Journal of Leisure Research*, 1997, 29(1): 21 – 46.

[231] Mannel, R. C. & Kleiber, D. A. . *A social psychology of leisure*[ M ]. State College, PA: Venture Publishing. 1997.

[232] Mannel, R. C. , & Stynes, D. J. . A Retrospective: the Benefits of Leisure. In Driver, B. L. , Brown, P. J. , & Peterson, G. L. ( Eds. ), *Benefits of leisure* [ M ]. Stage College, PA: Venture Publishing, 1991: 464.

[233] Massey, D. S. , Mullan, B. P.. Residential Segregation and Color Stratification among Hispanics in Philadelphia—Reply to Goldstein and White[J]. *American Journal of Sociology*,1985,91(2):396 –399.

[234] Maynard, M.. Cross-national is sure related to labor and leisure participation of people with disabilities[R]. Revised paper presented at American personnel and Guidance Association on leisure and work continuum for special population groups,1983.

[235] McAvoy, L. & Estes, C. A.. Outdoors for everyone: Opportunities that induce people with disabilities[J]. *Park & Recreation*,2001,36(8):24 –30.

[236] McAvoy,L. ,Schatz,E. ,Stutz,M. ,Schleien,S. ,& Lais,G.. Integrated wilderness adventure: Effects on personal and lifestyle traits of persons with and without disabilities[J]. *Therapeutic Recreation Journal*,1989,23(3):51 –64.

[237] McGuire, F. A. ; Dottavio, D. ; and O'Leary, J. T.. Constraints to participation in outdoor recreation across the life span: a nationwide study of limitors and prohibitors[J]. *The Gerontologist*. 1986,26(5):538 –544.

[238] McMillan,I.. Social Inclusion[J]. *Learning Disability Practice*,2008,11(5):11.

[239] Mcwiliams,C. ,Johnstone,C. & Mooney,G.. Urban policy in the New Scotland: the role of social[J]. *Space and Polity*,2004,8(3):309 –319.

[240] Melntyre, N. & Pigram, J. J.. Recreation specialization reexamined: The case of Vehicle base campers[J]. *Leisure Sciences*,1992,14(1):3 –15.

[241] Merton,R. & Bateman,J.. *Social Inclusion-Its importance to mental health*[M]. Mental Health Coordinating Council Inc,2007.

[242] Mueller,C.. Integrating Turkish Communities: A German Dilemma[J]. *Population Research and Policy Review*,2006,25(5):419 –441.

[243] Nadirova, A. & Jackson, E. L.. Alternative criterion variables against which to assess the impacts of constraints to leisure [J]. *Journal of Leisure Research*, 32 (4),396 –405.

[244] NCLD Editorial Team. Learning Disabilities and the Arts[N]. *National Center for Learning Disabilities*,2014.

[245] Neulinger,J. Leisure Lack and the Quality of Life: The Broadening Scope of the Leisure Professional[J]. *Leisure Studies*,1981,1(1),53 –63.

[246] Neumayer,R. ,Smith,R. W. & Lundegern, H. M.. Leisure-related peer preference

残障人士
休闲参与与社会融入关系研究
CANZHANG RENSHI
XIUXIAN CANYU YU SHEHUI RONGRU GUANXI YANJIU

choices of individuals with Down Syndrome[J]. *American Association on Mental Retardation*,1993,31(6):396 - 402.

[247] Obrusnikova, I. , Valkova, H. , & Block. M.. Impact of inclusion in general physical education on students without disabilities[J]. *Adapted Physical Activity Quarterly*,2003,20(3):230 - 245.

[248] Orthner, D. K. , & Mancini, J. A.. Leisure impacts on family interaction and cohesion[J]. *Journal of Leisure Research*,1990,22(2):125 - 137.

[249] Park, R. E. Community Organization and the Romantic Temper[J]. *Journal of Social Forces*,1925,3(4):673 - 677.

[250] Parry, D. C. & Shaw, S. M.. The role of leisure in women's experience of menopause and mid-life[J]. *Leisure Science*,1999,21(3):205 - 218.

[251] Parsons, C.. Social inclusion and school improvement[J]. *Support for Learning*, 1999,14(4):179 - 183.

[252] Patterson, I. & Pegg, S.. Serious leisure and people with intellectual disabilities: benefits and opportunities[J]. *Leisure Studies*,2009,28(4).

[253] Patton, G. C. , Bond, L. , Carlin, J. B. et al.. Promoting social inclusion in schools: a group-randomized trial of effects on students health risk behavior and well-being [J]. *American Journal of Public Health*,2006,96(9):1582 - 1587.

[254] Perrin, B. , Wiele, K. , Wilder, S. , & Perrin, A. *Sharing the fun: A guide to including person with disabilities in leisure and recreation*[M]. Toronto: Canadian Rehabilitation Council for the Disabled. 1992.

[255] Phillipson, C.. Challenging Social Exclusion in Old Age: National Policies and Global Pressures[R]. *Centre for Social Gerontology*,Keele University,2011.

[256] programs toward peers with disabilities[J]. *Adapted Physical Activity Quarterly*, 1995,12(4),323 - 332.

[257] Ragheb, M. G. , Beard, J. G.. Measuring Leisure Attitude[J]. *Journal of Leisure Research*,1982,14(2):155 - 167.

[258] Ralph W. Smith, David R. Austin, Dan W. Kennedy, Youngkhill Lee & Peggy Hutchison. *Inclusive and Special Recreation: Opportunities for Persons with Disabilities*(5th Ed)[M]. Sagamore Publishing LLC,2011:5 - 15.

[259] Reich, J. W. & Zautra, A.. Life events and personal causation: some relationships with satisfaction and distress[J]. *Journal of Personality and Social Psychology*,

1981,41(5):1002 – 1012.

[260] Robb, G. , & Ewert, A. . Risk recreation and persons with disabilities [ J ]. *Therapeutic Recreation Journal*,1987,21(1):58 – 69.

[261] Roberts,R. . Boundaries need not apply[ J]. *Parks and Recreation*,2005,40(8): 49 – 52.

[262] Robertson, J. , & Fennell J. . The economic effects of regional shopping centres [ J]. *Journal of Retail and Leisure Property*,2007,6(2):149 – 170.

[263] Ross, J. Young adults with recent spinal cord injuries: Transaction from rehabilitation hospital to community living[ J]. *Dissertation Abstract*,1993.

[264] Rothschild M L. Perspectives on involvement: current problems and future directions[ J]. *Advance Consumer Research*,1984,11(1):216 – 217.

[265] Ruddell,J. L. , Shinew, K. J. . The socialization process for women with physical disabilities:The impact of agents and agencies in the introduction to an elite sport [ J]. *Journal of Leisure Research*,2006,38(3):421 – 444.

[266] Schleien, S. , Germ, P. , & McAvoy, L. . Inclusive community leisure services: Recommended professional practices and barriers encountered [ J ]. *Therapeutic Recreation Journal*,1996,30(4):260 – 273.

[267] Schleien,S. ,Hornfeldt,D. ,& McAvoy,L. . Integration and environmental/outdoor education:The impact of integrating students with severe developmental disabilities on the academic performance of peers without disabilities [ J ]. *Therapeutic Recreation Journal*,1994,28(1):25 – 34.

[268] Schleien, S. , Rynders, J. , Heyne, L. , & Tabourne, C. ( Eds. ).. Powerful partnerships: Parents and professionals building inclusive recreation programs together [ R ]. Minneapolis, MN: Institute on Community Integration, College of Education,University of Minnesota. 1995

[269] Scott,R. A. . Deviance,Sanctions,and Social Integration in Small-Scale Societies [ J]. *Social Forces*,1976,54(3):604 – 620.

[270] Sen,A. . *Development as Freedom*[ M]. New York:Anchor Books,2000.

[271] Seppo E. Iso-Ahola, & Chun J. Park. Leisure-Related Social Support and Self-Determination as Buffers of Stress-Illness Relationship [ J ]. *Journal of Leisure Research*,1996,28(3):169 – 187.

[272] Shank,J. W. ,Coyle,C. P. ,Boyd,R. ,& Kinney,W. B. . A classification scheme of

therapeutic recreation research grounded in the rehabilitative sciences [ J ]. *Therapeutic Recreation Journal*,1996,30(3):179 – 197.

[273] Siegenthaler, K. L. & Dell, I. O.. Leisure attitude, leisure satisfaction, and perceived freedom in leisure within family dyads[ J ]. *Leisure Sciences*, 2000, 22 (4):281 – 296.

[274] Silver, H.. Social Exelusion and Social Solidarity: Three Paradigms [ J ]. *International Labour Review*,1994,133(5 – 6):531 – 578.

[275] Smale, G. , Tuson G. & Statham, D.. *Social Work and Social Problems: working towards social inclusion and social change*[ M ]. Palgrave Macmillan,2000.

[276] Smith, A. M.. Some problems when adopting Churchill's Paradigm for the development of service quality measurement scales [ J ]. *Journal of Business Research* 1999,46(2):109 – 120.

[277] Son, J. S. , Kerstetter, D. L. , & Mowen, A. J.. Illuminating identity and health in the constraint negotiation of leisure-time physical activity in mid to late life[ J ]. *Journal of Park and Recreation Administration*,2009,27(3):96 – 115.

[278] Son, J. S. , Mowen, A. J. , & Kerstetter, D. L.. Testing Alternative Leisure Constraint Negotiation Models: An Extension of Hubbard and Mannell's Study[ J ]. *Leisure Sciences*,2008,30(3):198 – 216.

[279] Sparks, B. , Bowen, J. , & Klag, S.. Restaurants and the tourist market [ J ]. *International Journal of Contemporary Hospitality Management*,2003,15(1):6 – 13.

[280] Sparrow, W. A. & Mayne, S. C.. Recreation patterns of adults with intellectual disabilities[ J ]. *Therapeutic Recreation Journal*,1990,24(3):45 – 49.

[281] Stebbins, R. A.. Identity and cultural tourism[ J ]. *Annals of Tourism Research*, 1997,24(2):450 – 452.

[282] Thompson III, Alexander M. , Bono, Barbara A.. Work without wages: The motivation for volunteer firefighters [ J ]. *American Journal of Economics and Sociology*,1993,52(3):323 – 343.

[283] Tinsley, H. E. , & Tinsley, D. J.. A theory of the attributes benefits and causes of leisure experience[ J ]. *Leisure Science*,1986,8(1):1 – 45.

[284] Tripp, A. , & Rizzo, T.. Disability labels affect physical educators[ J ]. *Adapted Physical Activity Quarterly*. 2006,23(3):310 – 326.

[285] Tripp, A. ,French, R. , & Sherrill, C.. Contact theory and attitudes of children in

physical education Programs Toward Peers with Disabilities[J]. *Adapted Physical Activity Quarterly Apag*,1995,12(4):323 – 332.

[286] Unger,L. S. ,Kernan,J. B. . On the Meaning of Leisure:An Investigation of Some Determinants of the Subjective Experience[J]. *Journal of Consumer Research*, Gainesville,1983,9(4):381 – 392.

[287] Verdonschot,M. ,de Witte,L. ,Reichrath,E. ,Buntinx,W. ,& Curfs,L. . Impact of environmental factors on community participation of persons with an intellectual disability:A systematic review[J]. *Journal of Intellectual Disability Research*, 2009,53(1):54 – 64.

[288] West,P. C. . Social stigma and community recreation participation by the physically and mentally handicapped[J]. *Therapeutic Recreation Journal*,1984,26(1):40 – 49.

[289] White, D. D. . A Structural Model of Leisure Constraints Negotiation in Outdoor Recreation[J]. *Leisure Sciences*,2008,30(4):342 – 359.

[290] Wilhelm Stanis,S. A. ,Schneider,I. E. ,& Russell,K. C. . Leisure Time Physical Activity of Park Visitors:Retesting Constraint Models in Adoption and Maintenance Stages[J]. *Leisure Sciences*,2009,31(3):287 – 304.

[291] Wilhite, B. & Keller, M. J. The role of therapeutic recreation in community involvement:Patterns and perceptions of older adults with developmental disabilities[J]. *Annual in Therapeutic Recreation*,1992(3):18 – 32.

[292] Wilhite, B. , Devine, M. A. , & Goldenberg, L. . Perceptions of youth with and without disabilities:implications for inclusive leisure programs and services[J]. *Therapeutic Recreation Journal*,1999,33(1).

[293] Williams,R. ,Vogelsong,H. ,Green,G. ,et al. . Outdoor recreation participation of people with mobility disabilities:Selected results of the national survey of recreation and the environment. [J] *Journal of Park and Recreation Administration*,2004,22(2):85 – 101.

[294] Zaichkowsky,J. L. . Measuring the Involvement Construct[J]. *Journal of Consumer Research*,1985,12(3):341 – 352.

[295] Zaichkowsky,J. L,. Conceptualizing Involvement[J]. *Journal of Advertising*,1986, 15(2):4 – 14.

[296] Zufiaurre, B. Social inclusion and multicultural perspectives in Spain:three case studies in northern Spain[J]. *Race Ethnicity and Education*,2006,9(4):409 – 424.

# 附　录

## 附录一　正式问卷 I

### 残障人士休闲活动与休闲制约状况调查问卷

编号：＿＿＿＿＿＿＿＿＿＿

尊敬的朋友：

您好！本问卷的主要内容是调研残障人士的日常休闲活动参与和制约因素状况，调研目的在于了解我国残障群体休闲生活参与现状和影响因素，以辅助相关学术研究，并为休闲服务机构和人员提供参考。本调研采取不记名方式，并承诺不为商业目的之用，仅用作学术研究统计数据参考。希望您能提供真实的观点，您的宝贵意见对本研究有重要意义，由衷感谢您的配合与支持！

## 第一部分　基本信息

1. 您的性别：＿＿＿＿＿＿＿＿

　A. 女　　　　　　　　B. 男

2. 您的年龄：＿＿＿＿＿＿＿＿

　A. 16～25 岁　　　　B. 26～35 岁　　　　C. 36～45 岁

　D. 46～60 岁　　　　D. 60 岁以上

3. 您的婚姻状况：＿＿＿＿＿＿＿＿

A. 未婚  B. 初婚有配偶  C. 再婚有配偶

D. 离婚  E. 丧偶

4. 您的家庭月收入(未婚者请填个人收入)：_____

A. 3000 元以下  B. 3000～4999 元  C. 5000～9999 元

D. 10000 元及以上

5. 您的教育背景：_____

A. 小学及以下  B. 初中

C. 高中(包括职高、中专、技校)  D. 大专及高职

E. 本科  F. 硕士(包括双学位)及以上

6. 您的就业现状：_____

A. 一般分散就业  B. 福利性集中就业

C. 自主创业  D. 社区或居家灵活就业

E. 未就业  F. 其他

7. 您的就业单位性质：_____

A. 党政机关、事业单位  B. 一般企业

C. 非营利机构或组织  D. 个体工商户

E. 其他

8. 您的残障类型：_____

A. 听力障碍  B. 视力障碍  C. 言语障碍

D. 肢体障碍  E. 智力障碍  F. 精神障碍

G. 多重障碍

9. 您的残障程度：_____

A. 一级  B. 二级  C. 三级  D. 四级

# 第二部分　日常休闲活动参与状况

　　本部分题目旨在了解您参与日常休闲活动的基本情况,请您根据各题目描述的内容,选择最符合您实际情况的答案,并圈出相应的数字。

| 题号 | 休闲参与活动项目 | 从不参与 | 偶尔参与 | 一般参与 | 较多参与 | 经常参与 |
|---|---|---|---|---|---|---|
| | 居家消遣类休闲活动 | | | | | |
| 1 | 看电视、看DVD | 1 | 2 | 3 | 4 | 5 |
| 2 | 上网(非工作需要,包括在线看视频) | 1 | 2 | 3 | 4 | 5 |
| 3 | 听音乐、听广播 | 1 | 2 | 3 | 4 | 5 |
| 4 | 在家阅读书报杂志 | 1 | 2 | 3 | 4 | 5 |
| 5 | 做手工艺、烹饪、家庭园艺等 | 1 | 2 | 3 | 4 | 5 |
| 6 | 书法、绘画、拼图等个人爱好活动 | 1 | 2 | 3 | 4 | 5 |
| 7 | 家庭游憩活动(和家人下棋、打牌、游戏、喝茶、聊天等) | 1 | 2 | 3 | 4 | 5 |
| 8 | 饲养宠物 | 1 | 2 | 3 | 4 | 5 |
| | 文化社交类休闲活动 | | | | | |
| 9 | 去图书馆阅读书报杂志 | 1 | 2 | 3 | 4 | 5 |
| 10 | 去电影院看电影 | 1 | 2 | 3 | 4 | 5 |
| 11 | 外出观赏歌舞剧、音乐会、戏曲、演唱会、体育比赛等 | 1 | 2 | 3 | 4 | 5 |
| 12 | 参观博物馆、美术馆、文化艺术展览等 | 1 | 2 | 3 | 4 | 5 |
| 13 | 市区范围内摄影、写生等 | 1 | 2 | 3 | 4 | 5 |
| 14 | 逛街、购物、消费(聚餐、美容、唱歌等) | 1 | 2 | 3 | 4 | 5 |
| 15 | 在社区参与棋牌、喝茶、聊天等 | 1 | 2 | 3 | 4 | 5 |
| 16 | 拜访亲友 | 1 | 2 | 3 | 4 | 5 |
| 17 | 参与志愿服务、公益活动 | 1 | 2 | 3 | 4 | 5 |
| 18 | 参与宗教、社会团体活动 | 1 | 2 | 3 | 4 | 5 |
| | 户外运动与游憩类休闲活动 | | | | | |
| 19 | 个人运动(散步、跑步、瑜伽、游泳、自行车、器材类健身等) | 1 | 2 | 3 | 4 | 5 |
| 20 | 团体运动(球类、舞蹈、健身操等) | 1 | 2 | 3 | 4 | 5 |

| 题号 | 休闲参与活动项目 | 从不参与 | 偶尔参与 | 一般参与 | 较多参与 | 经常参与 |
|---|---|---|---|---|---|---|
| 21 | 极限运动（攀岩、潜水、跳伞等） | 1 | 2 | 3 | 4 | 5 |
| 22 | 短距离户外游憩活动（城市或近郊公园游玩、骑游、踏青、野餐、钓鱼、划船等） | 1 | 2 | 3 | 4 | 5 |
| 23 | 中长距离游憩或旅行活动（露营、登山、旅游、摄影采风、绘画采风等） | 1 | 2 | 3 | 4 | 5 |

## 第三部分　休闲制约因素状况

本部分题目旨在了解您参与日常休闲活动主要受到哪些因素的制约,请您根据各题目描述的内容按照您的感知评分,从"非常不同意"到"非常同意"按程度依次评 1 到 5 分,并圈出相应的数字。

| 题号 | 休闲制约因素 | 非常不同意 | 不同意 | 一般 | 同意 | 非常同意 |
|---|---|---|---|---|---|---|
| 1 | 自身的残障程度导致我无法参与休闲活动 | 1 | 2 | 3 | 4 | 5 |
| 2 | 健康状况不好导致我无法参与休闲活动 | 1 | 2 | 3 | 4 | 5 |
| 3 | 我缺乏参与休闲活动的技能 | 1 | 2 | 3 | 4 | 5 |
| 4 | 我没有兴趣参与休闲活动 | 1 | 2 | 3 | 4 | 5 |
| 5 | 我只喜欢某些休闲活动而不想参与其他活动 | 1 | 2 | 3 | 4 | 5 |
| 6 | 我害怕参与休闲活动时被别人嘲笑 | 1 | 2 | 3 | 4 | 5 |
| 7 | 我害怕参与休闲活动时身体受伤 | 1 | 2 | 3 | 4 | 5 |
| 8 | 我的家人不支持我参与休闲活动 | 1 | 2 | 3 | 4 | 5 |
| 9 | 没有家人或朋友陪同我一起参与休闲活动 | 1 | 2 | 3 | 4 | 5 |
| 10 | 我的家人或朋友缺乏帮助我共同参与休闲活动的技能 | 1 | 2 | 3 | 4 | 5 |

| 题号 | 休闲制约因素 | 非常不同意 | 不同意 | 一般 | 同意 | 非常同意 |
|---|---|---|---|---|---|---|
| 11 | 我参与休闲活动时旁人表现过不欢迎和不友好的态度 | 1 | 2 | 3 | 4 | 5 |
| 12 | 我参与休闲活动时旁人表现过嘲笑行为 | 1 | 2 | 3 | 4 | 5 |
| 13 | 我参与休闲活动时旁人对我过度保护和照顾 | 1 | 2 | 3 | 4 | 5 |
| 14 | 我没有足够的时间参与休闲活动 | 1 | 2 | 3 | 4 | 5 |
| 15 | 休闲活动费用太高导致我无法参与休闲活动 | 1 | 2 | 3 | 4 | 5 |
| 16 | 没有合适的无障碍交通方式导致我无法参与休闲活动 | 1 | 2 | 3 | 4 | 5 |
| 17 | 周边社区缺乏无障碍设施导致我无法参与休闲活动 | 1 | 2 | 3 | 4 | 5 |
| 18 | 休闲场所器材与设备不适合导致我无法参与休闲活动 | 1 | 2 | 3 | 4 | 5 |
| 19 | 休闲场所没有专业人员指导和辅助导致我无法参与休闲活动 | 1 | 2 | 3 | 4 | 5 |
| 20 | 休闲场所没有合适的活动项目导致我无法参与休闲活动 | 1 | 2 | 3 | 4 | 5 |
| 21 | 在家提供专门的设施很困难导致我无法参与休闲活动 | 1 | 2 | 3 | 4 | 5 |
| 22 | 缺乏对休闲活动信息的了解导致我无法参与休闲活动 | 1 | 2 | 3 | 4 | 5 |

问卷到此结束,烦请检查是否有漏填的题项。

再次感谢您的支持与合作,祝您身体健康,合家幸福!

# 附录二 正式问卷 II

## 残障人士休闲生活与社会融入状况调查问卷

编号：＿＿＿＿＿＿＿

尊敬的朋友：

您好！本问卷的主要内容是调研残障人士的日常休闲生活和社会融入状况，调研目的在于了解我国残障群体休闲生活参与现状与社会融入的基本情况，以辅助相关学术研究，并为休闲服务机构和人员提供参考。本调研采取不记名方式，并承诺不为商业目的之用，仅用作学术研究统计数据参考。希望您能提供真实的观点，您的宝贵意见对本研究有重要意义，由衷感谢您的配合与支持！

## 第一部分 基本信息

1. 您的性别：＿＿＿＿＿＿＿
   A. 女　　　　　　　　　B. 男

2. 您的年龄：＿＿＿＿＿＿＿
   A. 16～25 岁　　　　　B. 26～35 岁　　　　　C. 36～45 岁
   D. 46～60 岁　　　　　D. 60 岁以上

3. 您的婚姻状况：＿＿＿＿＿＿＿
   A. 未婚　　　　　　　　B. 初婚有配偶　　　　C. 再婚有配偶
   D. 离婚　　　　　　　　E. 丧偶

4. 您的家庭月收入（未婚者请填个人收入）：＿＿＿＿＿＿＿
   A. 3000 元以下　　　　B. 3000～4999 元　　　C. 5000～9999 元
   D. 10000 元及以上

5. 您的教育背景：＿＿＿＿＿＿＿

A. 小学及以下　　　　　　　　B. 初中

C. 高中(包括职高、中专、技校)　　D. 大专及高职

E. 本科　　　　　　　　　　F. 硕士(包括双学位)及以上

6. 您的就业现状：_____

　　A. 一般分散就业　　　　　　B. 福利性集中就业

　　C. 自主创业　　　　　　　　D. 社区或居家灵活就业

　　E. 未就业　　　　　　　　　F. 其他

7. 您的就业单位性质：_____

　　A. 党政机关、事业单位　　　　B. 一般企业

　　C. 非营利机构或组织　　　　　D. 个体工商户

　　E. 其他

8. 您的残障类型：_____

　　A. 听力障碍　　　　B. 视力障碍　　　　C. 肢体障碍

9. 您的残障程度：

　　A. 一级　　　　　　　　　　B. 二级

　　C. 三级　　　　　　　　　　D. 四级

## 第二部分　不同类型活动的休闲参与状况

　　本部分题目旨在了解您就个体而言,对于居家消遣类、文化社交类和户外运动与游憩类三类活动的参与程度与态度感知情况,请您首先在各类活动中分别选出一项您最喜爱参与的活动,并根据您对这项休闲活动的情况,按照表格内各题目描述的内容对您的感知评分,从"非常不同意"到"非常同意"按程度依次评1到5分,并圈出相应的数字。

1. 在下列居家消遣类活动中,您最喜爱参与的是(单选)：_____

　　A. 上网　　　　　　B. 看电视　　　　　　C. 听音乐

　　D. 和家人聊天、打牌、游戏等

　　E. 其他(请注明：_____)

| 题号 | 您对该项休闲活动的参与度 | 非常不同意 | 不同意 | 一般 | 同意 | 非常同意 |
|---|---|---|---|---|---|---|
| 1 | 我每天都会参与这项休闲活动 | 1 | 2 | 3 | 4 | 5 |
| 2 | 我每天投入这项休闲活动的时间很长 | 1 | 2 | 3 | 4 | 5 |
| 3 | 我为参与这项休闲活动投入的费用不菲 | 1 | 2 | 3 | 4 | 5 |
| 4 | 我发现我的生活是围绕这项休闲活动来安排的 | 1 | 2 | 3 | 4 | 5 |
| 5 | 这项休闲活动是最能让我感到满足的事情之一 | 1 | 2 | 3 | 4 | 5 |
| 6 | 我喜欢和我的亲友讨论这项休闲活动 | 1 | 2 | 3 | 4 | 5 |
| 7 | 我与大多数亲友都通过这项休闲活动联系彼此 | 1 | 2 | 3 | 4 | 5 |
| 8 | 当我参与这项休闲活动时才能感受到最真实的自我 | 1 | 2 | 3 | 4 | 5 |
| 9 | 当我参与这项休闲活动时,我乐意被他人看到(知道) | 1 | 2 | 3 | 4 | 5 |

2. 在下列文化社交类活动中,您最喜爱参与的是(单选):＿＿＿＿＿＿＿

    A. 逛街、购物　　　　B. 拜访亲友　　　　　　C. 参与志愿服务

    D. 去电影院看电影　　E. 其他(请注明:＿＿＿＿＿＿＿)

| 题号 | 您对该项休闲活动的参与度 | 非常不同意 | 不同意 | 一般 | 同意 | 非常同意 |
|---|---|---|---|---|---|---|
| 1 | 我每天都会参与这项休闲活动 | 1 | 2 | 3 | 4 | 5 |
| 2 | 我每天投入这项休闲活动的时间很长 | 1 | 2 | 3 | 4 | 5 |
| 3 | 我为参与这项休闲活动投入的费用不菲 | 1 | 2 | 3 | 4 | 5 |
| 4 | 我发现我的生活是围绕这项休闲活动来安排的 | 1 | 2 | 3 | 4 | 5 |
| 5 | 这项休闲活动是最能让我感到满足的事情之一 | 1 | 2 | 3 | 4 | 5 |

| 题号 | 您对该项休闲活动的参与度 | 非常<br>不同意 | 不<br>同意 | 一般 | 同意 | 非常<br>同意 |
|---|---|---|---|---|---|---|
| 6 | 我喜欢和我的亲友讨论这项休闲活动 | 1 | 2 | 3 | 4 | 5 |
| 7 | 我与大多数亲友都通过这项休闲活动联系<br>彼此 | 1 | 2 | 3 | 4 | 5 |
| 8 | 当我参与这项休闲活动时才能感受到最真<br>实的自我 | 1 | 2 | 3 | 4 | 5 |
| 9 | 当我参与这项休闲活动时,我乐意被他人看<br>到(知道) | 1 | 2 | 3 | 4 | 5 |

3. 在下列户外运动与游憩类活动中,您最喜爱参与的是:_____

    A. 逛公园　　　　　　B. 体育运动　　　　　　C. 外出踏青

    D. 旅游　　　　　　　E. 其他(请注明:_____)

| 题号 | 您对该项休闲活动的参与度 | 非常<br>不同意 | 不<br>同意 | 一般 | 同意 | 非常<br>同意 |
|---|---|---|---|---|---|---|
| 1 | 我每天都会参与这项休闲活动 | 1 | 2 | 3 | 4 | 5 |
| 2 | 我每天投入这项休闲活动的时间很长 | 1 | 2 | 3 | 4 | 5 |
| 3 | 我为参与这项休闲活动投入的费用不菲 | 1 | 2 | 3 | 4 | 5 |
| 4 | 我发现我的生活是围绕这项休闲活动来安<br>排的 | 1 | 2 | 3 | 4 | 5 |
| 5 | 这项休闲活动是最能让我感到满足的事情<br>之一 | 1 | 2 | 3 | 4 | 5 |
| 6 | 我喜欢和我的亲友讨论这项休闲活动 | 1 | 2 | 3 | 4 | 5 |
| 7 | 我与大多数亲友都通过这项休闲活动联系<br>彼此 | 1 | 2 | 3 | 4 | 5 |
| 8 | 当我参与这项休闲活动时才能感受到最真<br>实的自我 | 1 | 2 | 3 | 4 | 5 |
| 9 | 当我参与这项休闲活动时,我乐意被他人看<br>到(知道) | 1 | 2 | 3 | 4 | 5 |

## 第三部分　社会融入状况

　　本部分题目旨在了解您就个体而言融入社会的状态与感知情况，请您根据各题目描述的内容按照您的感知评分，从"非常不同意"到"非常同意"按程度依次评1到5分，并圈出相应的数字。

| 题号 | 社会融入状态与感知 | 非常不同意 | 不同意 | 一般 | 同意 | 非常同意 |
|---|---|---|---|---|---|---|
| 1 | 我对目前的居住条件和环境感到满意 | 1 | 2 | 3 | 4 | 5 |
| 2 | 我对目前自己的就业状况和收入感到满意 | 1 | 2 | 3 | 4 | 5 |
| 3 | 我认为政府和社会提供的受教育和培训的机会较多 | 1 | 2 | 3 | 4 | 5 |
| 4 | 我有完善的社会保障(失业、工伤、医疗、养老、生育等) | 1 | 2 | 3 | 4 | 5 |
| 5 | 我在日常生活中到公共场所(银行、邮局、医院、政府部门等)办事方便 | 1 | 2 | 3 | 4 | 5 |
| 6 | 我平时社会交际非常频繁 | 1 | 2 | 3 | 4 | 5 |
| 7 | 我平时的生活方式和消费习惯跟周围的人差异不大 | 1 | 2 | 3 | 4 | 5 |
| 8 | 我经常参与公共活动、社区管理或各种选举 | 1 | 2 | 3 | 4 | 5 |
| 9 | 我与亲友、邻里、同事关系融洽 | 1 | 2 | 3 | 4 | 5 |
| 10 | 我认为在居住的小区/工作单位很有归属感 | 1 | 2 | 3 | 4 | 5 |
| 11 | 我认为我居住的小区/工作单位的人值得信任 | 1 | 2 | 3 | 4 | 5 |
| 12 | 我遇到困难时，邻居/同事都愿意帮助我 | 1 | 2 | 3 | 4 | 5 |

　　问卷到此结束，烦请检查是否有漏填的题项。
　　再次感谢您的支持与合作，祝您身体健康，合家幸福！